促进中国电力行业能源转型的政策协同效应研究

涂 强 著

中国金融出版社

责任编辑：赵晨子
责任校对：孙　蕊
责任印制：陈晓川

图书在版编目（CIP）数据

促进中国电力行业能源转型的政策协同效应研究／涂强著 . —北京：中国金融出版社，2021.7

ISBN 978-7-5220-1268-1

Ⅰ. ①促…　　Ⅱ. ①涂…　　Ⅲ. ①电力工业—能源政策—研究—中国
Ⅳ. ①F426.61

中国版本图书馆 CIP 数据核字（2021）第 154798 号

促进中国电力行业能源转型的政策协同效应研究
CUJIN ZHONGGUO DIANLI HANGYE NENGYUAN ZHUANXING DE ZHENGCE XIETONG
XIAOYING YANJIU

出版
发行　　**中国金融出版社**

社址　　北京市丰台区益泽路 2 号
市场开发部　　（010）66024766，63805472，63439533（传真）
网 上 书 店　　www.cfph.cn
　　　　　　　（010）66024766，63372837（传真）
读者服务部　　（010）66070833，62568380
邮编　　100071
经销　　新华书店
印刷　　北京九州迅驰传媒文化有限公司
尺寸　　169 毫米×239 毫米
印张　　13.5
字数　　182 千
版次　　2021 年 7 月第 1 版
印次　　2021 年 7 月第 1 次印刷
定价　　56.00 元
ISBN 978-7-5220-1268-1
如出现印装错误本社负责调换　　联系电话(010)63263947

自　序

　　本书是在笔者主持的国家自然科学基金青年科学基金项目《技术学习驱动下我国海上风电平价上网及补贴退坡机制优化设计研究》（项目编号：72004156）的基础上完成的。

　　为了应对气候变化及促进我国能源转型，我国制定了多种碳减排目标和可再生能源发展目标。自"十三五"规划以来，我国开始在国民经济与社会发展规划中明确指定包括控制能源消费总量、提高可再生能源比重、降低单位 GDP 能耗等约束性指标。而为了实现上述碳减排和可再生能源发展目标，我国实施了优惠上网电价、绿色电力证书等可再生能源政策以及以碳排放权交易市场为代表的碳金融政策。由于不同减排政策覆盖面以及政策效果具有一定的交叉性与重复性，一种政策工具的实施或调整往往会对其他政策的效果与目标的实现产生直接或间接影响，因而政策之间的互动协同问题备受政策制定者所关注。

　　在此背景下研究促进我国电力行业能源转型的政策协同效应具有较为重要的理论价值与现实意义。本书首先论述了中国电力行业领域主要的可再生能源及碳金融政策演化路径及发展历程；其次从企业层面分析了促进中国可再生能源发电项目投资的碳金融和可再生能源政策协同效应；再次从行业层面探讨了实现中国可再生能源平价上网的碳金融和可再生能源政策协同效应；最后从电力系统层面讨论了中国区域间碳市场、电力市场与绿色电力证书交易市场的政策协同效应。本书对中国碳金融与可再生能源政策顶层设计及创新发展，以及多政策协同的总体框架进行了探讨；分析了健全中国碳金融和可再生能源政策协同领域理论与实践；对中国碳金融与可再生能源政策体系建设及前景进行了展望。

　　本书由中国科学院科技战略咨询研究院莫建雷研究员以及北京航空航天大学经济管理学院范英教授参与写作，另外，天津财经大学学生刘卓然、宫春旭也参与了相关章节撰写。希望通过本书的出版，对于完善中国碳金融和可再生能源政策协同理论、推进中国碳金融实践、构建中国碳金融体系起到抛砖引玉的作用，并引起讨论和共鸣。

2021 年 3 月

目　录

第一章　绪　论 ……………………………………………… 1

一、研究背景 …………………………………………… 1

二、中国可再生能源及碳金融政策演化路径及发展历程 …………… 5

三、研究目的与研究内容 ……………………………… 12

四、研究内容 …………………………………………… 14

第二章　可再生能源与碳金融政策效果文献综述 ……………… 17

一、单一政策效果研究综述 …………………………… 17

二、混合政策必要性研究 ……………………………… 23

三、混合政策协同效应研究 …………………………… 28

第三章　促进陆上风电投资的碳金融与电价补贴政策协同效应分析 …… 39

一、问题的提出 ………………………………………… 39

二、模型方法 …………………………………………… 41

三、陆上风电项目数据描述 …………………………… 45

四、结果分析 …………………………………………… 49

五、本章小结 …………………………………………… 59

第四章　促进海上风电投资的绿色金融政策协同效应分析…………… 62

　一、问题的提出 ………………………………………………… 62

　二、模型数据 …………………………………………………… 64

　三、模型结果与讨论 …………………………………………… 69

　四、本章小结 …………………………………………………… 78

第五章　促进光伏发电投资的碳金融与电价补贴政策协同效应分析……… 81

　一、问题的提出 ………………………………………………… 81

　二、太阳能光伏发电项目数据描述 …………………………… 83

　三、模型结果 …………………………………………………… 86

　四、本章小结 …………………………………………………… 95

第六章　实现陆上风电平价上网的碳金融政策效果分析…………… 97

　一、问题的提出 ………………………………………………… 97

　二、模型方法 …………………………………………………… 99

　三、模型参数估计 ……………………………………………… 101

　四、模型结果分析 ……………………………………………… 104

　五、本章小结 …………………………………………………… 109

第七章　实现光伏发电平价上网的绿色电力证书政策影响分析……… 111

　一、问题的提出 ………………………………………………… 111

　二、模型方法 …………………………………………………… 114

　三、模型数据 …………………………………………………… 116

　四、模型结果与讨论 …………………………………………… 121

　五、本章小结 …………………………………………………… 132

第八章　促进海上风电平价上网的碳金融政策效果分析 ················ 134

　　一、问题的提出 ·· 135

　　二、模型分析 ·· 137

　　三、模型数据 ·· 139

　　四、结果分析 ·· 145

　　五、本章小结 ·· 151

第九章　区域间碳市场、电力市场与绿证市场的关联互动与政策协同

　　　　　分析 ·· 153

　　一、问题的提出 ·· 153

　　二、模型分析 ·· 154

　　三、实证分析 ·· 171

　　四、本章小结 ·· 178

第十章　总结与展望 ·· 179

　　一、全文总结 ·· 179

　　二、政策建议 ·· 182

　　三、创新点 ·· 186

　　四、未来研究方向 ·· 187

参考文献 ·· 188

第一章 绪 论

一、研究背景

(一) 我国节能减排现状

近年来，我国经济保持中高速增长，在世界主要国家中名列前茅，国内生产总值从 54 万亿元增长到 100 万亿元，稳居世界第二，对世界经济增长贡献率超过 30%。特别是自 2008 年国际金融危机及 2020 年的新冠肺炎疫情以来，我国已逐步成为世界经济持续增长的重要引擎。但是，需要指出的是，我国经济发展不平衡不充分的一些突出问题尚未解决，发展水平整体还不高，创新能力不足，特别是我国高耗能产业的快速发展在带来经济水平提升的同时，也造成了巨大的节能减排压力。

另外，我国的能源消费结构仍然以煤炭为主。如图 1-1 所示，我国目前

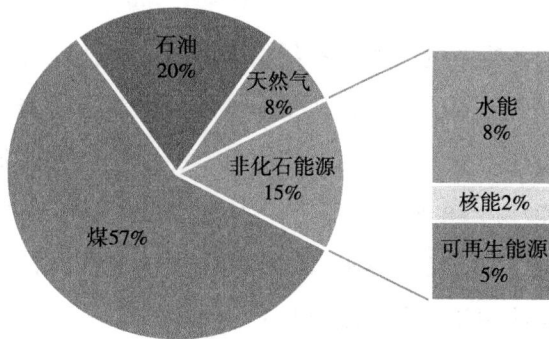

图 1-1 我国能源消费结构 (2019 年)

[资料来源：BP (2020)]

1

的能源消费中，煤炭的消费占比高达 57%，而较为清洁的天然气消费量仅占 8%，同时非化石能源消费占比仅为 15%，这造成了我国 CO_2 等温室气体排放量的快速增长。我国在 2008 年就已超过美国成为全球最大的温室气体排放国。如图 1-2 所示，自 2000 年以来我国的 CO_2 排放量增长迅速，而 2016 年的排放甚至超过了 92 亿吨，占全球碳排放的四分之一。因此，在当前全球应对气候变化、控制温室气体排放的背景下，我国在国际上面临着严峻的减排压力。

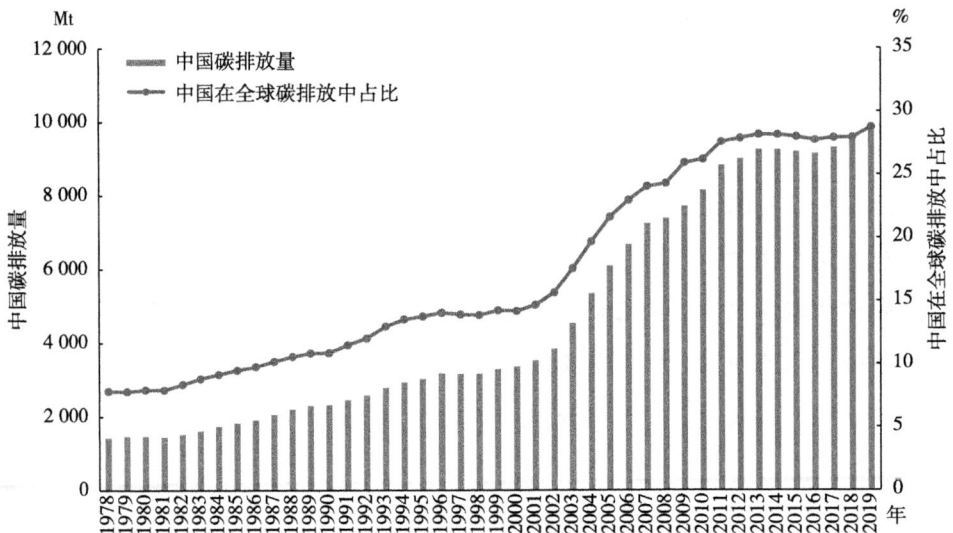

图 1-2   我国历年来 CO_2 排放量及其在全球排放的占比（1978—2019 年）

[资料来源：BP（2020）]

同时，从我国各行业的能源消费结构来看，我国的能源消费主要集中于钢铁、化工、水泥等高耗能部门。如图 1-3 所示，我国的能源消费在行业分布上存在明显的集聚特征。工业部门的能源消费占总消费量的 65.65%，而其中金属冶炼业的能耗占 18.53%，化工行业占 12.98%，非金属矿物制品业占 7.23%。可以看出，目前我国工业部门存在较大的节能减排潜力，未来的节能减排工作应重点放在几大高耗能行业上。

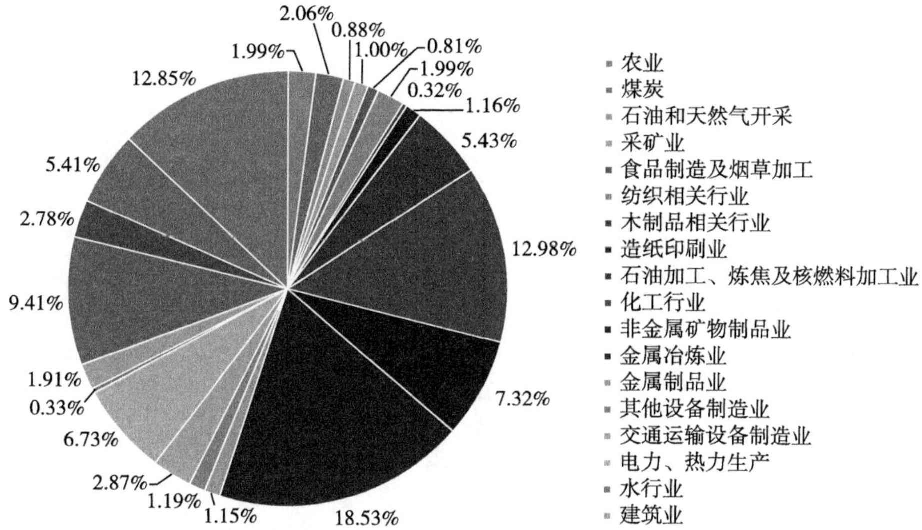

图 1-3 2017 年我国各行业能源消费量占比

[资料来源:《中国能源统计年鉴 (2018)》]

从我国电力装机容量结构来看,我国的电力行业装机容量主要依靠化石燃料。如图 1-4 所示,2019 年我国火电装机容量占全部装机比例为 59%,而可再生能源(风电、太阳能发电)装机容量占比为 21%。而从我国发电结构来看,我国的电力行业发电量主要依靠化石燃料。如图

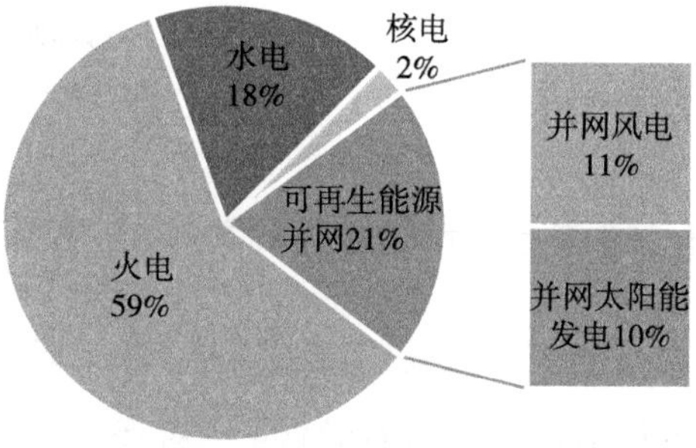

图 1-4 我国 2019 年电力装机容量结构

[资料来源:BP (2020)]

1-5 所示,我国化石燃料发电量占总发电量比例从 2003 年的 82.7% 下降到了 2019 年的 67.9%,同时非水可再生能源发电量比例却从 2003 年的 0.2% 提高到了 2019 年的 9.8%。从图 1-5 中可以看出,虽然近年来我国可再生能源电力行业发展迅速,但从整体来看,我国可再生能源电力占比仍然较低。未来我国可再生能源依然存在较大的发展潜力。

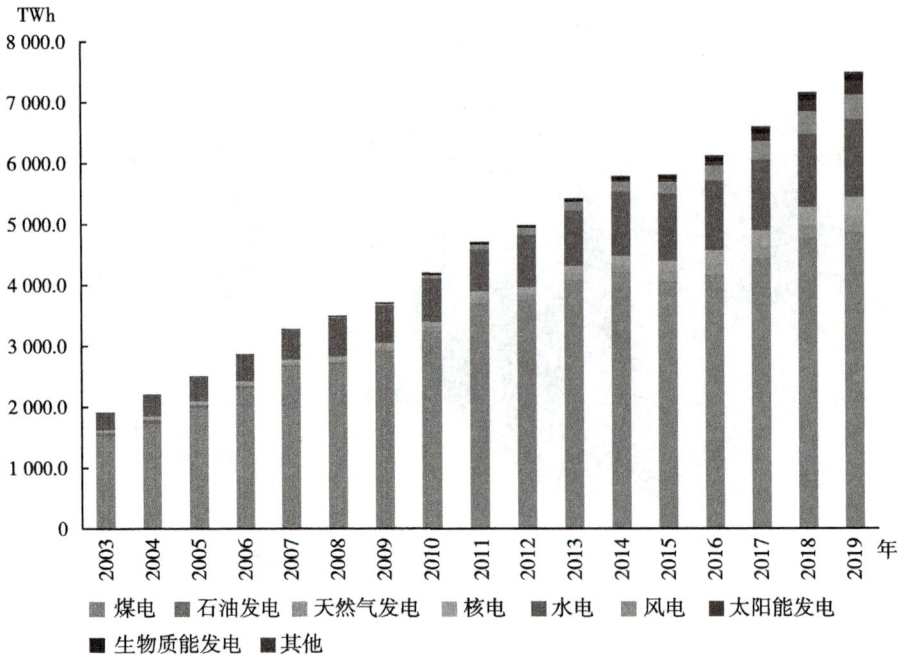

图 1-5　2003—2019 年我国发电量结构

［数据来源：BP（2020）］

（二）我国的应对气候变化目标

自"十三五"规划以来，我国开始在国民经济与社会发展规划中明确指定包括控制能源消费总量、提高可再生能源比重、降低单位 GDP 能耗等约束性指标。国家发展和改革委员会在 2016 年初专门出台了《能源发展"十三五"规划》，在能源消费总量与效率、生态环境保护等方面提出了多项约束性指标（见表 1-1、表 1-2）。我国在一次能源消费总量方面提出了 50 亿吨标准煤的约束性指标，同时提出力争将非化石能源消费比重提升至 15%，大力鼓励太阳能、核电、核电等新能源的发展。根据国家能源局公布的《2019年全国电力工业统计数据》，我国非化石能源发电量比重、电厂供电标准煤耗以及水电、核电、风电、太阳能发电装机容量均已完成规划目标。

表1-1 我国"十三五"时期能源发展2020年主要目标

指标	单位	2019年	2020年目标
一次能源消费总量	亿吨标准煤	48.34	<50
非化石能源消费比重	%	14.86	15.00
非化石能源发电量比重	%	32.08	31
水电装机容量	亿千瓦	3.56	3.40
核电装机容量	万千瓦	4 874	5 800
风电装机容量	万千瓦	21 005	21 000
太阳能发电装机容量	万千瓦	20 468	11 000
电厂供电标准煤耗	克/千瓦·时	307	310

数据来源:《电力发展"十三五"规划》《能源发展"十三五"规划》《中国电力统计年鉴(2020)》。

表1-2 我国在控制温室气体排放方面提出的目标

名称	提出时间	主要内容
"2030年峰值"目标	2014年11月	承诺到2030年左右温室气体排放达到峰值,非化石能源在一次能源消费中的比重提升到20%
"40%~45%"目标	2015年6月	到2030年中国单位GDP二氧化碳排放比2005年下降60%~65%
"十三五"规划目标	2016年3月	到2015年中国单位GDP能耗、二氧化碳排放分别比2010年下降15%
碳中和目标	2020年9月	2060年前实现碳中和

二、中国可再生能源及碳金融政策演化路径及发展历程

(一)中国可再生能源政策发展历程

为了实现上述碳减排及可再生能源发展目标,我国实施了优惠上网电价、绿色电力证书等可再生能源政策以及以碳排放权交易市场为代表的碳金融政策。2005年2月通过的《可再生能源法》是中国可再生能源开发与利用的基本法律,全文涵盖了中国可再生能源开发规划、产业指导与技术支持措施、

可再生能源推广应用指导、价格与成本分摊、经济激励与监督措施以及法律责任等多个方面。自《可再生能源法》实施以来，中国在 2006—2019 年陆续出台了 100 多项政策促进中国可再生能源发展，其中包含了可再生能源上网补贴政策、可再生能源发展专项资金管理办法、促进可再生能源消纳指导意见等多个方面的政策（见图 1-6）。

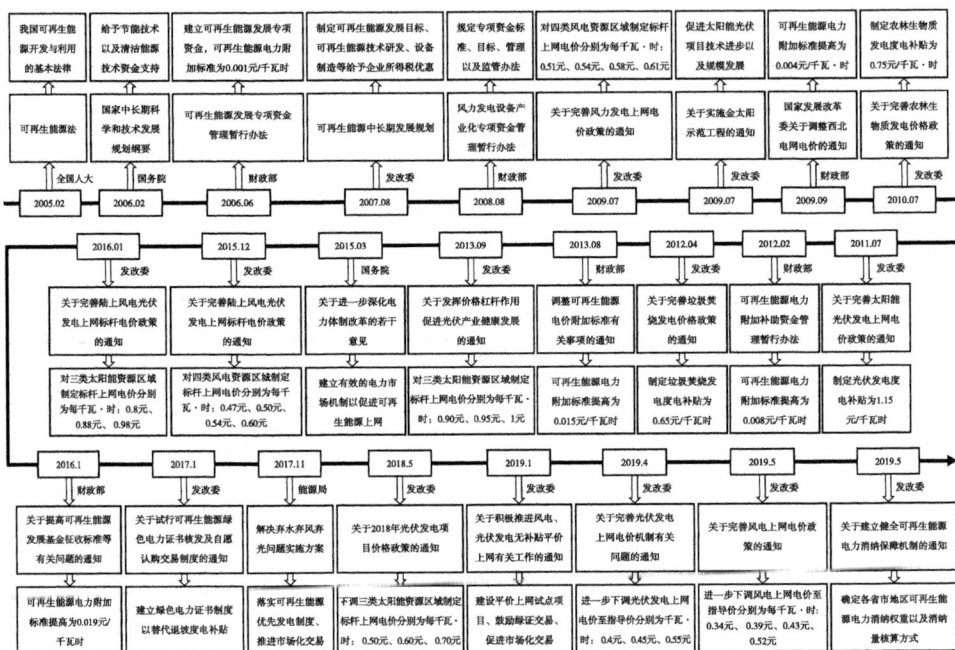

图 1-6　2006—2019 年中国主要可再生能源发展政策历程

(资料来源：由笔者整理而成)

基于中国可再生能源发展在不同时期面临的问题，我们将上述可再生能源政策发展历程划分为四个阶段，如图 1-7 所示。第一政策阶段为 2006—2008 年，第二政策阶段为 2009—2012 年，第三政策阶段为 2013—2015 年，第四政策阶段为从 2016 年至今。

第一政策阶段（2006—2008 年）：《可再生能源法》正式实施之后的 2006—2008 年，中国先后制定了相关政策以加快可再生能源发展。这些政策在规范可再生能源发展专项资金的征收、管理、分配、使用和监督的同时，规定了中国可再生能源发电项目管理措施，明确了中国各大电网公司接入可再生能源电力的责任。在此期间，中国可再生能源电力取得了一定的发展，特别是风力发电装机从 2006 年的 2.6 兆瓦增长到 2008 年的 8.4 兆瓦。然而在这一阶段中国可再生能源发展仍然面临以下两方面的障碍。一方面，中国可再生能源政策扶持力度较弱，导致风电、生物质能、太阳能等可再生能源市场激励不足，没有形成促进可再生能源持续发展的长效机制；另一方面，可再生能源技术开发能力和产业体系薄弱，可再生能源的技术水平较低，缺乏自主技术研发能力。

第二政策阶段（2009—2012 年）：针对第一政策阶段可再生能源发展面临的障碍，中国在第二政策阶段制定了风电、太阳能光伏发电以及生物质能发电等上网电价补贴政策，以促进中国可再生能源发电项目投资。同时，政府通过规范可再生能源电价附加制度保障中国可再生能源发电投资收益，提高可再生能源专项资金利用效率，进而促进中国可再生能源发电技术进步，降低可再生能源发电成本。在此期间，中国可再生能源发展迅速，非水可再生能源上网电量从 2006 年的 10.9 千瓦·时上升至 2012 年的 150.3 千瓦·时。然而该阶段中国可再生能源发展仍然面临以下两方面的问题。一方面，虽然可再生能源技术进步显著，经济性显著改善，但可再生能源在现有电力市场条件下较传统火电仍缺乏竞争力；另一方面，现有的电力系统运行机制和管理制度不适应可再生能源电力间歇性的特点，缺乏必要的市场机制保障可再生能源电力合理利用。

第三政策阶段（2013—2015 年）：为了解决第二政策阶段可再生能源发展面临的经济性障碍，中国在第三政策阶段中逐步完善了可再生能源发电上网电价补贴政策以引导可再生能源发电技术进步，同时通过调整可再生能源电价附加标准以保障可再生能源发电项目资金来源稳定。另外，新一轮电力体制改革实施办法于 2015 年 3 月出台，通过调整目前电力市场结构以及运行机制促进可再生能源上网以解决第二政策阶段中面临的电力系统运行机制障碍。在上述政策的推动下，中国可再生能源电力经济性以及消纳能力明显提升。在此期间，中国陆上风电平均成本从 2006 年的 0.62 元/千瓦·时下降为 2015 年的 0.53 元/千瓦·时，而太阳能光伏发电平均成本从 2010 年的 1.10 元/千瓦·时下降为 2015 年的约 0.71 元/千瓦·时。同时，中国非水可再生能源上网电量也从 2012 年 150.3 千瓦·时上升为 2015 年的 310.2 千瓦·时。然而随着政策的持续推进，中国可再生能源发展中更深层次的矛盾逐渐凸显。一方面，中国可再生能源发展对政府补贴依赖度较高，导致补贴资金缺口较大，可再生能源持续发展所需的资金来源遭遇瓶颈；另一方面，中国可再生能源消纳能力仍然不足，弃风、弃光问题逐步显现。

第四政策阶段（从 2016 年至今）：2016 年以来，中国政府在第四政策阶段出台了一系列政策，集中解决可再生能源补贴资金缺口扩大以及消纳能力不足问题。一方面，国家逐步提高可再生能源电价附加标准至 0.019 元/千瓦·时以增加可再生能源发电项目所需的资金来源，同时开始探索引入可再生能源绿色电力证书制度以期逐渐替代上网补贴政策；另一方面，国家能源局自 2015 年起发布《全国可再生能源电力发展监测评价的通报》，通过核定重点地区风电和光伏发电最低保障收购年利用小时数的方式，提出可再生能源电力全额保障性收购要求。同时，国家发展改革委通过实施《解决弃水弃风弃光问题实施方案》，提出以传统能源调峰配合、可再生能源电力优先发电权等方式促进可再生能源电力消纳，解决"三北"地区严重的弃风、弃光问题。从目前能源局统计数据看，2017 年中国弃风、弃光率实现"双降"，分别为 12% 和 6%，分别较 2016 年下降 5.1% 和 4.3%。同时非水可再生能源上网电量进一步提升到 519.1 千瓦·时，可再生能源电力消纳比例（含水电）达 26.4%。

2016 年 12 月，由国家发展改革委出台的《可再生能源"十三五"规划》对中国可再生能源未来发展提出了新的要求，明确提出 2020 年陆上风电实现发电端平价上网、太阳能光伏实现销售端平价上网的目标，同时提出 2020 年弃风、弃光率分别降至 5% 和 3% 的目标。因此，在新的阶段中国可再生能源发展面临新的挑战和机遇，在此条件下需要进一步探讨中国未来可再生能源政策的优化调整。

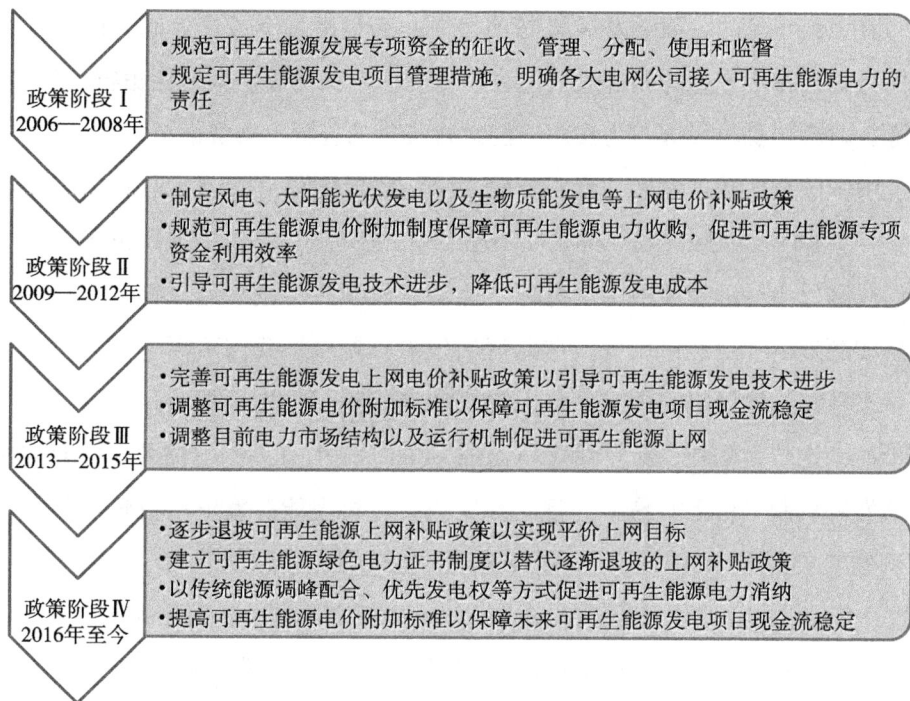

```
政策阶段 I        ·规范可再生能源发展专项资金的征收、管理、分配、使用和监督
2006—2008年      ·规定可再生能源发电项目管理措施,明确各大电网公司接入可再生能源电力的
                  责任
```

```
政策阶段 II       ·制定风电、太阳能光伏发电以及生物质能发电等上网电价补贴政策
2009—2012年      ·规范可再生能源电价附加制度保障可再生能源电力收购,促进可再生能源专项
                  资金利用效率
                 ·引导可再生能源发电技术进步,降低可再生能源发电成本
```

```
政策阶段 III      ·完善可再生能源发电上网电价补贴政策以引导可再生能源发电技术进步
2013—2015年      ·调整可再生能源电价附加标准以保障可再生能源发电项目现金流稳定
                 ·调整目前电力市场结构以及运行机制促进可再生能源上网
```

```
政策阶段 IV       ·逐步退坡可再生能源上网补贴政策以实现平价上网目标
2016年至今        ·建立可再生能源绿色电力证书制度以替代逐渐退坡的上网补贴政策
                 ·以传统能源调峰配合、优先发电权等方式促进可再生能源电力消纳
                 ·提高可再生能源电价附加标准以保障未来可再生能源发电项目现金流稳定
```

图 1-7　2006—2019 年中国可再生能源发展政策演变

（资料来源：由笔者整理而成）

（二）中国碳金融政策发展历程

与此同时，我国逐步开始尝试采用市场化的碳金融政策以应对气候变化，促进碳减排。碳金融是新兴的一个市场领域，发展历史较短，是由《京都议定书》而兴起的低碳经济投融资活动，旨在减少温室气体排放（林伯强和黄光晓，2014）。《京都议定书》建立了旨在减排温室气体的三个灵活合作机制——国际排放贸易机制（ITD）、清洁发展机制（CDM）和联合履行机制（JI）。以清洁发展机制为例，它允许发达国家的投资者从其在发展中国家实施的并有利于发展中国家可持续发展的减排项目中获取"经证明的减少排放量"作为实现自我排放目标的抵免。狭义的碳金融主要是在碳交易市场上以

碳排放权以及交易衍生品（各种现货与期货等）为主要交易对象的交易活动。其中，常见的是清洁发展机制项目，即通过碳基金或产业基金的投资实现的节能减排所产生的碳排放权的交易活动。广义的碳金融包括银行、保险、证券、财政与税收等部门为实现节能减排开发的各种投融资活动。

中国碳金融政策发展的第一阶段为清洁发展机制（CDM）与自愿减排交易平台（Chinese Certified Emission Reduction Exchange，CCERE）市场。清洁发展机制作为一种发展中国家可再生能源发电项目激励机制，提供了我国可再生能源发电项目经济资助。在此清洁发展机制中，我国可再生能源发电项目可以在清洁发展机制项目平台上提交申请，相关机构根据项目运行情况审核批准一定数量的核证减排量（Certified Emission Reduction，CER）并允许在清洁发展机制平台上交易，一旦交易完成，可再生能源发电项目将获得一定比例的资金支持。中国是最大的 CERs 提供方，截至 2012 年 12 月，我国共有 2 711 个 CDM 项目成功注册，占发展中国家 CDM 注册项目的 52%[①]。可是，由于欧洲整体经济疲软等原因，核证减排量需求下降，截至 2012 年，清洁发展机制中碳价格下降到了 1 欧元/吨左右（European Energy Exchange Market Data）。为了进一步促进我国陆上风电的发展，国家发展改革委在 2015 年发布通知，决定建立中国自愿减排交易平台（CCERE）。我国可再生能源发电项目需要首先在 CCERE 交易平台中对项目进行注册，并提供项目设计文件、上网电价合同、项目开工证明等文件材料。经过国家相关自愿减排交易机构审核通过后，该项目方可在 CCERE 交易平台中备案，并获得一定数量的核证减排量。我国参与 CCERE 交易的可再生能源发电项目可通过在碳市场中出售相应核证减排量的形式获得碳减排收益。截至 2017 年 3 月，已有 1434 个风电项目通过了相关机构的审核，占我国 2013 年至 2017 年总装机容量的 80%。但此平台目前尚处于初步运行阶段，交易细则仍然不够透明，碳价格

---

① 资料来源：http：//cdm. ccchina. gov. cn.

主要以交易双方协商的形式产生（Lo 和 Cong，2017）。[①] 目前仅有 258 个风电项目在 CCERE 交易平台备案，并被允许交易核证减排量。

中国碳金融政策发展的第二阶段为碳排放权交易市场。2010 年 10 月，国务院发布《国务院关于加快培育和发展战略性新兴产业的决定》，其中包括"加快五大领域低碳交易体系建设"，肯定国内碳排放交易的作用。在 2011 的全国"两会"上，决定将其写入第十二个五年规划纲要，同时"十二五"规划中提出中国逐步建立国内碳交易配额市场。此五年规划的发布，对于建立碳交易市场提供了强有力的合法性。自 2011 年 11 月起，国家发展改革委先后确定在北京、广东、上海、天津、重庆、湖北、深圳、福建八省市建立碳排放交易试点，提出在 2013 年将全面启动以上区域的强制性碳排放交易，通过建立区域碳排放交易体系，为建立全国统一的碳排放交易市场进行有益的探索。8 个试点地区可以自行规定省市内的碳交易体系，包括确定减排目标、碳排放权分配规则、要覆盖的领域、建立市场架构和政府管理制度。此后，8 个碳交易试点省市分头探索、自寻路径，也各有特色。2013 年 6 月 18 日，深圳在试点地区中率先建立碳排放权交易市场，标志着国内碳交易配额交易市场启航。

2017 年 12 月 18 日，国家发展改革委正式发布了《全国碳排放权交易市场建设方案（发电行业）》（以下简称《方案》），这也进一步标志着我国统一碳排放权交易市场进入实施阶段。《方案》中计划用一年左右的时间完成全国统一的数据报送系统、注册登记系统和交易系统建设。在此基础上，再用一年左右的时间开展发电行业配额模拟交易，最终计划在 3~4 年内开展发电行业配额模拟交易，全面检验市场各要素环节的有效性和可靠性，强化市场风险预警与防控机制，完善碳市场管理制度和支撑体系。同时，《方案》还规定了发电行业年度排放达到 2.6 万吨二氧化碳当量（综合能源消费量约 1 万吨标准煤）及以上的企业或者其他经济组织为重点排放单

---

① 资料来源：《北京环境交易所年度报告（2018）》《上海能源环境交易中心年度报告（2018）》。

位。年度排放达到2.6万吨二氧化碳当量及以上的其他行业自备电厂视同发电行业重点排放单位管理。并在此基础上，逐步扩大重点排放单位范围。

然而不同减排政策覆盖面以及政策效果具有一定的交叉性与重复性，从而备受各国政策制定者所关注。比如欧盟碳排放权交易机制（EU ETS）与可再生能源绿色证书（TGC）之间的相关探讨成为理论研究的焦点。综上所述，目前全国碳排放权交易市场进入了全面准备阶段，同时我国存在诸如可再生能源电力补贴等其他节能减排政策。因此，在此背景下研究我国碳金融政策与可再生能源电力促进政策之间的相关问题，具有较为重要的理论价值与现实意义。本书从我国电力行业现有的两大应对气候变化政策——碳金融与可再生能源电力促进政策（包括可再生能源电力优惠上网电价政策以及绿色证书交易政策）出发，分析二者之间的相互影响以及协同效用，以便为我国统一碳排放权交易机制设计以及可再生能源发展提出政策建议。

三、研究目的与研究内容

（一）研究目的

在当前的能源环境政策体系中，除了为实现碳减排目标而建立的碳排放权交易机制等碳金融政策外，还包括其他政策目标与政策工具，比如节能目标与能效政策、可再生能源目标与可再生能源支持政策、大气污染防治目标和相应的政策措施等。然而一种政策工具的实施或调整，往往会对其他政策的效果与目标的实现产生直接或间接影响。如何协调多种政策目标并优化相应政策工具组合，实现多种政策工具协同互补是政策制定者面临的重要问题。因此，本书分别从可再生能源企业、行业和电力系统三个层面，分析碳金融政策与可再生能源支持政策对可再生能源发电企业盈利能力、行业成本演化和电力系统政策效果的影响，为我国未来统一碳排放权交易机制和可再生能源补贴政策机制设计提出科学的政策建议与决策参考。

本书的第一个目的是分析在稳定陆上风电、海上风电以及太阳能光伏发电项目盈利能力前提下，碳金融政策与可再生能源支持政策之间的互动协同关系。目前相关的研究主要着重于分析单一减排政策对可再生能源发电项目成本和盈利能力的影响，而对于多种减排政策协同影响可再生能源发电项目发电成本和盈利能力，特别是在不同弃风、弃光条件下探讨碳金融政策对于可再生能源优惠上网电价退坡机制的互动协调作用的研究较少。因此，本书在分析多种减排政策对可再生能源发电项目盈利能力时采用了平准化发电成本（Levelized Cost of Electricity，LCOE）方法估算了我国陆上风电、海上风电与光伏发电项目发电成本，并与相应优惠上网电价加以比较，重点分析可再生能源优惠上网电价退坡机制对发电项目盈利能力的影响，并探讨在不同弃风、弃光条件下碳金融政策对于退坡的优惠上网电价政策的补充作用，以对我国未来统一碳排放交易市场和可再生能源发电补贴政策提出有关的建议。

本书的第二个目的是分析在可再生能源电力平价上网目标下，碳金融与可再生能源支持政策对陆上风电、海上风电与太阳能光伏发电成本演化路径和促进平价上网的影响。根据《可再生能源"十三五"规划》，2020年我国陆上风电将实现发电侧平价上网而光伏发电将实现售电侧平价上网，同时积极推进海上风电实现平价上网，这意味着我国可再生能源优惠上网电价政策将逐步取消。在此背景下，探讨可再生能源电力未来成本下降趋势将具有特殊意义。而技术学习率是对发电技术未来成本演化趋势的一种刻画。目前，对于我国陆上风电、海上风电以及太阳能光伏发电学习率研究中采用的数据主要集中于2012年之前，其难以评估2012—2019年我国可再生能源发电技术进步效应。因此，本书将运用清洁发展机制与中国自愿减排交易平台数据库中的可再生能源发电项目投资成本等数据，从项目层面估算我国陆上风电、海上风电和太阳能光伏发电技术学习率，并以此为基础分析发电成本演化趋势，探讨碳金融与可再生能源支持政策对陆上风电、海上风电和太阳能光伏发电平价上网目标的促进作用。

本书的第三个目的是在多区域电力交易市场条件下，为实现各自区域的碳减排与可再生能源发展目标约束，分析碳排放权交易为主的碳金融政策与可再生能源绿色证书交易政策之间的互动协同关系。在开放市场条件下，多个区域的电力交易不仅有利于区域之间资源优化配置，而且由于政策覆盖面之间的重合，政策之间互动关系更为复杂。目前多区域减排政策互动关系的研究主要集中于对可再生能源发电量和政策效果的探讨。本书在此基础上，构建了两区域电力交易模型，并分析区域之间减排政策实施效果。针对可能产生的政策冲突问题，本书探讨了两区域之间碳减排政策与绿色证书交易政策的协同调整路径。

（二）技术路线

本书主要以我国电力行业中可再生能源发电企业为主要研究对象，针对碳金融政策与可再生能源政策对我国陆上风电、海上风电和太阳能光伏发电项目盈利能力、平价上网实现条件以及开放市场条件下多种政策互动协同等问题进行了深入探讨。

本书第二章为对目前碳金融与可再生能源政策协同领域的研究进行梳理与综述。第三、第四、第五章分别从微观企业层面探讨在可再生能源发电补贴退坡机制下，碳金融政策对于我国陆上风电、海上风电与太阳能光伏发电项目盈利能力的补充作用。基于以上三章的分析，第六、第七、第八章从微观层面上升为行业中观层面，分析了为促进我国陆上风电、海上风电和光伏行业平价上网，碳金融政策与可再生能源发电支持政策之间的协同效应。第九章则从微观项目和中观行业层面，进一步上升到了我国电力系统的宏观政策层面的分析，构建了我国区域间电力市场模型，探讨了可再生能源政策与碳金融政策之间的互动协同关系。

四、研究内容

本书的主要研究内容分为十章，各章的具体内容安排如下：

第一章为绪论。绪论部分主要介绍与本书研究有关的背景知识、研究的主要目的与技术路线、研究的主要内容等。其中，背景知识主要包括我国能源消费与温室气体排放的严峻形势、各国为应对气候变化采取的政策措施等方面的内容。

第二章为可再生能源与碳金融政策效果文献综述。该部分主要从单一减排政策实施效果研究、碳金融与可再生能源促进政策混合政策必要性研究、混合政策互动协同关系理论研究和实证研究的相关领域进行了总结与评述。

第三章为促进陆上风电投资的碳金融与电价补贴政策协同效应分析。本章主要根据我国 2006—2015 年陆上风电项目数据库和平准化发电成本（LCOE）方法，估算我国陆上风电项目 LCOE 值，并将我国陆上风电优惠上网电价与之比较，分析我国陆上风电项目盈利能力。而在陆上风电优惠上网电价退坡机制中，本章探讨碳定价政策对于陆上风电项目盈利能力的促进作用和对于陆上风电优惠上网电价退坡机制的补偿作用。结合以上内容，本章给予我国未来统一碳排放权交易市场机制的建立和陆上风电补贴政策设计一定的建议。

第四章为促进海上风电投资的绿色金融政策协同效应分析。本章主要基于 2007—2020 年我国 97 个海上风电项目相关数据，估算了各项目平准化发电成本（LCOE），并探讨新冠肺炎疫情对于海上风电项目盈利能力的影响。最后，本章将探讨碳金融与绿色证书政策对于海上风电项目盈利能力的促进效果。结合以上内容，本章为我国未来碳金融与绿色金融政策设计提供有针对性的建议。

第五章为促进光伏发电投资的碳金融与电价补贴政策协同效应分析。本章主要根据我国 2010—2015 年太阳能光伏发电项目数据库和平准化发电成本（LCOE）方法，估算我国太阳能光伏发电项目 LCOE 值，并将我国陆上风电优惠上网电价与之比较，分析我国太阳能光伏发电项目盈利能力。本章通过对弃光率的灵敏度分析，探讨了碳定价政策对我国太阳能光伏发电优惠上网电价退坡机制补偿作用。结合以上内容，本章给予我国未来统一碳排放权交易市场机制的建立和光伏发电补贴政策设计一定的政策建议。

第六章为实现陆上风电平价上网的碳金融政策效果分析。本章主要根据第三章中陆上风电项目数据库和学习率模型，估算我国陆上风电 2006—2015 年的学习率。之后，本章基于可再生能源成本估算方法，预测我国陆上风电 2016—2025 年成本下降趋势，并探讨在 2020 年我国可再生能源电力完全退坡条件下碳金融政策对于我国陆上风电平价上网促进作用。

第七章为实现光伏发电平价上网的绿色电力证书政策影响分析。本章主要根据第五章中光伏发电项目数据库以及学习率模型，估算我国光伏发电 2010—2016 年学习率。之后，本章基于可再生能源成本估算方法，预测我国光伏发电 2018—2030 年成本下降趋势，并探讨在 2020 年我国可再生能源电力完全退坡条件下，绿色电力证书政策对于我国光伏发电平价上网促进作用。

第八章为促进海上风电平价上网的碳金融政策效果分析。本章利用第四章中 2007—2020 年我国 97 个海上风电项目相关数据，采用动态平准化发电成本估算方法，并根据国际能源署（IEA）、国际可再生能源能源署（IRE-NA）关于我国海上风电预期装机容量，估算我国海上风电成本演化路径（2020—2050），并通过比较海上风电 LCOE 演化趋势和我国燃煤发电上网电价，探讨碳金融政策对于我国海上风电实现平价上网的促进作用。

第九章为区域间碳市场、电力市场与绿证市场的关联互动与政策协同分析。本章在统一碳排放限额和各自可再生能源消费比例目标组合下，构建包含碳定价与绿色证书交易混合政策的两区域电力市场模型。通过对该模型求解，本章探讨碳定价政策与绿色证书交易政策互动关系和碳排放限额与可再生能源消费比例之间的协调路径。

第十章为总结与展望。本章将在全文研究结论的基础上，对于我国未来碳金融和可再生能源支持政策的机制设计提出相应的政策建议，并归纳本书研究创新点和下一步研究工作的主要方向。

第二章　可再生能源与碳金融政策效果文献综述

一、单一政策效果研究综述

各国为了实现碳减排和可再生能源发展目标，设计了不同的政策工具，其中较为流行的是可再生能源促进政策和碳金融政策。为了更好地探讨多种政策之间的互动协同关系，本节首先将介绍不同碳金融和可再生能源促进政策。之后，本节将综述目前碳金融和可再生能源促进政策实施效果的文献。

（一）碳金融与可再生能源促进政策介绍

目前较为主流的可再生能源促进政策有以下几类：基于价格型的可再生能源电力优惠上网电价（Feed-in Tariff，FIT）和基于数量型的绿色电力证书交易（Tradable Green Certificate，TGC）政策（Del Rio 和 Gual，2009）。FIT政策指的是可再生能源发电企业获得一定的上网补贴（单位发电），使其上网电价高于传统化石燃料电力上网电价。从目前 FIT 政策实施的情况来看，主要分为补贴由电网企业承担和由电力消费者成本两种（Dusonchet 和 Telaretti，2015；Lin 等，2014；Ouyang 和 Lin，2014）。TGC 政策指的是可再生能源发电企业在生产过程中获得一定比例绿色证书，并可以在 TGC 市场上出售其绿色证书以获得除电力上网收益外的额外收益。其中，对于 TGC 市场绿色证书的需求来自政府对电网企业和电力用户预设的可再生能源消费比例目标（Schusser 和 Jaraite，2017）。而碳减排政策则以基于价格型的碳定价（碳税）政策和基于数量型的碳排放权交易机制（Emission Trading Schemes，ETS）为代表。排放税的思想源于 Pigou（1924）提出的庇古税，根据厂商排放水平征收一定费用，将排放的外部成本内部化，以此激励厂商采取减排技术并保证政策的成本有效性。ETS 政策指的是国家对于特定行业设定一定的碳排放限额（Cap）并给予行业内碳排放企业一定的碳排放配额（Tradable Emission Permits，TEP），其中，碳排放配额可以通过拍卖和免费分配（grandfathering）两种方式分配（Hoel 和 Karp，2001，2002；Newell 和 Pizer，2000；Nordhaus，2007）。

（二）碳金融政策实施效果研究

碳金融政策实施效果可以根据不同标准来进行评价。目前学术界对碳减排政策实施效果评价标准主要有以下几类（Pelchen，1999；Rio Ganalez，2007）。成本有效性准则指的是碳金融政策是否以最小成本（成本有效性）实现预设的碳减排目标。对于碳金融政策成本主要分为两类，一类是管理与交易成本，另一类是减排成本。其中管理与交易成本包括政策实施和日常运营有关的费用，如监测费用。动态效率准则指的是政策工具是否可以持续性促进碳减排技术创新和扩散，是否可以持续性促进企业/国家以较低的成本实现长期减排目标。公平性原则指的是在碳减排政策实施过程中是否兼顾了公平分配原则。另外，探减排政策是实施过程中应该考虑政治可行性准则。

国家主要政策目标为碳减排时，一些学者认为碳减排政策增加了化石燃料发电企业碳排放成本，客观上抑制了高碳排放行业的发展，从而有利于实现国家碳减排目标（Jensen 和 Skytte，2003；Skytte，2006；Boots，2003；Amundsen 和 Mortensen，2001；Tsao 等，2011；Böhringer 和 Rosendahl，2010；莫建雷等，2013；崔连标等，2013）。

国家主要政策目标为可再生能源发展时，在政策有效性角度上，碳税提高了化石燃料发电企业碳成本，客观上促进了可再生能源发电技术对传统化石燃料电力的替代，从而有效地减少二氧化碳的排放。此外，考虑到由于化石燃料发电企业的生产外部性（碳排放为外部性），碳税则以价格信号的方式促进市场资源的优化配置，提高经济效率（McKibbin 和 Wilcoxen，1997；Pizer，2002；Pezzey，2003；刘明磊等，2014）。另外，排放权交易机制的构想来自 Coase（1960），由政府设定污染物排放上限并分配给厂商一定的初始排放配额，厂商间为实现各自减排成本最优从而进行配额的交易，在保证总量控制目标完成的同时实现全社会减排成本的最小化。因此，只要排放权初始的分配方式确定，则各企业通过市场交易，利用价格体系的机能，可以促使污染外部成本内部化，以达到最适当的二氧化碳排放水平。与碳税的税率由政府所制定不同，碳交易价格由市场决定，其效率更高（Hoel 和 Karp，2001，2002；Newell 和 Pizer，2000；Nordhaus，2007）。近年来，由于数量型政策工具能够提供较为明确的排放控制目标，从而为多国政策制定者所采用。而欧盟碳排放权交易机制（EU ETS）以及我国八大碳排放权交易市场等的实际运行更使碳排放权交易机制的设计及相关探讨成为理论研究的焦点。

（三）可再生能源促进政策实施效果研究

可再生能源促进政策实施效果也可以根据不同标准来进行评价。目前学术界对于可再生能源政策实施效果评价标准主要有以下几类（Del Rio 和 Gual，2009；Rio Ganalez，2007）。有效性准则指的是评价政策对于可再生能源发电技术促进程度。其取决于几大因素，其中一些与所应用的政策工具有关，比如政策支持力度和政策细节设计程度等，但其他变量也会影响可再生能源技术的推广，比如电力上网调度能力等。成本有效性准则指的是可再生能源政策以最小成本（成本有效性）实现预设的可再生能源发展目标。管理和企业交易成本是衡量政策成本的一个重要组成部分。动态效率准则指的是衡量可再生能源政策能否持续性地促进可再生能源发电技术进步。

根据以上标准，很多研究比较了单一可再生能源政策对促进碳减排和可再生能源发展目标的成本有效性。国家主要政策目标为碳减排时，一些学者认为可再生能源促进政策促进了减排成本相对更贵的可再生能源减排，而使减排成本相对较低的其他减排技术得不到应用。因此，他们认为单一可再生能源电力补贴政策（无论基于数量型或基于价格型）政策成本有效性都不如碳排放权交易（Cap-and-trade）政策或碳金融（Carbon Finance）政策（Palmer 和 Burtraw，2005；Fischer 和 Newell，2008；Abrell 和 Weight，2008；Fisher 和 Preonas，2010；Dejonghe 等，2009；Pethig，2009；张晓辉等，2015）。

国家政策目标为支持可再生能源发电时，很多研究显示基于数量型的可再生能源政策［比如绿色证书交易政策或可再生能源配给制政策（Renewable Portfolio Standards，RPS）］较基于价格型政策（比如可再生能源）优惠，上网电价成本较低。FIT 政策针对发电成本较高的可再生能源发电技术基于较高的补贴水平，而 TGC 政策则鼓励不同可再生能源发电技术之间的相互竞争以促进其技术进步（Fischer 和 Preonas，2010；衣博文等，2017）。Böhringer 和 Rosendahl（2010）认为欧洲 FIT 政策对于所有可再生能源发电技术给予统一的补贴水平，从而限制了一些成本较高的发电技术，比如太阳能发电等技术的发展。另外，Unger 和 Ahlgren（2005）认为 TGC 政策对于可再生能源发电技术中成本较低的技术（如风力发电）比其他成本较高的技术（如太阳能发电）更为有利。因此，虽然 TGC 政策短期内较其他政策成本有效性更高，但单一数量型可再生能源政策不足以确保所有可再生能源发电技术长期稳定的发展。Abrell 和 Weigt（2008）指出，成本较高的可再生能源发电技术学习率较高，给予其较高的 FIT 政策可以促进其长期稳定的发展。

目前，对于可再生能源电力政策有效性的实证研究主要集中在评估采用不同类型可再生能源政策的国家政策成本的有效性。2008 年，国际能源署报告（IEA，2008）评估了全球所有国家可再生能源政策成本有效性，其中包括可再生能源实际发电量和补贴水平。结果表明，采用政策成本有效最高的 80% 的国家采用 FIT 政策，其中德国、西班牙、丹麦和葡萄牙成本有效分居前 4 名，而意大利、比利时和英国采用 TGC 政策，它们的政策成本有效性则相对较低。因此，该报告得出结论：由于 TGC 内部政策设计问题和外部投资风险等问题，导致其政策成本有效性较 FIT 政策更低。Mulder（2008）扩展了 IEA（2008）的评价指标，他加入了三个风力发电成本有效性指标：实现本国风电发展目标成本相对较低、实现本国风电潜力和投资本国风电投资。其研究表明丹麦、西班牙和德国较其他欧盟最初 15 国价格型风电补贴政策更为成功（评估年限为 1985—2005 年）。Butler 和 Neuhoff（2008）发现德国 FIT 政策较基于数量型政策如英国可再生能源促进政策（Renewables Obligation）能够以较低的社会资源调节成本促进风电行业的发展。Lesser 和 Su（2008）认为 FIT 政策作为一种对于可再生能源补贴，较其他数量型政策更为有效地提高了相关投资者长期的资金稳定性，更为有效地促进了可再生能源发电技术未来稳定的发展。Wu 和 Xu（2013）回顾了中国可再生能源补贴政策变化历程，他们认为目前中国实施 FIT 政策更为合适。

自 2006 年《可再生能源法》实施以来，尤其是 2009 年可再生能源发电标杆上网电价制定以来，中国可再生能源发电投资增长迅猛。这主要是由于可再生能源标杆上网电价政策能够给予可再生能源发电项目投资者长期稳定的投资收益预期，保证其一定的投资收益率，从而降低了可再生能源发电项目投资风险，客观上促进了中国可再生能源发展。后续的实证研究结果也表明中国可再生能源上网电价补贴政策（FIT）的确有利于促进可再生能源项目建设投资，政策效果显著。自 2009 年以来，中国陆续制定了风电、光伏发电和生物质能发电等可再生能源电力上网电价补贴政策。在政策激励下，中国风电、光伏发电和生物质能发电快速发展，装机容量分别从 2006 年的 29.6 兆瓦、0.1 兆瓦和 2.5 兆瓦增长至 2018 年的 184.3 兆瓦、175 兆瓦和 17.8 兆瓦，而发电量则分别从 3.7 千瓦·时、0.1 千瓦·时和 7.0 千瓦·时增长至 366.0 千瓦·时、177.5 千瓦·时和 90.6 千瓦·时。通过比较《可再生能源"十三五"规划》所公布的目标数据和现实数据可以发现，在装机和发电量方面，我国在 2018 年底就已经基本实现甚至超额完成了"十三五"的可再生能源发展目标。

已有研究探讨了不同可再生能源政策对实现可再生能源发展目标所付出的社会成本的影响，其中，社会成本包括由于可再生能源政策介入后电力价格上升而带来的消费者剩余损失、可再生能源电力生产者剩余和政府对于可再生能源电力补贴付出的成本。Palmer 和 Burtraw（2005）比较了绿色证书交易政策与可再生能源补贴政策（FIT）的有效性和导致的社会成本，发现在同一可再生能源发展目标条件下绿证交易政策较补贴政策社会成本较低，其成本有效性更高。随着中国可再生能源的不断发展，学术界开始关注中国可再生能源政策成本有效性问题。从目前的研究来看，虽然中国可再生能源电力补贴政策（FIT）有效地促进了可再生能源装机投资，但其带来的政府财政负担也逐步扩大。截至 2018 年，中国可再生能源发电补贴缺口已经超过 600 亿元，2020 年将进一步扩大至 2 000 亿元。不断增长的可再生能源发电补贴缺口从长期来看不利于中国可再生能源长期可持续发展，而随着未来中国绿色电力证书交易制度的逐步完善，中国可再生能源政策成本有效性将得到改善。

当前已有研究主要利用中国可再生能源发电设备单位装机投资成本来刻画可再生能源技术进步，比如风电轮机单位装机投资成本、太阳能光伏组件单位装机成本和可再生能源设备专利数量等（Qiu 和 Anadon，2012；Yao 等，2015）。一方面，随着中国可再生能源发电装机容量不断增加，技术学习中的"干中学"（Learning-by-doing）效应逐渐显现，导致风电轮机和光伏发电组件单位装机投资成本下降明显；另一方面，"研中学"（Learning-by-researching）效应同样引起风电轮机和光伏发电组件单位装机投资成本下降。中国风电和光伏发电设备专利数则呈现出明显上升趋势，这说明中国可再生能源发电技术知识存量不断增长。然而在中国可再生能源平价上网目标条件下，相关研究通过构建技术学习曲线模型，发现中国风电、太阳能光伏发电技术的历史学习率不足以支撑中国 2020 年平价上网目标的实现（Tu 等，2019，2020），未来仍然需要进一步加强可再生能源的研发投入力度，提升可再生能源政策的动态效率。

从以上研究来看，目前学术界对于单一政策成本有效性的评估莫衷一是。有些学者认为单一碳减排政策对于碳减排目标具有成本有效性。但对于可再生能源发展目标，碳减排却会使社会总减排成本升高，缺乏政策有效性。另一些学者则认为基于数量型的 TGC 政策促进了不同可再生能源发电技术之间的相互竞争，从而间接地激励了成本较高的发电技术学习效应。然而对于碳减排目标，可再生能源促进政策则会使社会成本升高（Couture 和 Gagnon，2010；Thiam，2011；Ouyang 和 Lin，2014）。

二、混合政策必要性研究

针对以上单一减排政策的缺陷，很多学者从其他角度论述混合政策的必要性，比如为了克服市场失灵、政策失灵、技术路径依赖与碳锁定和实现其政策目标。

（一）克服市场失灵

众所周知，新技术的发展必须通过研发投入（R&D），研发投入会进一步带动技术进步，这是一种正外部性（Schumpeter，1942）。而通过创新和扩散而产生的新技术往往通过技术溢出（Spill Over）从一家企业转移到另一家企业，使通过知识溢出转移获得技术的企业降低生产成本（Arrow，1971）。因此，知识溢出效应被称为一种正外部性。但是在此过程中获得知识溢出的企业并没有向转移知识的企业交纳专利费，因此，可能会引起研发投资不足的情况，阻碍技术进步（Neuhoff，2005）。知识溢出效应在可再生能源生产中也普遍存在。而碳市场政策却不能给予足够的激励来引导企业技术进步。Grubb 等（1997）强调指出，减排政策的效果受知识溢出效应影响很大。Parry（1995）也指出，当知识溢出效应存在时，庇古税会导致企业减少新技术研发投入。因此很多学者认为当存在知识溢出效应时，碳市场与可再生能源发电补贴政策结合可以有效地解决知识溢出效应带来的外部性，补贴的形式应主要以补贴可再生能源 R&D 支出为主（Sorrell，2003；Sorrell 和 Sijm，2003；Bossetti 等，2010；Popp 等，2010）。Sijm（2003）认为可再生能源支持政策可以有效地解决由知识溢出带来的外部性引起的市场失灵。Fischer 和 Newell（2008）认为可再生能源支持政策可以通过修正由知识溢出造成的市场失灵，从而减少碳减排成本。Fischer 和 Preonas（2010）通过对目前关于可再生能源与碳减排政策混合的研究进行整理，认为当电力市场中存在知识溢出、市场势力等市场失灵的情况时，运用碳市场与可再生能源发电促进政策可以有效地修正该市场失灵。

（二）克服政策失灵

除了知识溢出效应带来外部性引起的市场失灵会阻碍可再生能源发展，一些政府的政策失灵也同样会阻碍可再生能源的发展。碳市场政策对化石燃料碳排放的外部成本内在化不完全，电力市场中存在市场势力、政策性投资的不确定性。碳市场政策对化石燃料企业碳排放的外部成本内在化是通过 Cap-and-trade 的方式实现的，即通过制定排放限额，然后以某种分配方式发放配额，并允许企业之间配额自由交易。理论上，碳市场中碳价格应该与 CO_2 的边际损失相等。一些学者计算出该边际损失应该为 0～300 欧元/t CO_2。但是由于碳市场政策主要是通过政治协商的方式制定，这就会导致与经典经济理论相背离。另外，一些外部成本比如燃料燃烧造成的环境污染、石油泄漏治理、核泄漏等成本都没有算入非可再生能源价格之中，故非可再生能源市场价格不能真实地反映其社会成本，这就阻碍了技术选择。利用碳市场政策解决该问题只有通过减少排放限额的方式来实现，但是该方式会损害其他工业企业的利益，政治可行性较小，故单一的利用碳市场政策不能促进技术选择。相反，采取可再生能源发电补贴政策在政治上阻力较小，能有效地促进电力行业新技术选择（Blasi 和 Requate，2007；Fischer 和 Newell，2008）。

当电力市场中存在市场势力时，几家大型的电力企业会通过对附加值较高的技术进行投资，而阻碍新技术的采用（Grubb 等，1997）。另外，大型电力企业会以操纵价格的方式阻碍新企业的进入（Neuhoff，2005），然而可再生能源发电企业大多为新进入的企业，从而阻碍新发电技术的利用率（Geroski，1990）。Schmidt 和 Marschinski（2009）认为可再生能源发电可促进政策通过补贴等手段降低新进入企业的成本，修正由电力市场势力造成的市场失灵。碳市场政策无法促进有市场势力存在时的新技术选择，然而可再生能源发电补贴政策则可以以补贴的形式增加新进入的可再生能源发电企业与市场中形成垄断的电力企业竞争的机会，在整体上促进电力行业新技术选择。

政策性投资的不确定性也在一定程度上影响电力行业新技术的选择。比如由于碳市场政策中价格波动导致的不确定性会降低碳市场政策的价格信号作用，从而碳市场政策不能提供长期的技术创新促进作用（Betz 和 Sato，2006；Kettner 等，2010；Matthes，2010）。相反，可再生能源发电补贴政策可以提供长期稳定的价格信号，可以有效地促进电力行业新技术选择。

（三）克服技术路径依赖与碳锁定

电力行业存在的技术路径依赖会加重上述所介绍的市场与政策失灵导致的福利损失。路径依赖指的是未来与技术相关的决策主要取决于之前关于技术的决策与投资（Arthur，1989）。因此，当前采用的电力行业高排放类型的技术路径可能会一直持续，因为低排放类型技术成本很难下降，相对于传统技术可能会变得越来越贵（Sorrell 和 Sijm，2003），这就是所谓的碳锁定（Unruh，2000）。碳锁定会导致可再生能源成本越来越高，影响电力行业新技术选择（Kalkuhl 等，2014）。由于规模经济、学习效应等原因导致原有技术成本逐步降低，导致非可再生能源发电技术路径依赖，甚至碳锁定，影响电力行业新技术选择（Grubb 等，1997；Unruh，2000）。除此之外，导致碳锁定的原因还有能源行业长期对原有技术的投资已经形成了规模经济效应，此时改变技术将产生高额的成本（Matthes，2010；Neuhoff，2005）。另外，由于电力是同质商品，不同技术之间发电具有完全可替代性，可再生能源发电技术成本较高，不能与其他非可再生能源发电技术竞争，导致碳锁定（Kalkuhl等，2014；Neuhoff，2005）。而可再生能源发电补贴政策引入之后可以降低可再生能源发电技术的成本，加速电力行业对非可再生能源发电技术的替代，逐步消除对原有技术的路径依赖。Sorrell 和 Sijm（2003）认为学习效应引起的社会成本下降会同时由于规模经济、制度惯性和社会基础设施投资等因素造成当前技术锁定，而可再生能源发电会促进政策通过补贴等方式降低可再生能源发电新技术成本，加速新技术替代。

以上我们分析了限制电力行业新技术的发展和利用的相关因素，这些因素主要包括由于知识溢出带来的外部性造成的市场失灵；以碳排放外部成本内在化不完全、电力市场中市场势力和政策性投资不确定性为代表的政策失灵；非可再生能源发电技术路径依赖造成的碳锁定。这些因素都会提高可再生能源的成本，限制了电力行业可再生能源发电新技术的发展及利用，而单一碳市场则不能解决这个问题，必须通过碳市场政策与可再生能源发电补贴混合政策才可以进一步促进电力行业新技术的应用。

（四）实现减排之外的多重政策目标

除了以上促进利用电力行业可再生能源发电新技术原因外，即使在某些情况下这些政策目标的经济合理性不够明确，多政策目标也能给政府提供进一步的政治上的理由来采用混合政策。

目前全球主要国家不但制定了应对气候变化的碳减排目标，而且制定了相应的可再生能源消费目标，比如欧盟制订了 2020 年可再生能源消费量占总能源消费量 20% 的目标。这些可再生能源消费目标依靠单一的碳市场政策只有通过减少碳排放限额、提高碳价格和促进能源替代的方式来达成，但是该方式政治可行性不高。对于单一政策目标最好利用单一政策工具，而对于多种政策目标，则需要利用多种政策工具组合（Tinbergen，1952）。一些学者认为可以利用碳市场政策与可再生能源发电补贴混合政策达到该碳减排目标和可再生能源发展目标（Boots，2003；Jensen 和 Skytte，2002；Gawel 等，2014）。Pethig 和 Wittlich（2009）运用了一般均衡模型分析了碳减排政策与可再生能源政策对开放经济体的影响，他们认为当政府将低的能源价格作为一个政策目标时，碳减排与可再生能源政策组合可以有效地降低能源价格的同时不会增加多余的碳排放。Bohringer 和 Rosendahl（2010）则认为当碳减排是唯一的政策目标，可再生能源促进政策会使碳减排成本提高，会阻碍公众对气候变化政策的支持。相反，如果碳减排政策与可再生能源组合标准作为另一个政策目标时，此时碳市场政策与可再生能源促进政策可以同时达到这两个政策目标。Böhringer 等（2009）利用了一般均衡模型分析了欧盟气候变化政策对国际贸易和能源消费的经济影响，结果表明，欧盟利用碳市场政策同时实现碳减排目标与可再生能源发展目标时，会大幅度增加社会总成本。Rio（2009）以西班牙为例，当他们面对碳减排、当地经济的可持续发展、政策的动态效率和适度的消费者成本等不同目标时，碳市场政策不能有效地解决这些问题，但是按市场政策与可再生能源促进政策，可以通过增加社会收益而有效地解决这些问题。关于多目标下混合政策有效性，其他学者研究了不同区域内的影响：Unger 和 Ahlgren（2005）和 Rathmann（2007）建立模型分析了北欧国家、西班牙和德国的可再生能源支持政策对碳价格和电力价格的影响。Morris 等（2010）分析了可再生能源比例标准（RPS）政策与碳市场政策结合对于美国电力市场的影响。Rathmann（2007）评价了由于可再生能源支持政策的引入对德国零售电价的影响。

可再生能源发电补贴政策还可以产生环境的协同效应，即可再生能源发电补贴政策促进了可再生能源发电技术替代传统发电技术，减少了非可再生能源发电过程中 SO_2 等有害物质对环境的影响。

除此之外，基于能源安全角度的考虑，政府采用可再生能源发电补贴政策也有利于缓解国家对石油等需要海外进口的能源的需求，保证了国家能源的正常使用（Matthes，2010）。

三、混合政策协同效应研究

当前的能源环境政策体系中除了为实现碳减排目标而建立的碳排放权交易机制外，还包括其他政策目标与政策工具，比如节能目标与能效政策、可再生能源目标与可再生能源支持政策、大气污染防治目标及相应的政策措施等。然而一种政策工具的实施或调整往往会对其他政策的效果与目标的实现产生直接或间接影响。如何协调多种政策目标，优化相应政策工具组合，进而实现多种政策工具协同互补是政策制定者面临的重要问题。

目前关于多种政策工具互动关系的分析主要集中在 ETS 与 TGC 政策之间，而对 ETS 与 FIT 政策之间的协同关系的研究较少。而针对 ETS 政策与TGC 政策之间的协同关系的研究主要有两类。一类是基于理论层面分析多种政策之间的互动关系。目前理论类文章较早的研究包括 Jensen 和 Skytte（2002）（2003），Skytte（2006），Boots（2003），Morthorst（2000）（2003）（2007），del Rio（2009）以及 Amundsen 和 Mortensen（2001）等。另一类文献是基于实证数据分析多种政策之间的互动关系。较早的工作包括 Sorrel（2003），Walz 和 Betz（2003），Boemare 和 Quirion（2003），Sijm（2003）；Mavrakis 和 Konidari（2003）。这些研究分析了不同政策目标下政策工具之间互动关系。

（一）单区域内政策协同理论研究

针对单区域内政策工具互动协同关系的理论研究主要集中在探讨碳金融政策中引入可再生能源政策对社会福利的影响和对于电力市场、TGC 市场以及 ETS 市场之间互动关系的影响两个方面。

Lehmann 和 Gawel（2013）从理论角度探讨了可再生能源促进政策引入ETS 体系对于社会福利的影响，其中 ETS 中包含电力行业与非电力行业而ETS 中电力行业与非电力行业碳排放限额为 E。如图 2-1 所示，MAC_E 与

MAC_I 分别表示电力行业与非电力行业边际减排成本曲线。而 ETS 中电力行业与非电力行业对碳配额需求分别为 D_E 与 D_I。故在均衡状态下，电力行业与非电力行业边际减排成本曲线等于其对于碳排放配额的需求，即 $MAC_E = D_E$，$MAC_I = D_I$，而在 ETS 碳排放限额约束下，电力行业与非电力行业成本有效的碳排放配额分别为 E_E^* 和 E_I^*，而 ETS 中均衡碳价格为 P^*，当在电力行业中引入可再生能源电力发展政策后，由于可再生能源电力替代了一部分化石燃料电力，电力行业附加减排量为 ΔE_E，因此，电力行业相应对于 ETS 中碳排放需求下降为 D_E^{PM}。在新的均衡状态下，ETS 中碳价格下降为 P^{PM}，电力行业碳排放量下降为 E_E^{PM}，但由于碳排放限额不变，非电力行业碳排放量则上升为 E_I^{PM}。综上所述，电力行业中可再生能源电力发展政策不会产生多余的附加碳减排量，其仅仅导致电力行业中由于可再生能源电力替代产生的碳减排量转移至非电力行业。然而同时，非电力行业减排成本的减少超过了电力行业减排成本的增加，因此总社会福利的损失可表示为图中灰色三角区域。

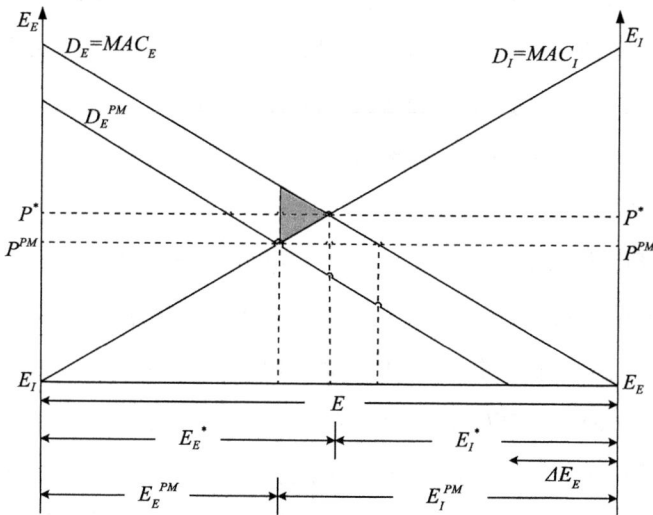

图 2-1　可再生能源政策与碳金融政策互动关系（Lehmann 和 Gawel，2013）

Shahnazari 等（2017）认为，在碳定价政策中可再生能源电力发展政策较单一碳定价政策会增加碳减排的社会成本。Twomey（2012）进一步解释了该问题，他认为从碳减排曲线来看，碳减排政策中引入额外的可再生能源电力补贴政策可能只会导致资源被推向更昂贵的减排选择，并取代成本较低的减排方案。Frondel 等（2008）（2010）以及 IEA（2018）认为通过光伏发电实现碳减排将增加总体社会成本 700~1 000 欧元/t CO_2。Böhringer 和 Rosen-dahl（2010）认为在欧盟碳减排 25% 以及可再生能源消费比例目标增加 10% 目标组合下，可再生能源电力发展与 ETS 混合政策将较单一 ETS 政策使总体社会减排成本将增加近 60%，同时 ETS 中碳价格从 41 欧元/t CO_2 下降至 16 欧元/t CO_2。

另一些学者针对单区域电力市场、TGC 市场和 ETS 市场之间的互动关系进行了分析，他们认为单区域内政策工具之间互动关系研究中的一个关键假设是降低售电价格、提高可再生能源电力利用和促进碳减排（Rio Gonzalez，2007）。为了单独达成这三大目标，需要实施三种不同的政策工具。可是，由于不同政策目标和政策工具之间的互动影响，这三大目标可以同时实现（Skytte，2006）。但是该问题最大的挑战并不是从不同政策工具中选择以达成目标，而是如何选择政策工具组合以同时实现这三大政策目标组合。在大多数研究中，这三大目标之间是相互独立的（Soleille，2006；Boemare，2003）。仅有少数研究探讨如何同时实现该三大政策目标（Jensen 和 Skytte，2002；Boots，2003）。

对于单区域内 TGC 政策、ETS 政策和电力市场之间的互动关系可以分为三个层面，如图 2-2 所示。（1）电力市场与 ETS 政策：ETS 政策由于增加了传统化石燃料发电企业碳排放成本，而使电价上升（Jensen 和 Skytte，2003；Amudsen 和 Mortensen，2001）。（2）TGC 政策对于电价影响不确定：一方面由于促进了可再生能源电力对传统化石燃料电力的替代而使电价下降；另一方面，由于消费者由于购买绿色电力而增加了其附加成本（Jensen 和 Skytte，2003）。（3）ETS 与 TGC：ETS 与 TGC 政策之间互动关系是最为复杂的一个。ETS 政策一方面由于提高了传统化石燃料发电企业成本而使可再生能源电力更具有竞争性；另一方面，TGC 政策减少了 ETS 中碳配额需求以及碳价格（Rio Gonzalez，2007）。

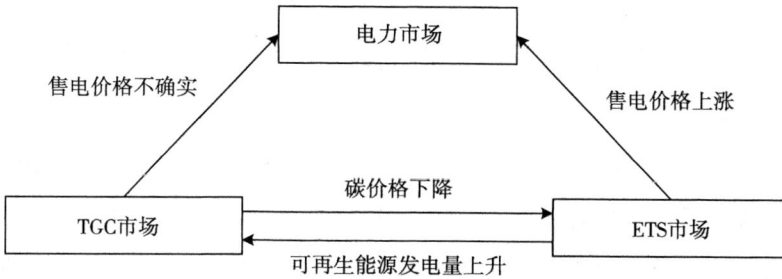

图 2-2 电力市场、TGC 市场和 ETS 市场协同总结（Rio Gonzalez，2007）

从目前研究来看，第一篇系统地分析了 TGC 与 ETS 政策之间互动关系的是 Nielsen 和 Jeppesen（2000），他们探讨了在碳排放约束和可再生能源发展目标约束同时存在时，ETS 政策中加入了 TGC 政策对其政策效果的影响。结果表明，当 TGC 政策介入 ETS 政策中时，可再生能源电力需求将增加而传统化石燃料电力需求将下降，从而使碳排放权配额需求降低。因此，在客观上 TGC 政策使碳价格下降，影响了 ETS 政策实施效果。

在 Nielsen 和 Jeppesen（2000）研究的基础上，Jesen 和 Skytte（2002）揭示了单一 TGC 政策一方面由于促进了可再生能源电力对于传统化石燃料电力的替代而使电价下降；另一方面，由于消费者需要购买绿色证书而增加了其附加成本。因此，单一 TGC 政策即可能使售电价格增加也可能使售电价格下降。Jesen 和 Skytte（2003）探讨了三类参与者，包含可再生能源发电企业、火力发电企业和消费者分别在 TGC 市场、ETS 市场和电力交易市场中相互交易。而为了实现碳减排目标或可再生能源发展目标，TGC 和 ETS 政策互动协同。当政策目标为单一可再生能源发展目标时，如果 TGC 政策使售电价格下降，则单一 TGC 政策即可实现预设的可再生能源目标，如果 TGC 政策使售电价格上升，消费者对于可再生能源电力需求将下降，预设的可再生能源发展目标将难以达成。此时，为实现预设的可再生能源发展目标需要 ETS 与 TGC 混合政策共同作用。如果政策目标为单一碳减排目标时，单一 TGC 政策若使售电价格上涨，则需要 ETS 与 TGC 混合政策共同作用。而当政策目标为可再生能源发展与碳减排目标组合时，与之前的分析相似，若 TGC 政策使售电价格下降，则单一 TGC 政策即可同时实现预设的目标组合；反之，则需要 ETS 与 TGC 混合政策同时实施。因此，他们得出结论 TGC 与 ETS 政策需要根据不同政策目标协同配合。

Skytte（2006）基于之前 Jesen 和 Skytte（2003）的研究进一步探讨了在达成碳减排与可再生能源发展目标过程中 ETS 与 TGC 混合政策之间的互动关系。结果表明，单方面提高可再生能源发展目标会使 TGC 价格上升但同时碳价格却会因此而下降，从而削弱 ETS 政策效果。因此，为了避免政策之间可能存在的冲突问题，政策设计者应该协同调整不同政策目标之间的关系。

Amudsen 和 Mortensen（2001）在 Nielsen 和 Jeppesen（2000）的基础上根据电力市场理论模型研究了为同时实现碳减排与可再生能源发展目标组合，ETS 与 TGC 之间的协同关系。他们的研究结果表明，在封闭的电力市场假设条件下，碳价格提高在长期内不会对可再生能源发电量产生积极影响。他们发现，如果碳价格提高，非可再生能源发电成本将由于碳排放成本的增加而较可再生能源发电成本更高，其势必会假设可再生能源电力替代传统化石燃料电力，同时可再生能源电力供应量加大之后又会相应地在绿色证书市场中提供更多的绿证，从而使绿证价格下降。而从长期视角来看，可再生能源装机投资将由于绿证价格降低而减少，最后导致可再生能源发电增加量下降。

Widerberg（2011）在 Amundsen 和 Mortensen（2001）研究的基础上进一步假设，在短期内由于发电技术的自适应性，可再生能源边际成本和发电量不随碳价格的变化而变化。而在长期内，由于碳排放的刚性需求，可再生能源发电量将由于碳价格的增加而增加。结果表明，无关以上假设，可再生能源发电量与化石燃料发电量将随碳价格的增加分别呈现增加与下降的趋势。以上研究都分析了欧盟碳市场机制对旨在提高可再生能源电力份额的绿色证书交易市场的影响，其结果显示了虽然碳市场机制可以有效地减少化石燃料发电企业的碳排放量，但其仍然与绿色证书市场机制之间存在政策冲突。

（二）多区域内政策协同理论研究

与单区域内政策工具互动协同关系研究相比，多区域内政策工具之间互动协同关系研究更为复杂。

从目前的文献来看，Morthorst（2000）（2003）（2007）以及 Huber 和 Morthorst（2003）是该领域最早的研究。这些作者分析了多区域 TGC 市场、ETS 市场和自由电力交易市场之间的互动协同关系。

Morthorst（2003）探讨了在可再生能源发展目标和碳减排目标下，ETS 政策与统一 TGC 市场的互动协同关系。两国中一个国家是潜在的 TGC 出售方，而另一国是潜在的 TGC 购买国。两国之间有各自独立的碳减排目标。他考虑三种情景：（1）统一 TGC 市场但不存在 ETS 政策；（2）统一 TGC 市场和统一 ETS 市场（配额免费分配）；（3）统一 TGC 市场和统一 ETS 市场（配额拍卖分配）。如图 2-3 所示，A 区域表示电价，B 区域表示可再生能源碳减排收益（等价于 ETS 减排收益），C 区域表示可再生能源发电项目建造成本。

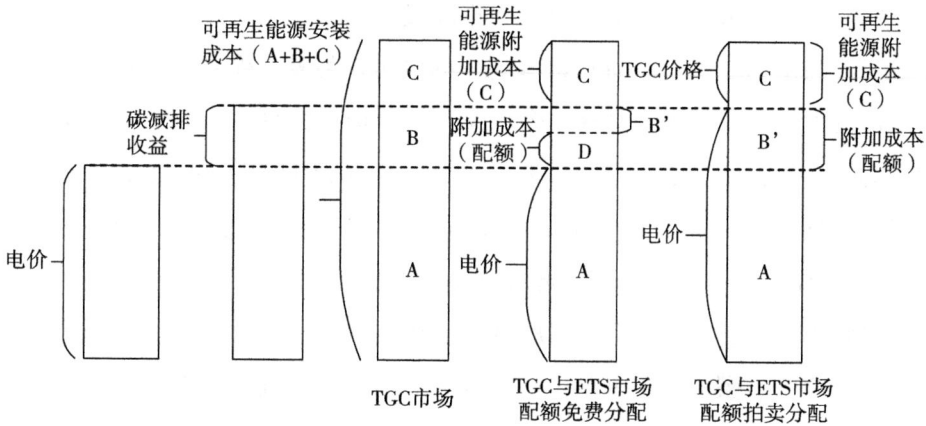

图 2-3　两区域 TGC 与 ETS 市场协同（Morthors, 2003）

在情景 1 中，在统一 TGC 市场中，绿电证书购买国由于不存在碳减排政策，而其将以价格为 B+C 购买 TGC 以达成相应的可再生能源与碳减排目标，而此价格却高于本国发展可再生能源成本（C）。所以在此情景下，TGC

价格将维持在 B 水平，统一 TGC 交易市场无法同时实现碳减排与可再生能源发展目标。在情景 2 中，由于碳排放配额以免费方式分配，其相应的碳减排收益为 D（配额免费分配部分不包括全部碳减排目标），则当两国存在 TGC 交易时，TGC 购买方将以更高的价格（C+B'）购买 TGC，其中包括除免费分配的配额外以来的碳减排目标（B'）以及可再生能源发电项目建造成本（C）。所以在此情景下，TGC 价格仍然高于本国建造可再生能源发电项目成本，ETS 政策不利于促进统一 TGC 交易市场的发展。而在情景 3 中，由于碳排放配额以拍卖形式发放，相应国家电价将上升为 A+B（B 等于 B'），而 TGC 价格将下降为 C。在此情境中，TGC 价格仍然等于本国建造可再生能源发电项目成本，ETS 政策促进统一 TGC 交易市场作用有限的发展。因此，从以上三个情景来看，Morthorst（2007）认为两区域下统一 TGC 交易政策有利于达成本国可再生能源发展目标，但对于促进碳减排目标达成效果有效。

Morthorst（2007）在碳减排与可再生能源发展目标组合下建立了三国电力市场模型，其中三个国家有不同的可再生能源发电成本、传统化石燃料发电成本、电力需求、电力出口量、碳排放量和碳排放系数。由于三个国家处于统一电力市场之中，因而其具有统一的电价。另外，作者假设三个国家可再生能源发展目标不同，且有一个国家可再生能源发展目标高于其他两个国家。为了分析在统一电力市场下 TGC 与 ETS 政策之间的互动关系，作者建立了三个不同情景：（1）统一电力市场与单区域 TGC 市场；（2）统一电力市场与统一 TGC 市场；（3）统一电力市场、TGC 市场与 ETS 市场。

在情景 1 中，可再生能源发展目标较高的国家 C 将通过发展本国可再生能源发电来实现碳减排与可再生能源发展目标组合。而由于统一电力市场的存在，国家 C 可再生能源电力出口增加（发电成本较低），导致本国可再生能源对传统化石燃料电力的替代不能同时实现碳减排目标。因此，在统一电力市场结构中，通过发展可再生能源实现碳减排目标不具有成本有效性。情景 2 与情景 1 相似，可再生能源发展目标较高的国家 C 由于发电成本较低，将增加向其他国家的电力出口，导致国家 C 中可再生能源不能同时实现可再生能源发展目标和碳减排目标。因此，在统一电力市场中，通过统一TGC政策实现碳减排目标不具有成本有效性。在情景3中，统一电力市场、TGC市场和ETS市场需要相互协调以同时实现碳减排与可再生能源发展目标组合。

而对于多区域ETS政策与TGC政策之间如何互动协同Amundsen和Mortensen（2001）也进行了系统的描述。他们假设当原有封闭的电力市场结构中加入外生的电力交易时，其中不存在碳排放交易和绿色证书交易，在长期内由于可再生能源电力输出量的提高，碳价格对于绿色证书的价格没有直接影响。此后，由于2012年原有的瑞典绿色证书交易市场中加入了挪威，Amundsen和Nese（2009）扩展了Amundsen和Mortensen（2001）中的电力交易模型，探讨了两区域存在电力市场和TGC交易下碳价格将促进可再生能源发电量，然而可再生能源发展目标对于可再生能源促进作用不显著。

从目前对于政策工具互动协同关系的理论文献来看，探讨ETS政策与TGC政策实施效果的研究较多。在单区域电力市场模型中，目前的研究主要讨论可再生能源消费比例和碳减排限额目标组合对于碳价格以及TGC价格的影响。而对于多区域电力市场模型，目前的研究主要探讨在多区域电力自由交易前提下，加入ETS政策或TGC政策对于销售电价和碳价格等因素的影响。

（三）政策协同实证研究

除了理论层面的研究，一些学者对政策工具之间的互动协同关系进行了案例分析。一些学者从政策模拟的角度认为ETS政策与TGC政策存在政策冲突。

Amundsen和Mortensen（2001）分析了丹麦TGC政策与ETS政策之间的协同关系。通过构建丹麦电力市场静态偏均衡模型，作者分析了TGC与ETS市场之间的互动联系。结果表明，在单区域电力市场假设条件下，碳价格提高在长期内不会对可再生能源发电量产生积极影响。他们发现，如果碳价格提高，非可再生能源发电成本将由于碳排放成本的增加而较可再生能源发电成本更高，其势必会假设可再生能源电力替代传统化石燃料电力，同时，可再生能源电力供应量加大之后又会相应地在绿色证书市场中提供更多的绿证从而使绿证价格下降。而从长期视角来看，可再生能源装机投资将由于绿证价格降低而减少，最后导致可再生能源发电增加量下降。

Hindsberger 等（2003）利用 Jensen 和 Skytte（2003）理论模型和相关波罗的海国家数据，探讨了跨区域 ETS 与 TGC 政策之间的协同问题，其中 ETS 市场包括北欧四国，而 TGC 扩展至了丹麦、芬兰、瑞典和德国。结果表明，在各国可再生能源发电和京都议定书设定的碳减排目标（Kyoto Targets）下，电价变动区间为 2~10 欧元/兆瓦·时，最高 TGC 价格达到了 50 欧元/千瓦·时而碳价格最高可达到 18 欧元/兆瓦·时。为了进一步分析碳减排和可再生能源消费比例目标对于碳价格的影响，作者设置了不同碳减排与可再生能源消费比例目标情景。在高排放限额和低可再生能源消费比例目标下，碳价格为 21 欧元/兆瓦·时。而当可再生能源消费比例增加时，碳价格下降至 19 欧元/兆瓦·时，下降幅度达 10%。在严格的碳排放限额目标下，碳价格增长至 31 欧元/兆瓦·时，上升幅度达 50%。此结果与 Jensen 和 Skytte（2003）理论模型中结果相同，即碳价格随可再生能源消费比例目标上升而下降。

Unger 和 Ahlgren（2005）分析了在统一 ETS 市场中加入北欧 TGC 政策对电力市场的影响。他们利用能源系统模型 MARKAL 模拟了北欧四国电力供应系统。他们分别设置了不同政策情景：可再生能源消费比例占 2011 年电力需求比为 0~50%。结果表明，当可再生能源消费比例超过 10% 时，TGC 政策由于以一个相对较低运营成本将使电价下降。而当碳减排目标不变时，碳价格将随可再生能源消费比例的增加而下降（该结果证实了 Jensen 和 Skytte 中的结果）；相反地，当可再生能源消费比例相对较高时（超过 30%），TGC 价格与碳减排目标没有显著的相关关系。这是由于可再生能源消费比例较高，碳价格接近于零，因此，碳减排目标提高对 TGC 需求的影响较小。

De Jonghe（2009）在 Morthorst（2003）三区域电力交易模型的基础上，利用比荷卢经济联盟、法国、德国数据定量化地分析了基于数量型和价格型减排证与可再生能源促进政策之间的互动影响。结果进一步证实了碳减排政策与可再生能源促进政策之间存在冲突，即提高可再生能源消费比例目标，将使碳价格下降。

Abrell 和 Weight（2008）建立了德国电力系统静态可计算一般均衡模型来探讨 ETS 与可再生能源促进政策之间的互动关系。他们发现在 ETS 政策中加入可再生能源促进政策会使碳价格下降至零，从而使减排政策成本有效性下降。

Fischer 和 Preonas（2010）建立了基于美国电力行业的一般均衡模型，分析数量型和价格型碳减排政策与可再生能源促进政策之间的互动关系。结果表明，在碳减排政策中引入可再生能源促进政策将使碳价格下降，而由于企业碳成本下降，化石燃料发电量将增加。因此，在此情况下，可再生能源政策不一定会促进可再生能源电力发展。

Tsao 等（2011）基于美国加州电力市场数据探讨了可再生能源配给制（Renewable Portfolio Standards）政策与碳排放交易（Cap-and-trade）之间的互动关系。结果表明，一方面，可再生能源发展目标将促进可再生能源对于传统化石燃料电力的替代，从而客观上减少了 ETS 市场中对碳排放配额的需求，使碳价格下降；另一方面，碳排放限额的缩减增加了传统化石燃料发电企业碳排放成本，进而使电价上升，而这又会激励可再生能源发电项目投资，促进可再生能源消费比例目标的达成。

Koch 等（2014）分析了近年来欧盟 ETS 政策中碳价格较低的原因，他分别以经济衰退、可再生能源政策和国家信贷利用能力作为三个常见的解释变量，构建了欧盟 ETS 中碳价格与解释变量之间的计量经济学模型。结果表明，可再生能源政策是碳价格较低的主要原因。

而另一些研究者则从政策实际效果出发，分析了 ETS 政策与 TGC 政策之间的互动关系。Boots（2003）分析了荷兰 TGC 市场与 ETS 市场之间的互动关系。结果表明，TGC 市场与 ETS 市场之间不存在显著的相关关系，即碳价格波动对 TGC 价格没有影响。碳减排成本仅影响电力市场价格，而 TGC 价格仅影响可再生能源附加成本。Schusser 和 Jaraite（2016）用实证分析了北欧绿色证书市场与欧盟碳市场机制之间的互动关系。结果表明，短期内碳价格上涨对绿色证书价格产生积极影响。此外，迄今为止，EU—ETS 和绿色证书体系不会干扰彼此的价格形成。Wu 等（2017）通过跨区域一般均衡模型分析了中国统一 ETS 政策与可再生能源促进政策互动关系对于我国碳价格的影响。结果表明，我国碳排放限额应减少 0.3% 以维持碳价格稳定，而当我国可再生能源补贴上升 20%~100%，我国碳价格将下降 11%~64%，此时我国碳排放限额应下降 3%~25%。

从目前实证结果来看，TGC 政策与 ETS 政策之间是否存在政策冲突仍然存在争议。一些学者分析的结果显示，可再生能源发展目标的提高在增加 TGC 价格的同时使碳价格下降，进而影响 ETS 政策实施效果，而缩减碳排放限额目标在提高碳价格的同时却使 TGC 价格下降。而另一些学者认为，由于市场失灵、政策失灵和碳锁定等问题的存在，ETS 与 TGC 混合政策可以在一定程度上解决上述问题。基于以上文献综述，我们发现目前的研究主要停留在探讨不同减排政策之间的互动关系，而对于其内在协同机理缺乏讨论。本书旨在从中国可再生能源电力行业出发，探讨我国电力行业可再生能源促进政策与碳减排政策之间的互动关系，并以此为基础，深入分析多种政策之间内在的协同的关系和调整路径。

第三章 促进陆上风电投资的碳金融与电价补贴政策协同效应分析

目前，我国陆上风电优惠电价政策（Feed-in Tariff, FIT）处于退坡阶段。在此条件下，学术界对中国陆上风电能否持续快速发展存在争议。与此同时，我国统一碳排放权交易市场等碳金融政策已经实施，其对于我国风电未来发展将提供新的激励机制。本章将探讨碳金融政策对退坡的陆上风电优惠电价政策补偿效应以及对于我国陆上风电投资的促进效果。首先，基于 2 059 个中国陆上风电项目数据库估算了其平准化发电成本（Levelized Cost of Electricity, LCOE）。其次，分析了碳金融政策对于所有陆上风电项目盈利能力的影响，估算在不同可再生能源优惠电价退坡水平、弃风率和折现率下，支撑风电投资的碳价格水平。最后，探讨了在不同风电投资风险和弃风率条件下，碳金融政策对退坡的陆上风电优惠电价政策补偿效果。

一、问题的提出

2006 年，《可再生能源法》开始实施，我国陆上风电补贴也孕育而生。2009 年国家发展改革委发布了《陆上风力发电标杆上网电价》，四类风力资源区域分别为 0.51 元/千瓦·时，0.54 元/千瓦·时，0.58 元/千瓦·时和 0.61 元/千瓦·时。在此强力的补贴政策激励下，我国风力发电也进入了新的发展阶段。截至 2015 年底，我国风力发电累计装机容量达到了 143.8 兆瓦（BP，2020）。然后，快速增长可再生能源投资却带来了大量可再生能源补贴缺口。截至 2016 年底，我国可再生能源补贴缺口已达 600 亿元。国家能源局报告显示，2020 年我国可再生能源补贴缺口将达到 3 000 亿元。为了应对补贴缺口问题，我国政府逐年调整可再生能源优惠电价水平以保证 2020 年实现风力发电发电端平价上网（《陆上风电标杆上网电价（2016）》《电力发展"十三五"规划》）。

清洁发展机制（Clean Development Mechanism，CDM）作为一种发展中国家可再生能源发电项目激励机制，提供了我国陆上风电项目经济资助。在此清洁发展机制中，我国陆上风电项目可以在清洁发展机制项目平台上提交申请，相关机构根据项目运行情况审核批准一定数量的核证减排量（Certified Emission Reduction，CER）并允许在清洁发展机制平台上交易，一旦交易完成，陆上风电项目将获得一定比例的资金支持。截至 2012 年底，我国已有 1 000 多家陆上风电项目获得资助，累计装机容量达 83 兆瓦。可是，由于欧洲整体经济疲软等原因，核证减排量需求下降。截至 2012 年，清洁发展机制中碳价格下降到了 1 欧元/吨左右，而此碳价格水平将不足以促进风电的进一步发展（Murata 等，2016；Koo，2017；Rahman 和 Kirkman，2015；Yang 等，2010）。为了进一步促进我国陆上风电的发展，国家发展改革委在 2015 年发布通知，决定建立中国自愿减排交易平台（Chinese Certified Emission Reduction Exchange，CCERE）。我国可再生能源发电项目需要首先在 CCERE 交易平台中对项目进行注册，并提供项目设计文件、上网电价合同、项目开工证明等文件材料。经过国家相关自愿减排交易机构审核通过后，该项目方可在 CCERE 交易平台中备案，并获得一定数量的核证减排量。我国参与 CCERE 交易的可再生能源发电项目可通过在碳市场中出售相应核证减排量的形式获得碳减排收益。截至 2017 年 3 月，已有 1 434 个风电项目通过了相关机构的审核，占我国 2013—2017 年总装机容量的 80%。但此平台目前尚处于初步运行阶段，交易细则仍然不够透明，碳价格主要以交易双方协商的形式产生（Lo 和 Cong，2017；《北京环境交易所年度报告（2018）》《上海能源环境交易中心年度报告（2018）》）。目前仅有 258 个风电项目在 CCERE 交易平台备案，并允许交易核证减排量。在此背景下，碳定价政策对风电的进一步发展仍然存在一定的争议（Cames 等，2016；Liu，2015；Wang 和 Chen，2016；Lewis，2010）。2017 年 12 月 18 日，国家发展改革委正式发布了《全国碳排放权交易市场建设方案（发电行业）》。国家统一碳排放权交易市场的建立将产生全国统一碳价格，而这也可能给中国陆上风电的进一步发展提供新的机遇。

除此之外，风电的弃风问题依然是阻碍我国风电产业发展的一大桎梏。根据国家发展改革委发布的《风力发电行业统计（2017）》，2016 年我国弃风量达到 49.7 千瓦·时，弃风率达 20%，尤其是在风力资源较丰富的"三北"（华北、东北、西北）地区，弃风问题更为严重。2016 年甘肃弃风率更是达到了 43%。

面对以上我国陆上风电的新机遇与新挑战，本章将重新评估我国陆上风电盈利能力以及风电产业发展的支持政策，重点回答以下问题。

首先，陆上风电优惠电价政策对发电项目盈利能力的影响。其次，碳定价政策如何影响陆上风电项目盈利能力。最后，在不同风电投资风险水平和弃风率水平下探讨碳定价政策对于退坡的陆上风电优惠电价政策的补偿机制。

二、模型方法

本节首先介绍了陆上风电项目 LCOE 值的计算方法，其次构建了基于陆上风电项目核证减排量的比例（Issuance Success Rate）的一套特殊的方法，估算了陆上风电项目实际上网电量。最后，通过比较陆上风电项目 LCOE 值与相应的优惠电价，确定了项目的盈利能力。

（一）平准化发电成本

随着各国对气候变化问题的关注，发展可再生能源作为一种应对气候变化、促进碳减排的措施，越来越受到世界各国的重视。然而如何科学有效地评估各可再生能源发电成本逐渐成为节能减排领域的研究热点之一。平准化发电成本（Levelized Cost of Electricity）是比较不同发电技术在全经济周期内单位发电成本的一种工具，其普遍应用于比较不同能源发电技术成本有效性。目前学术界主要有两种模型估算不同发电技术的 LCOE 值：一种是 EGC 广义量表模型法，另一种是 SAM 模型法。前者广泛应用于 OEC 和 IEA 对于发电技术成本估算的研究报告中，而后者是由美国国家可再生能源实验室（National Renewable Energy Laboratory）开发而成。EGC 广义量表模型法相较于 SAM 模型法具有可以在有效的数据中估算不同发电技术的 LCOE 等优点。

在平准化发电成本估算过程中，有四个主要因素决定可再生能源发电技术的 LCOE 值——可再生能源资源丰富程度、发电设备成本和设备稳定性、发电项目投资成本以及相应的项目成本。该四大因素随发电项目所属地区以及国家呈现出明显的差异性（IRENA，2020）。Khati（2010）根据 OECD，NEA/IEA 发布的《发电项目成本报告》（IEA，2005），进一步强调了世界各国发电 LCOE 值的显著差异性。

发电项目的 LCOE 值表示其在建造和运行过程中的盈亏平衡电价（break-even tariff）。LCOE 方法广泛应用于评估电力项目的发电成本（Roth 和 Ambs，2004；Wiser 等，2009；Singh 和 Singh，2010；IRENA，2020；Ouyang 和 Lin，2014；IEA，2018）。

下面将介绍可再生能源发电项目 LCOE 详细计算方法。可再生能源发电项目 LCOE 值由净现值（Net Present Value，NPV）决定，其中包括项目初始投资成本、资金债务、管理运营成本、还款额以及相应的税收等，即

$$NPV = \sum_{t=0}^{T} \frac{CF_t}{(1+r)^t} = 0 \qquad (3.1)$$

其中，NPV 表示项目净现值；r 表示折现率而 T 表示可再生能源发电项目使用寿命，基于项目设计文件，假设陆上风电项目使用寿命为 20 年；CF_t 表示第 t 年现金流，即

$$CF_t = R_t + D_t - C_t - O\&M_t - LP_t - X_t + P_c \times ER_t \qquad (3.2)$$

其中，R_t 表示可再生能源发电项目售电收入，包括第 t 年项目实际发电量 E_t 与上网电价 P 的乘积。而根据项目 LCOE 定义，本节假设项目使用寿命内上网电价 P 为常数，表示项目 LCOE 值。D_t 表示可再生能源发电项目第 t 年银行债务，即

$$D_t = (1 - \alpha) \cdot C_t \tag{3.3}$$

其中，α 表示项目自有资金比例；C_t 表示项目第 t 年投资成本。另外，LP_t 表示第 t 年向银行还款额，即

$$LP_t = \frac{D_t \cdot i \cdot (1 + i)^{15}}{(1 + i)^{15} - 1}, \ t = 3 - 17 \tag{3.4}$$

其中，i 表示债务 D_t 的还款利率。本节假设每年还款额为常数（Davidson，2016），而根据项目设计文件，项目还款年限为 15 年。在式（3.2）中，$O\&M_t$ 表示项目第 t 年管理运营成本，而 X_t 表示项目第 t 年相关税率，包括项目增值税、收入税和其他附加税，即

$$X_t = VAT_t + EIT_t + Surtax_t \tag{3.5}$$

其中，项目其他附加税，$Surtax_t$ 包括项目所在地教育与城市建设附加税；项目第 t 年收入税 EIT_t 可表示为：

$$EIT_t = \gamma \cdot IBT \tag{3.6}$$

其中，γ 表示项目所得税率而 IBT_t 表示项目第 t 年税前收入，即

$$IBT_t = R_t - IP_t - O_t\&M_t \tag{3.7}$$

其中，IP_t 表示项目第 t 年支出利息，包括还款利率 i 和项目第 $t-1$ 年本金额 pr_t 如式（3.8）和式（3.9）所示：

$$IP_t = i \cdot pr_{t-1}, \ t = 3 - 17 \tag{3.8}$$

$$pr_{t-1} = \begin{cases} D_2, \ t = 3 \\ (1 + i) \cdot pr_{t-2} - LP_{t-1}, \ t = 4 - 17 \end{cases} \tag{3.9}$$

综上所述，可再生能源发电项目 LCOE 值可表示为：

$$\text{LCOE} = \left(\sum_{t=0}^{T} \frac{C_t + O_t\&M_t + LP_t + X_t - D_t - P_c \times ER_t}{(1 + r)^t} \right) \Big/ \left(\sum_{t=0}^{T} \frac{E_t}{(1 + r)^t} \right) \tag{3.10}$$

本章将陆上风电项目碳减排收益计入 LCOE 估算中，其等于第 t 年项目获得的核证减排量（Certified Emission Reduction，CER），ER_t 与碳市场中核证减排量对应的碳价格 P_c 的乘积。为了使计算结果更加准确，本章利用由项目监测报告（Monitory Report）公布的项目核证减排量比例（Issuance Success Rate）估算项目的核证减排量，其中，γ_j 表示由相关监测机构批准的项目核证减排量 ER_j 和项目设计文件（Project Design Document，PDD）公布的项目预期减排量 $\overline{ER_j}$ 之间的比例。因此，综上所述，陆上风电项目 j 核证减排量为：

$$ER_j = \overline{ER_j}/\gamma_j \qquad (3.11)$$

（二）全样本实际风力发电量估算

根据式（3.11）中陆上风电项目核证减排量计算公式，项目实际上网电量可表示为：

$$E_j = ER_j/EF \qquad (3.12)$$

其中，EF 表示陆上风电项目所在电网的排放因子。由此可知，项目实际核证减排量比例对于估算项目实际上网电量具有重要作用。然而，由于数据可得性的问题，本章仅能获得中国四分之一陆上风电项目的实际核证减排量比例（本节称为项目子样本）。为了尽可能地估算所有项目实际上网电量，本节构建了一套项目实际核证减排量比例的估算方法。如图 3-1 所示，本节首先确定未在子样本中的陆上风电项目所在城市，若该城市包含于子样本中，则假设该未在子样本中的陆上风电项目实际核证减排量比例为子样本中城市平均核证减排量比例。若该城市未包含于子样本中，则假设该项目实际核证减排量为子样本中城市所在省份或区域的平均核证减排量比例。根据此估算方法，本章将确定全样本陆上风电项目的实际核证减排量比例。为确保该估算方法具有可行性，本节假设同一城市或省份内风电资源、电力需求、风电上网条件和电力传输能力具有可比性。

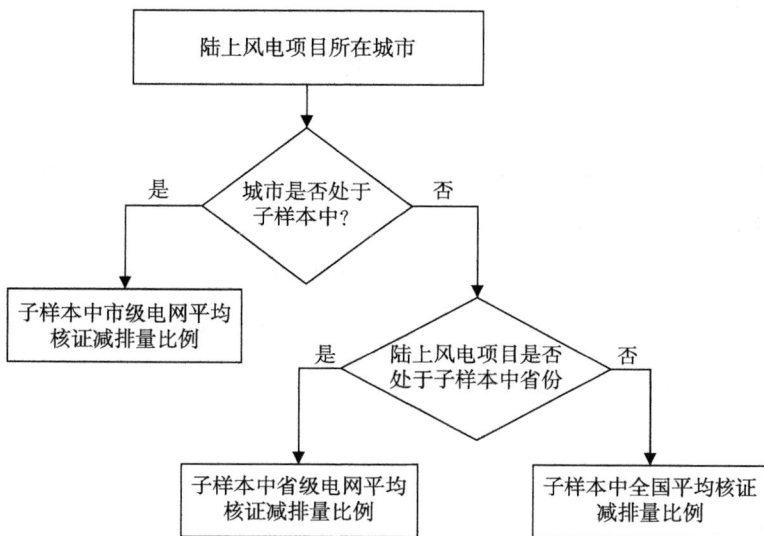

图 3-1　陆上风电项目实际核证减排量比例估算方法

（三）陆上风电项目盈利能力

根据陆上风电项目 LCOE 值和相应获得的优惠上网电价，本节确定了所有项目盈利能力，并将其分为盈利项目以及非盈利项目。盈利项目表示其优惠上网电价，FIT 大于其 LCOE 值，即 $FIT-LCOE>0$；否则该项目为非盈利项目，即 $FIT-LCOE\leqslant0$。

三、陆上风电项目数据描述

本章数据来源主要有两类，即联合国开发计划署（United Nation Development Program，UNDP）[①] 支持的清洁发展机制（CDM）计划以及中国核证减排量交易信息平台（Chinese Certified Emission Reduction Exchange Information Platform，CCERE）[②]。本章通过陆上风电项目申请 CDM 或 CCERE 时提供的

[①]　资料来源：http：//www.cdmpipeline.org/.

[②]　资料来源：http：//cdm.ccchina.gov.cn/ccer.aspx.

项目设计文件、投资分析量表、项目可行性研究报告和项目检测报告提取整理项目相关数据。其中，项目设计文件提供了项目的详细资金流和技术数据，而项目检测报告提供了项目在每个计算周期内实际获得的核证减排量数据。基于以上资料，本章创建了包含中国 2006—2015 年陆上风电项目数据库，包含 2 059 家中国陆上风电项目，其中有 1 504 个项目来源于 CDM 项目，而 555 个项目来源于 CCERE 项目。如图 3-2 所示，所有 2 059 个项目总累计装机容量达 120.86 兆瓦，占 2015 年中国累计风电装机容量的 84%。因此，本数据库具有较好的代表性和完整性。

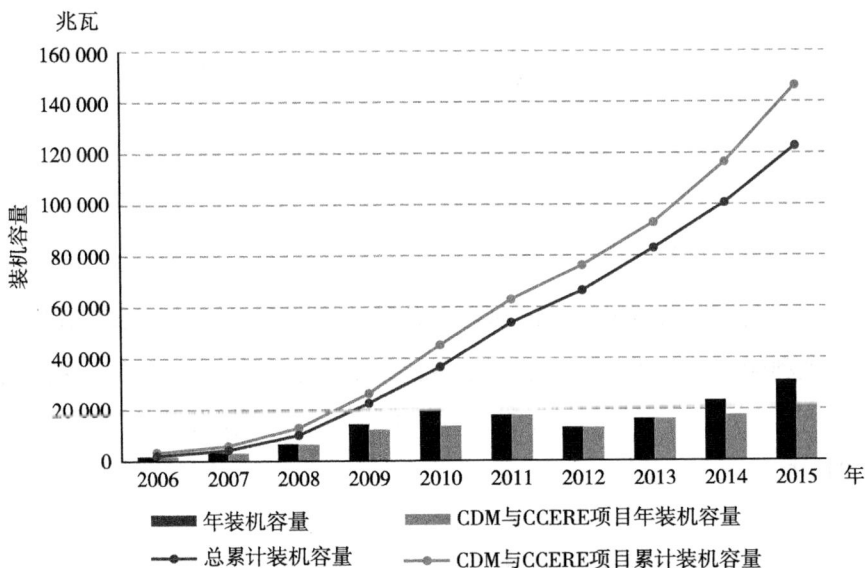

图 3-2　中国陆上风电项目累计装机容量

基于项目设计文件中提供的项目所在地信息，图 3-3 表示了本数据库中所有项目所在地和项目数据分布。如图 3-3 所示，本数据库中陆上风电项目分布最多的五个省分别是内蒙古、山东、河北、新疆、宁夏，而陆上风电项目累计装机容量最多的五个省分别为内蒙古、新疆、甘肃、河北、山东。由此可见，我国陆上风电项目主要分布于"三北"地区。

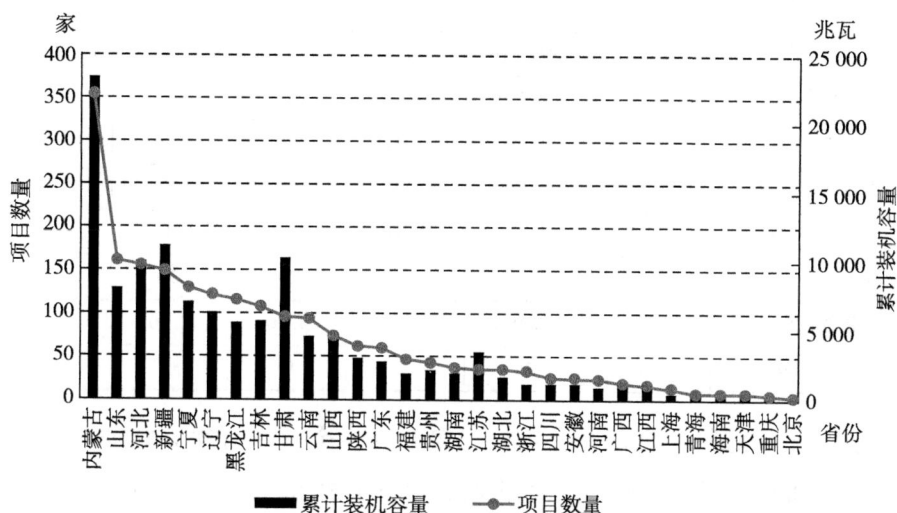

图 3-3　中国路上风电项目数据库中各省分布情况

表 3-1 统计了本数据库中所有陆上风电项目关键数据。其中包括项目装机容量、实际核证减排量比例等。项目碳减排强度则表示实际替代的化石燃料发电企业碳排放强度，即电网碳排放因子。项目投资成本包括项目设备成本、土地成本、建造成本和其他材料成本。项目管理运营成本包括保险成本、维护成本、员工薪资福利和其他交通、公办等成本。项目自有资金比例表示了项目自有资金和贷款资金之间的比例关系，而项目贷款资金又与贷款利润有关。项目内部收益率（Internal Rate of Return，IRR）则反映了项目在不考虑核证减排量收益条件下的自盈情况。项目使用寿命为 20 年，而贷款年限为 15 年。因此，基于以上数据和上一节中介绍的方法，本章计算得到数据库中包含的 2 059 个中国陆上风电项目 LCOE 值。

表 3-1　项目数据统计

项目参数	单位	平均值	标准差	最小值	最大值	项目数（个）
装机容量	兆瓦	58.70	47.20	6.00	600.00	2 059
核证减排量比例	%	87.79	9.60	66.78	170.31	558
预期发电量	吉瓦·时	125.24	92.51	16.05	1567.24	2 059
碳减排强度	吨/兆瓦·时	0.92	0.09	0.60	1.65	2 059

项目参数	单位	平均值	标准差	最小值	最大值	项目数（个）
单位投资成本	元/千瓦	8 897.40	810.72	2 947.80	11 514.58	2 059
单位管理运营成本	万元/千瓦	25.54	4.99	8.67	71.67	2 059
自有资金比例	%	20.14	1.64	15	30	2 059
内部收益率	%	6.50	0.01	4.31	8.00	1 959
项目使用寿命	年	20	0	20	20	2 059
贷款利率	%	6.00	0.01	4.90	8.06	1 902
还款年限	年	15	0	15	15	2 059

表 3-1 中值得注意的是，数据库仅有 558 个项目可得其核证减排量比例，其分布在中国 97 个城市，约占所有项目个数的四分之一。根据上述有关所有项目核证减排量比例的估算，本节必须得出 558 个陆上风电项目所在的 97 个城市级电网的平均核证减排量比例。如图 3-4 所示，平均核证减排量处于 70.95%~119.48%，其平均值和标准差分别为 87.79% 和 9.36%。核证减排量比例小于 100% 意味着该城市风力资源波动高于预期、城市电网吸纳能力有限，导致风电项目实际上网电量小于项目预期上网电量；而核证减排量比例高于 100% 则表示该城市风力资源波动低于预期、电网风电吸纳能力较强，从而风电项目实际上网电量高于预期上网电量。其中，核证减排量比例最高的城市为内蒙古阿拉善盟（119.48%），而核证减排量比例最低的城市为山西朔州（70.95%）。

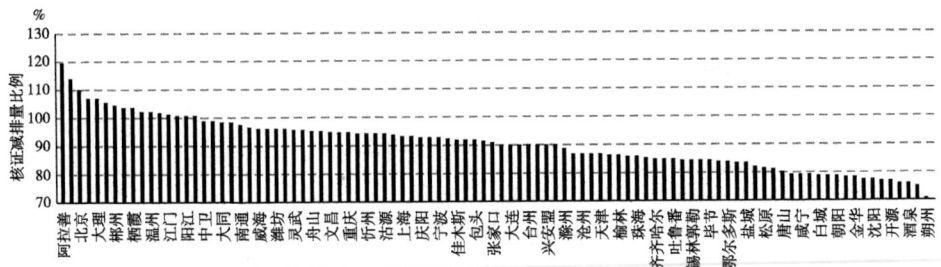

图 3-4　城市级电网平均核证减排量比例

四、结果分析

基于相关数据，本节首先估算了 2 059 个中国陆上风电项目 LCOE 值。其次通过比较项目 LCOE 值与其相对应的优惠上网电价，本节估算了陆上风电项目盈利能力，并计算了盈利项目比例。最后本节分析了在陆上风电优惠电价不同退坡水平下，碳价格对项目盈利能力的影响。

（一）陆上风电项目 LCOE

根据上述关于项目实际上网电量的估算方法和项目数据，本节计算了 2 059 个陆上风电项目在折现率为 7%（近似于项目平均内部收益率）水平下的 LCOE 值和其边际发电成本函数。如图 3-5 所示，所有陆上风电项目每年总上网电量为 2 383.4 亿千瓦·时，其 LCOE 范围为 0.316 ~ 0.884 元/千瓦·时，LCOE 平均值为 0.594 元/千瓦·时。这意味着虽然有 0.44% 的陆上风电项目发电成本低于 2015 年化石燃料发电成本（0.384 元/千瓦·时），但总体来说，目前我国陆上风电项目成本仍然高于化石燃料发电成本。

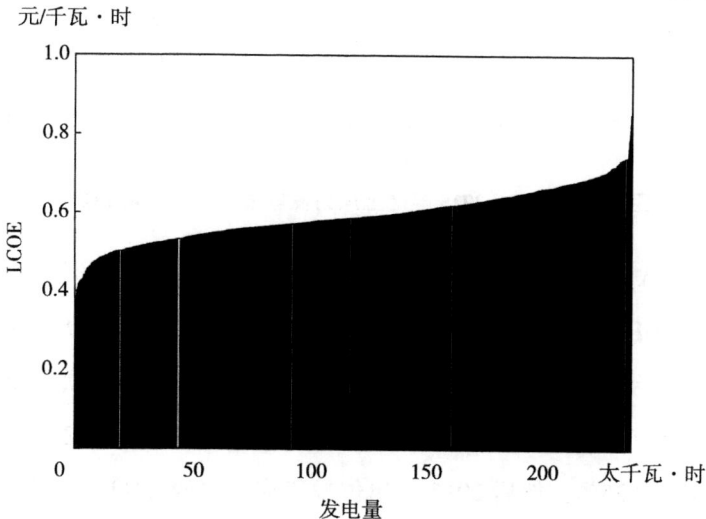

图 3-5　陆上风电项目 LCOE 值

　　而作为一种新能源发电技术,陆上风力发电仍然有较大的学习效应潜力,其发电成本在未来有望进一步下降。图 3-6 展示了陆上风电发电 2006—2015 年成本的下降趋势。如图 3-5 所示,陆上风电发电项目平均 LCOE 值从 2006 年的 0.615 元/千瓦·时下降到了 2015 年的 0.533 元/千瓦·时,成本下降幅度达 14%。而正如能源署在 2011 年发布的《世界发电技术成本报告》中提到,陆上风力发电技术 LCOE 在近些年成本下降主要是 2005 年风电项目投资成本下降,特别是 2005 年后风力发电轮机成本大幅下降导致的。可是,根据图 3-6 发现,2011—2015 年我国陆上风电发电成本下降幅度(下降幅度约为 0.53%)明显小于 2006—2010 年(下降幅度约为 2.14%)。

元/千瓦·时

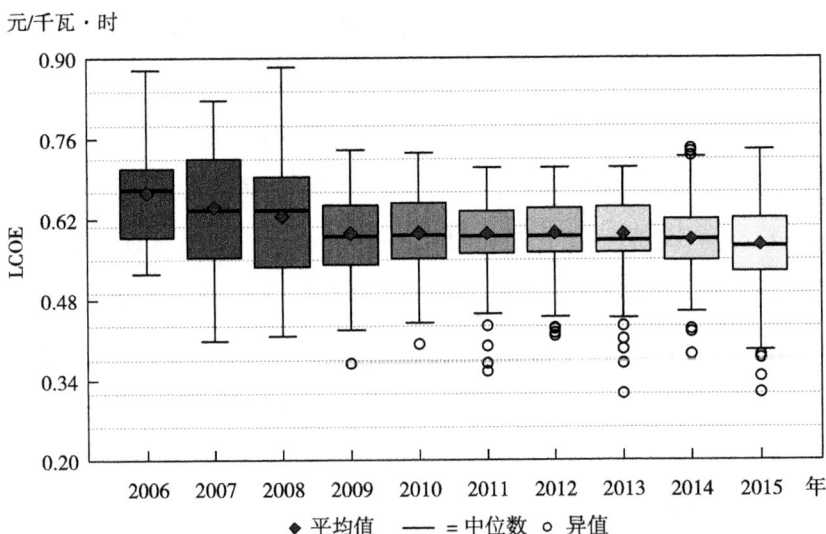

图 3-6　2006—2015 年陆上风力发电技术成本下降趋势

　　一些学者认为陆上风电项目成本下降推动因素主要有投资成本和弃风因素(Pei 等,2015;Li 等,2015)。针对该问题,本节将继续分析陆上风电项目单位平均投资成本和弃风率的下降趋势。如图 3-7 所示,项目单位平均投资成本从 2006 年的 11 212.53 元/千瓦下降到了 2010 年的 8 400.87 元/千瓦,下降幅度达 25%,然后 2015 年单位投资成本仅较 2011 年下降 4.8%。另外,陆上风电项目弃风率由 2006 年的 20% 下降为 2010 年的 12.4%,然后

2011—2015 年弃风率始终保持在 12% 左右。综上所述，2011—2015 年陆上风电项目成本下降趋势放缓主要是投资成本下降有限和弃风率居高不下共同导致的。

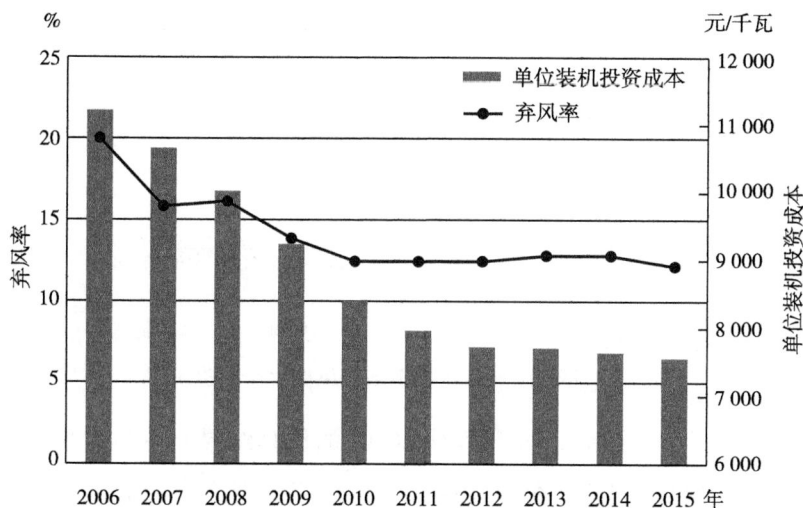

图 3-7　陆上风电项目单位平均投资成本以及弃风率下降趋势

接下来，本节将分析碳定价政策对于陆上风电项目成本下降趋势的影响。众所周知，陆上风电项目将由于碳减排收益而使其发电成本得到一部分补偿，其 LCOE 值也将随之下降。图 3-8 比较了在不同碳价格水平下陆上风力发电成本下降趋势。如图 3-8 所示，碳价格分别为 20 元/吨、50 元/吨和 100 元/吨时，陆上风电项目平均 LCOE 分别为 0.576 元/千瓦·时、0.548 元/千瓦·时和 0.502 元/千瓦·时，分别较无碳价格时下降 3.11%、7.75% 和 15.49%。由此可知，碳定价政策能有效地降低陆上风电项目发电成本，且随着碳价格的进一步升高，其发电成本将进一步下降。

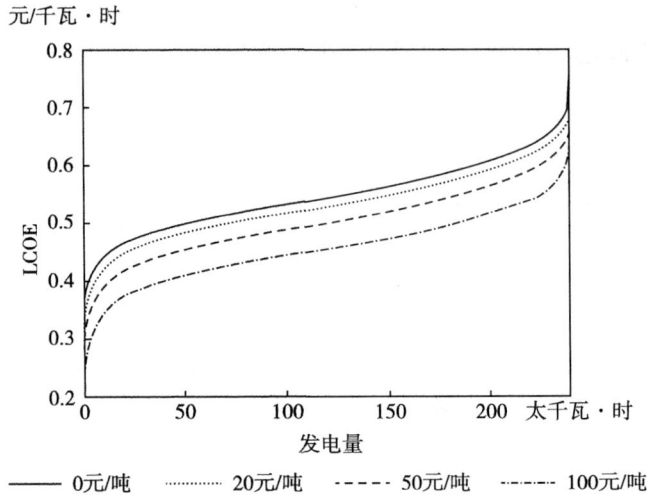

图 3-8 不同碳价格水平下陆上风电项目 LCOE 值

根据其他学者的研究，折现率对 LCOE 的估算结果具有重要影响（Ouyang 和 Lin，2014）。因此，图 3-9 探讨了折现率分别为 4% 和 9% 水平下陆上风电项目 LCOE 值和碳价格对项目发电成本的影响。其中折现率 4% 近似于我国政府债券利率（无风险利率水平），而折现率 9% 则近似于陆上风电高风险投资环境下利率水平（IEA，2018）。如图 3-9（a）所示，在折现率为 4% 的低投资风险条件下，碳价格为 20 元/吨、50 元/吨和 100 元/吨时，陆上风电项目平均 LCOE 分别为 0.530 元/千瓦·时、0.503 元/千瓦·时和 0.457 元/千瓦·时，分别较无碳价格时下降 3.46%、8.38% 和 16.76%；而如图 3-9（b）所示，在折现率为 9% 的高投资风险条件下，碳价格为 20 元/吨、50 元/吨和 100 元/吨时，陆上风电项目平均 LCOE 分别为 0.604 元/千瓦·时、0.577 元/千瓦·时和 0.531 元/千瓦·时，分别较无碳价格时下降 3.05%、7.38% 和 14.77%。通过比较三种折现率水平下项目平均 LCOE 值可知折现率对项目发电成本有显著影响，而折现率越高项目 LCOE 也较高。因此，碳定价政策对于陆上风电项目成本下降影响显著，且其在高折现率条件下更加有效。

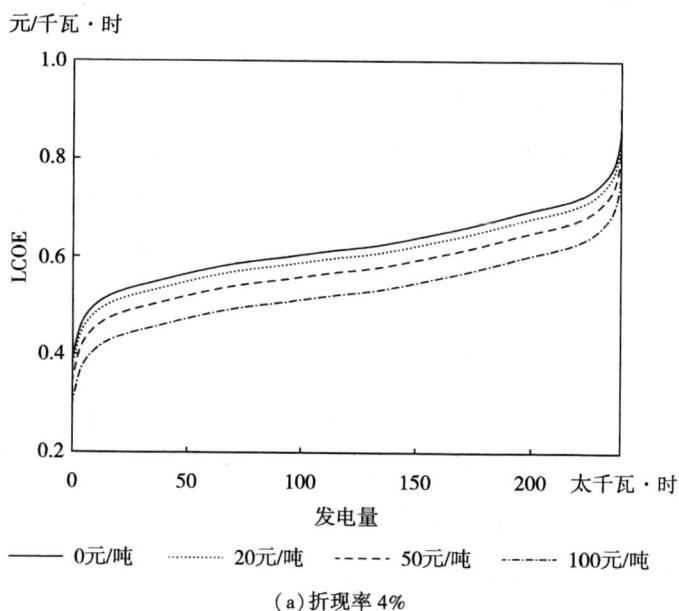

（a）折现率4%

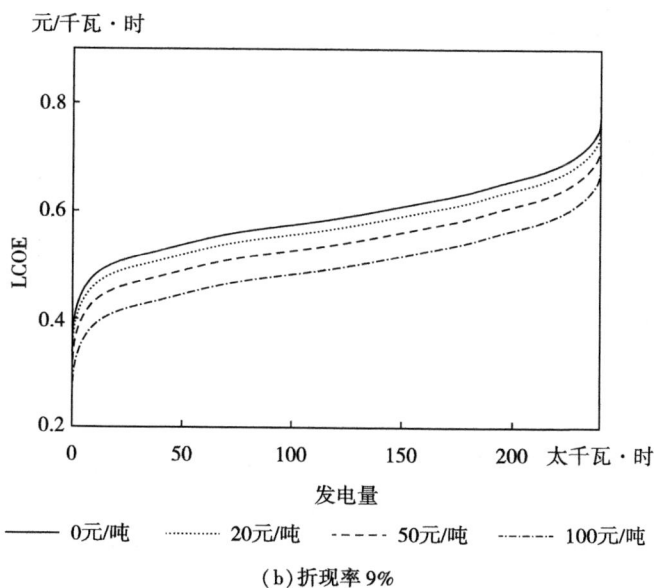

（b）折现率9%

图 3-9　不同折现率水平下碳价格对陆上风电项目 LCOE 值的影响

弃风问题对于政府和风电潜在投资者都十分重要（Li 等，2015）。图 3-10 探讨了弃风率分别为 0 和 10% 水平下陆上风电项目 LCOE 值和碳价格对项目发电成本的影响。其中弃风率 0 意味着所有陆上风电都接入电网，而弃风率 10% 则近似于 2017 年我国陆上风电弃风率水平。如图 3-10（a）所示，在弃风率为 0 的无弃风条件下，碳价格为 0 元/吨、20 元/吨、50 元/吨和 100 元/吨时，陆上风电项目平均 LCOE 分别为 0.546 元/千瓦·时、0.528 元/千瓦·时、0.500 元/千瓦·时和 0.454 元/千瓦·时；而如图 3-10（b）所示，在弃风率为 10% 条件下，碳价格为 0 元/吨、20 元/吨、50 元/吨和 100 元/吨时，陆上风电项目平均 LCOE 分别为 0.634 元/千瓦·时、0.615 元/千瓦·时、0.588 元/千瓦·时和 0.542 元/千瓦·时，分别较无弃风时下降 16.1%、16.5%、17.6% 和 19.4%。该结果显示，弃风率对陆上风电项目 LCOE 具有显著影响，而只要解决弃风问题，项目 LCOE 将进一步下降。因此，通过比较不同弃风率条件下碳定价政策对项目 LCOE 下降趋势的影响，碳定价政策在高弃风率条件下更加有效。

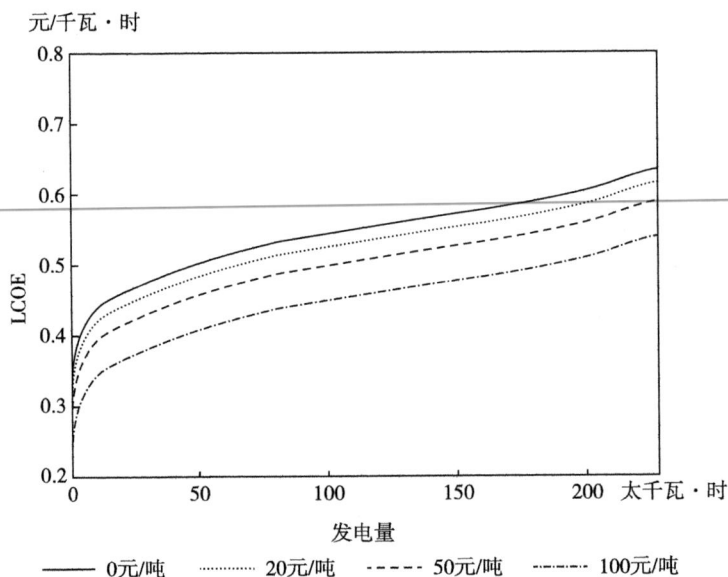

（a）弃风率 0

元/千瓦·时

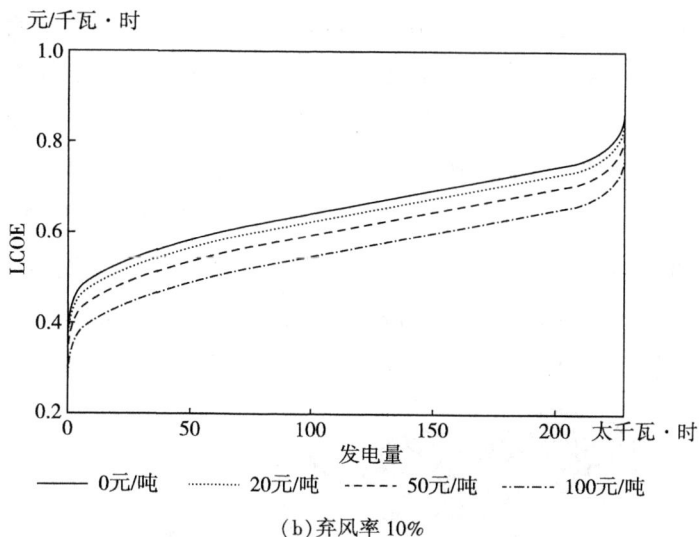

（b）弃风率10%

图3-10　不同弃风率水平下碳价格对陆上风电项目 LCOE 值影响

（二）陆上风电项目盈利能力影响分析

本节通过比较上述陆上风电项目 LCOE 值和表 1-3 中由国家政策确定的优惠上网电价，估算盈利项目比例以及非盈利项目比例。如图 3-11 所示，在基准风电优惠上网电价且无碳定价政策时，陆上风电项目盈利比例为41.9%。另外，国家发展改革委在 2016 年发布了《关于完善陆上风电光伏发电上网标杆电价政策的通知》（以下简称《通知》），这标志着风力发电上网标杆电价随发展规模逐步退坡。根据此《通知》，2018 年以后四类风力资源区风电上网电价将分别下降为每千瓦·时 0.44 元、0.47 元、0.51 元和 0.58元。而在国家能源局 2017 年发布的《电力发展"十三五"规划》中更是规定：2020 年风力发电与传统化石燃料发电实现发电侧平价上网。若与 2017年传统化石燃料上网电价相比，届时陆上风电优惠上网电价将较目前水平最大下降 0.2 元/千瓦·时，而此电价水平带来的盈利将远远不能弥补风电项目投资以运营成本。如图 3-11 所示，在基准风电优惠电价下降水平分别为 0.05元/千瓦·时、0.1 元/千瓦·时、0.15 元/千瓦·时和 0.2 元/千瓦·时，陆上风电盈利项目比例分别仅为 18.46%、5.29%、1.46%和 0.49%。

　　针对此现状，一些研究者指出碳定价政策可以有效地补偿风电上网电价退坡机制对风电投资带来的负面影响。图 3-11 展示了在陆上风电优惠电价下降 0 元/千瓦·时至 0.2 元/千瓦·时条件下，碳价格对于项目盈利能力的促进作用。当风力资源区域 I 中的风电项目实现平价上网时，即基准风电优惠电价下降 0.06 元/千瓦·时，临界碳价格水平应分别 114 元/吨、138 元/吨和 171 元/吨，以使 70%、80% 和 90% 风电项目盈利。而当基准风电优惠电价下降 0.2 元/千瓦·时，临界碳价格水平分别应提高到 264 元/吨、288 元/吨和 321 元/吨以使 70%、80% 和 90% 风电项目盈利。

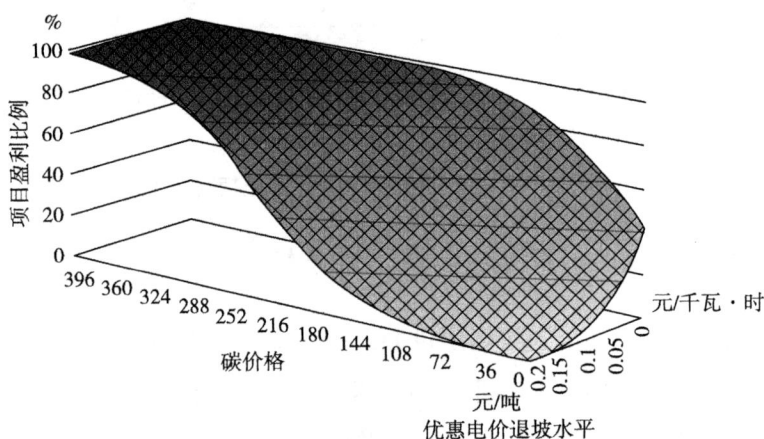

图 3-11　不同陆上风电优惠上网电价以及碳价格水平下项目盈利比例

　　如上述分析，折现率对陆上风电项目 LCOE 值有显著影响。图 3-12 探讨了在折现率 4% 和 9% 的情景下，碳价格和风电优惠电价下降水平对陆上风电盈利项目比例的影响。结果表明，低折现率条件下陆上风电盈利比例要明显高于高折现率。如图 3-12 所示，当碳价格分别为 0 元/吨、50 元/吨和 100 元/吨时，低折现率条件下盈利项目比例分别为 70%、89.6% 和 96.4%，而在高折现率条件下盈利项目比例分别为 27.3%、55.9% 和 77.5%。然而，通过比较相同碳价格水平下盈利项目比例发现，在高折现率条件下，碳价格对于陆上风电项目盈利能力的提升作用较低折现率条件更加明显。由于折现率反映的是风电投资者遇到的投资风险，因此，在未来陆上风电投资风险增加时，碳定价政策对于促进风电投资将具有重要作用。另外，通过比较保持陆上风电项目处于一定比例的盈利比例下的临界碳价格发现，在低折现率条件

下临界碳价格低于高折现率。如图 3-12 所示，在基准风电优惠电价和低折
现率条件下，为了保持陆上风电盈利项目比例分别为 70%、80% 和 90%
时，临界碳价格应为 0 元/吨、21 元/吨和 51 元/吨；而在高折现率条件
下，该临界碳价格须为 81 元/吨、105 元/吨和 141 元/吨。当基准风电优惠
电价下降 0.2 元/千瓦·时，即在风电资源同时达到平价上网要求，为了保持
陆上风电盈利项目比例分别为 70%、80% 和 90%，临界碳价格在低折现率条
件下分别为 213 元/吨、234 元/吨和 267 元/吨，而在高折现率条件下，临界
碳价格分别为 297 元/吨、321 元/吨和 357 元/吨。

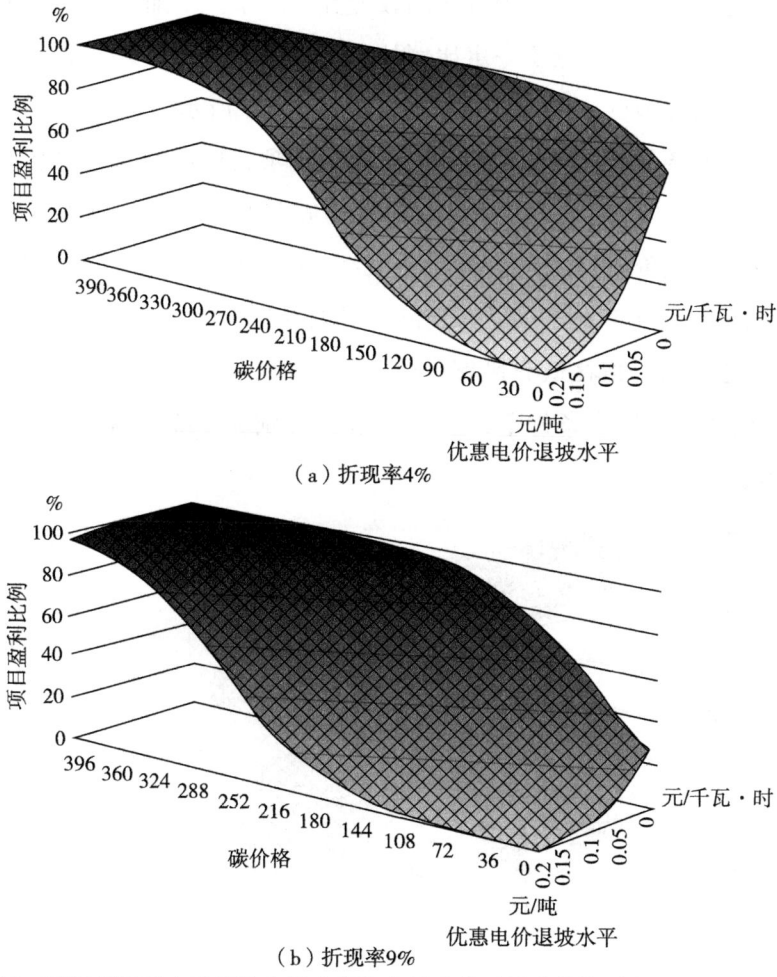

（a）折现率4%

（b）折现率9%

图 3-12　不同折现率水平下陆上风电优惠上网电价以及碳价格对项目盈利比例影响

本节在图 3-13 中探讨了风电的弃风率对临界碳价格的影响。图 3-13（a）和（b）分别表示弃风率为零和 10%时，风电优惠电价和碳定价政策对风电盈利项目比例的影响。结果表明，低弃风率条件下风电盈利项目比例明显高于高弃风率。如图所示，当碳价格分别为 0 元/吨、50 元/吨和 100 元/吨时，在高弃风率条件下盈利项目比例分别为 18.2%、48.7%和 75.6%，而在低弃风率条件下盈利项目比例分别为 78.3%、96.5%和 99.2%。然而，通过比较相同碳价格水平下盈利项目比例发现，在高弃风率条件下，碳价格对于陆上风电项目盈利能力的提升作用较低弃风率条件更加明显。另外，通过比较保持陆上风电项目处于一定比例的盈利比例下的临界碳价格发现，低弃风率条件下临界碳价格低于高弃风率。如图 3-13 所示，在基准风电优惠电价和高弃风率条件下，为了保持陆上风电盈利项目比例分别为 70%、80%和 90%时，临界碳价格应为 87 元/吨、114 元/吨和 141 元/吨；而在低弃风率条件下，该临界碳价格须为 0 元/吨、3 元/吨和 24 元/吨。当基准风电优惠电价下降 0.2 元/千瓦·时，为了保持陆上风电盈利项目比例分别为 70%、80%和 90%，临界碳价格在低弃风率条件下分别为 204 元/吨、222 元/吨和 243 元/吨，而在高弃风率条件下，临界碳价格分别为 306 元/吨、333 元/吨和 372 元/吨。

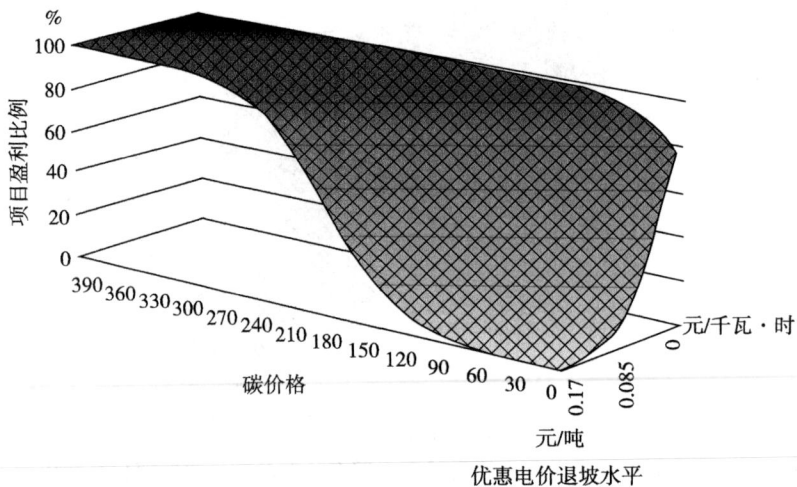

（a）弃风率0

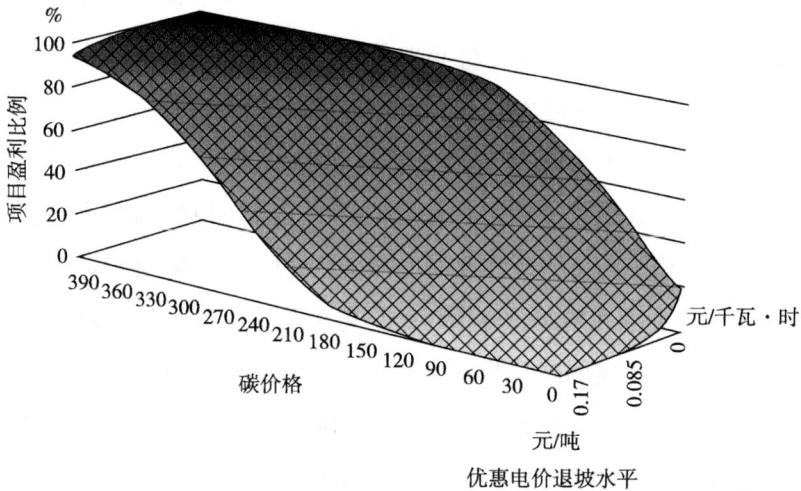

（b）弃风率10

图 3-13　不同弃风率水平下陆上风电优惠上网电价以及碳价格对项目盈利比例影响

五、本章小结

我国陆上风电行业在过去十年经历了快速发展，一方面，仍然由许多障碍和挑战在制约着其进一步发展，比如高额的发电成本、可再生能源补贴缺口和风电优惠电价退坡、风电上网限制和高弃风率等问题；另一方面，许多新机会和积极因素促进风电发展，比如国家正在推出的中国统一碳排放权交易市场。因此，学术界对中国陆上风电能否持续增加和如何优化风电政策系统以促进风电产业进一步发展等问题存在争议。本章在项目层面上评价了现存的陆上风电项目盈利能力情况，特别探讨了基于现有风电产业障碍和挑战条件下碳定价政策对风电项目盈利能力的影响。本章首先估算 2006—2015 年 2 059 个我国陆上风电项目 LCOE 值。其次，通过比较项目 LCOE 值以及相应的风电优惠电价，本章分析了所有项目盈利能力。最后，本章基于不同折现率以及弃风率讨论了碳定价政策对风电项目盈利能力的影响。主要结论如下：

（1）陆上风电项目平均成本从 2006 年的 0.615 元/千瓦·时下降至 2015

年 0.533 元/千瓦·时,下降幅度达 14%。可是,结果表明将近 60% 的陆上风电项目 LCOE 值高于相应的风电优惠电价而无法盈利。另外,陆上风电整体 LCOE 值仍然高于化石燃料发电成本,而这也意味着在现有政策条件下陆上风电难以与化石燃料电力形成有效的竞争。因此,对于我国陆上风电行业的进一步发展还是存在很大的挑战因素,比如风电优惠电价退坡机制、高弃风率、风电轮机投资成本下降减缓和风电未来可能的高投资风险等。

(2)风电行业引入碳定价政策后,风电项目投资者可以通过出售相应的核证减排量而获得一定的减排收益,其在一定程度上可以弥补风电高额的发电成本。本章结果表明,当碳价格为 20 元/吨(近似于 2017 年我国 7 大碳排放权交易市场平均碳价格)时,陆上风电项目平均 LCOE 值较无碳价格条件下降低 3.11%,相应地风电盈利项目比例则从无碳价格条件下的 41.9% 增长为 56.7%。而当碳价格增长到 50 元/吨(近似于 2017 年我国 7 大碳排放权交易市场最高碳价格),陆上风电项目平均 LCOE 较无碳价格条件下降低 7.75%,相应地风电盈利项目比例则增长为 70.2%。这意味着碳定价政策可以有效地促进风电项目盈利能力提升。

(3)在 2020 年陆上风电实现平价上网的目标下,陆上风电优惠电价将下降至与化石燃料上网电价相同。与此同时,国家发展改革委在 2017 年 12 月正式发布了《全国碳排放权交易市场建设方案(发电行业)》,这也意味着我国七大区域碳排放权交易试点将转变为国家统一碳排放权交易市场,我国碳排放约束将由此而紧缩,其将导致更高的碳价格且有利于提升陆上风电项目盈利能力。因此,碳定价政策将在一定程度上补偿陆上风电优惠电价退坡机制对风电项目盈利能力的负面影响,促进未来风电投资。本章结果表明,当陆上风电基准优惠电价下降 0.06 元/千瓦·时(风力资源区域 I 实现平价上网)时,临界碳价格分别达到 114 元/吨、138 元/吨和 171 元/吨,以使 70%、80% 和 90% 陆上风电项目盈利。而当陆上风电基准优惠电价下降 0.2 元/千瓦·时(有风力资源区域同时实现平价上网)时,临界碳价格分别达到 264 元/吨、288 元/吨和 321 元/吨,以使 70%、80% 以及 90% 陆上风电项目盈利。

（4）本章基于折现率和弃风率的灵敏度分析，探讨了碳定价政策对于风电投资促进作用。结果显示，在高折现率以及弃风率条件下，碳定价政策对于风电投资促进作用更加显著。陆上风电项目具有高风险性，其折现率较化石燃料发电项目较高。由于陆上风电项目投资经济可行性高度依赖相关政策扶持，因而政策和立法的不稳定性对陆上风电项目折现率具有负面效应。因此，对于未来陆上风电优惠电价可能的下降，我国陆上风电投资折现率可能保持较高水平。同时，国家能源局发布的《风电并网情况报告》显示，2017年我国弃风率仍然为12%。虽然我国政府已经实施了多种政策降低风电弃风率，比如优化电力资源结构和控制能力、建设电力新传输通道等，但是在短期内解决我国弃风问题较为困难。在此条件下，碳定价政策对补偿陆上风电优惠电价退坡、促进我国风电行业发展具有重要作用。

第四章　促进海上风电投资的绿色
金融政策协同效应分析

　　发展可再生能源是我国能源转型和应对气候变化的重要措施，其中风电又以其技术水平和商业化程度等方面的优势，逐渐成为我国可再生能源的主要组成部分。然而在风能资源大规模开发与利用的同时，建设用地、上网条件和利用效率等因素对陆上风电的制约作用也日益凸显（Rinne等，2018），海上风电因其具有不占用陆上土地、风速高、风向稳定、靠近电力负荷中心等特点，逐步成为我国风电未来发展的趋势，开发潜力巨大（许莉等，2015；Sgouridis 等，2019；IEA，2020）。目前对于中国海上风电项目在现有条件下能否实现盈利，尤其是在疫情影响下，现有政策能否支撑海上风电持续发展仍然存在争议。本章将探讨碳金融政策和绿色证书政策对我国海上风电项目盈利能力的影响。基于 2007—2020 年我国 97 个海上风电项目相关数据，估算了各项目平准化发电成本（Levelized Cost of Electricity，LCOE），并探讨新冠肺炎疫情对于海上风电项目盈利能力的影响。最后，本章将探讨碳金融和绿色证书政策对海上风电项目盈利能力的促进效果。

一、问题的提出

　　近年来，由于装机容量的快速扩张带来了规模经济效益及由技术进步推动的风电机组大型化进程，海上风电投资成本已有显著下降。如图 4-1 所

62

示，根据国家发展改革委统计，我国海上风电装机容量从 2010 年的 0.15 兆瓦增长至 2019 年的 6.4 兆瓦，单位装机投资成本从 2010 年的 21 998 元/千瓦下降至 17 260 元/千瓦，下降幅度达 28%（IRENA，2019）。

尽管我国海上风电成本下降趋势明显，但随着 2019 年底新冠肺炎疫情的暴发，中国海上风电的投标价格大幅上涨，从 2019 年 3 月的约 6 000 元/千瓦上涨至 2020 年 2 月的 7 000 元/千瓦。此外，由于新冠肺炎疫情对风力发电机组产业链的影响，风力发电机组产能短缺的问题进一步显现（Kuzemko 等，2020）。此外，随着 2020 年中国海上风电上网电价的下降，海上风电抢装问题将变得越来越严重，海上风电行业对风力涡轮机的需求也将进一步增加。特别是在新冠肺炎疫情对中国经济的负面影响的背景下，海上风电的初始融资成本可能会因金融市场的系统性风险增长而大幅增加。在上述背景下，中国海上风电的盈利能力在短期内将进一步恶化。

为了抵消新冠肺炎疫情对海上风电项目盈利能力的负面影响，同时促进海上风电投资，绿色金融在为可再生能源投资和运营提供低成本融资方面也将发挥重要作用（He 等，2019）。其中，绿色信贷、碳金融和绿色电力证书是我国具有代表性的三种绿色金融政策工具。一些研究表明，过去十年海上风电成本的降低不仅源于技术创新，在很大程度上还得益于海上风电项目融资条件的改善（Sherman 等，2020）。然而，我国绿色金融体系目前尚处于起步阶段，尤其是在新冠肺炎疫情的背景下，探讨绿色金融政策对促进海上风电投资有效性的研究较少。

随着全球海上风电技术水平的不断成熟，海上风电成本评估逐渐成为国内外可再生能源领域研究热点。而准确预测发电成本对分析未来海上风电成本演化和平价上网都具有重要意义（Wiser 等，2016）。

作为一种比较不同发电技术在全经济周期内单位发电成本的一种工具（Grunewald，2017），平准化发电成本被广泛应用于评估可再生能源发电技术成本效益（Ouyang 和 Lin，2014；IRENA，2019）。Moro 和 Durant（2013）通过构建 LCOE 评估模型，发现全球光伏发电与光热发电成本将分别从 2010 年的 0.32 美元/千瓦·时、0.27 美元/千瓦·时下降至 2050 年的 0.08 美元/千瓦·时、0.10 美元/千瓦·时，同时，在碳价格的影响下，光伏发电与光热发电将于 2021—2036 年实现与传统火电竞价上网。Tu 等，（2019）利用 LCOE 模型对我国陆上风电未来成本演化趋势进行分析，结果表明，我国陆上风电成本将从 2016 年的 0.4 元/千瓦·时下降至 0.35 元/千瓦·时。

随着海上风电技术的逐渐成熟，国内外学者开始关注海上风电成本演化问题。目前的研究主要从项目实证数据与资源潜力预测两个角度利用平准化发电成本方法评估不同地区海上风电成本，并分析运维成本、并网成本、折现率等因素对于发电成本的影响（Irawan 等，2017；Lutzeyer 等，2018）。从研究结果来看，英国、丹麦等欧洲国家海上风电成本下降较快，已初步具备与传统化石能源发电进行成本竞争的条件，而美国、日本等国家海上风电成本仍然较传统化石能源发电高。另外，近年来随着我国海上风电规模的逐渐扩大，国内外学者开始关注我国海上风电问题，并发现我国海上风能资源主要集中在东部沿海地区，具有巨大的开发利用潜力（Davidson 等，2016；Yuan，2016），但由于受到并网条件和运维技术的限制（Bosch，2019），发电成本较其他发达国家仍然偏高。但目前的研究主要集中在评估我国现有海上风电项目成本，缺乏对我国未来海上风电成本演化和平价上网实现条件的探讨。

为填补这一空白，本书首先探讨了新冠肺炎疫情对我国海上风电项目成本的影响。其次，本书将绿色金融政策纳入海上风电成本评估框架中，即碳金融和绿色信贷政策，探讨绿色金融政策对抵消新冠肺炎疫情负面影响的有效性。最后，本书提出促进海上风电投资的绿色金融政策组合，并对完善我国现有绿色金融体系提出政策建议。

二、模型数据

本节详细描述了用于计算海上风电项目 LCOE 的数据，包括数据来源、投资成本、发电、运营和管理成本等财务参数。此外，还将介绍海上风电上网电价政策和绿色金融政策工具。

（一）数据来源

本书主要数据来源于我国海上风电项目的环境评估报告（EAP）和风力发电招标文件（WTTD）。具体而言，本书从 EAP 和 WTTD 收集了我国海上风电项目的详细财务和技术数据，包括项目的建设日期、风电机组投标价格、投资成本、容量、贷款利率等。截至 2020 年 6 月底，本书数据库包含 97 个海上风电项目，分布于广东、福建、江苏、浙江、上海、辽宁和山东等地区。所有项目累计装机容量为 28.24 兆瓦，占 2014—2020 年我国批准的海上风电项目总装机容量的 91%。因此，本书的数据库能够很好地代表我国海上风电行业。

（二）投资成本与中标价格

海上风电项目的投资成本包括海上风电机组成本、电力设施安装成本、设计施工成本和其他杂项费用（Sherman 等，2020）。图 4-1（a）展示了我国 2014—2020 年海上风电项目单位投资成本。如图 4-1 所示，单位投资成本由 2007 年的 23 829.2 元/千瓦下降到 2019 年的 17 260.3 元/千瓦，下降幅度达 27.57%。然而，随着 2020 年 1 月新冠肺炎疫情的暴发，如图 4-1（b）所示，海上风力发电机组的平均中标价格从 2019 年的 6 312.04 元/千瓦上升到 2020 年的 6 955.90 元/千瓦，涨幅达到 10.2%。受风电轮机中标价格上涨的推动，2020 年平均单位投资成本为 20 327.77 元/千瓦，较 2019 年的 17 260.3 元/千瓦增长 17.41%。这意味着新冠肺炎疫情对风力发电机组投标价格和投资成本产生了负面影响。

（a）2014—2020年海山风电项目单位投资成本

（b）2019—2020年海上风电轮机中标价格

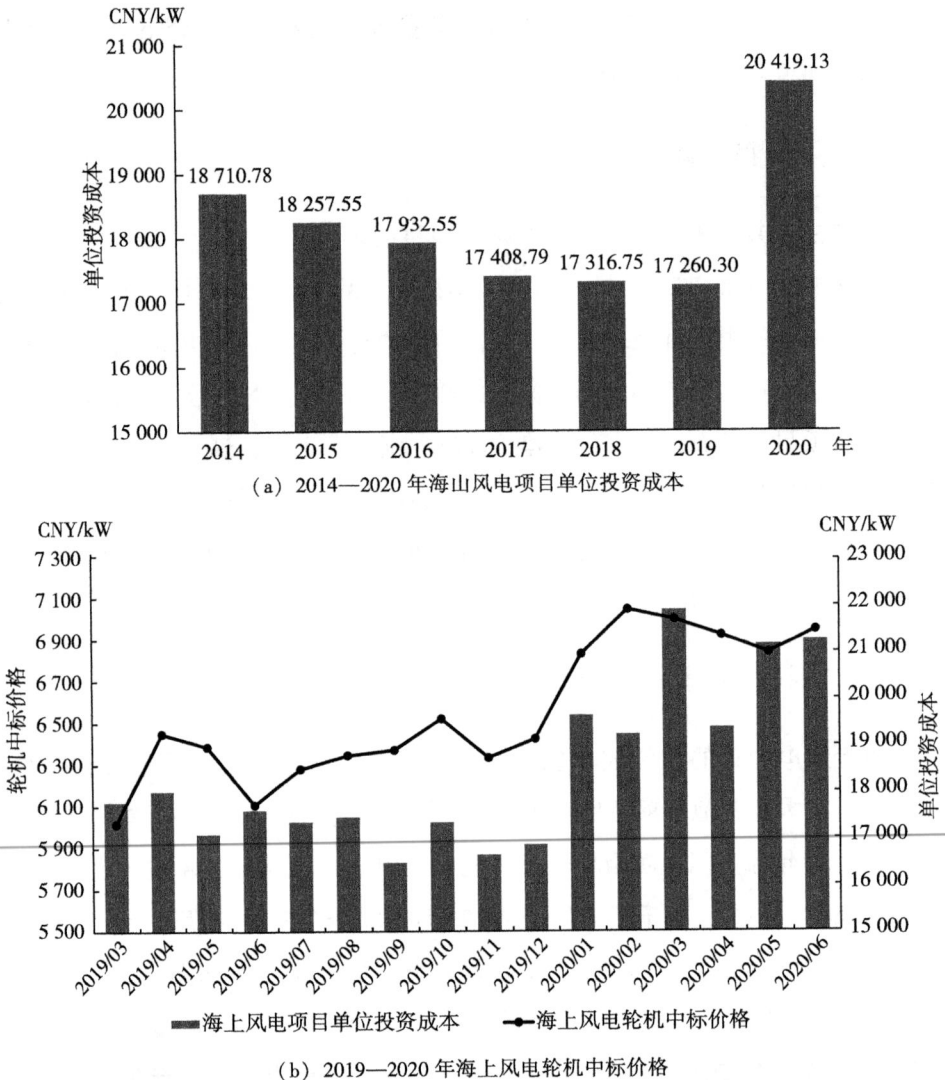

图 4-1 我国各省海上风电单位投资成本（a）和轮机中标价格（b）

（三）发电量

由于海洋高温、高湿、高盐雾等特殊环境的影响，海上风力发电机组的运行效率也将逐年下降（Sherman 等，2020）。因此，本书采用折减率来刻画海洋环境因素对海上风力发电效率的影响。假设海上风电机组年利用率为97%（Shafiee 等，2015）。此外，我们根据数据集中的海上风电资源分布

（Sherman 等，2020）和海上风电项目的经纬度，为所有海上风电项目设置了容量因子。

（四）管理运营成本

海上风电项目运维成本包括运营成本、管理成本和其他费用。由于数据库中关于海上风电项目运维成本的数据可用性有限，本书根据 IEA（2014）的数据，假设我国海上风电项目的平均运营和维护成本均为 0.15 元/千瓦·时。

（五）海上风电项目金融参数

LCOE 的重要金融变量之一是银行商业贷款的利率。根据人民银行公布的能源项目指导利率，所有海上风电项目贷款年利率均为 4.9%，本书假设 15 年内贷款年还款率保持不变。估算 LCOE 的另一个关键参数是贴现率，它反映了特定技术和时间的资本成本（Schmidt 等，2019）。基于 IRENA（2019），本书将贴现率设定为 6.5%。

（六）海上风电上网电价政策

上网电价（Feed-in Tariff）是提高海上风电项目盈利能力的有效政策工具（Ouyang 和 Lin，2014）。国家发展改革委在 2014 年首次发布了海上风电的上网电价政策。根据国家发展改革委的数据，海上风电上网电价为 0.85 元/千瓦·时。为推动海上风电行业技术进步，国家发展改革委将 2019 年和 2020 年海上风电上网电价分别下调至 0.80 元/千瓦·时和 0.75 元/千瓦·时，如表 4-1 所示。

表 4-1　中国海上风电上网电价政策

类型	上网电价（元/千瓦·时）	实施时间
海上风电	0.85	2014/06
	0.80	2019/07
	0.75	2020/01

数据来源：国家发展改革委。

（七）绿色金融政策

一般来说，绿色金融是指在环保、节能、可再生能源、绿色交通、建筑等领域为项目投资和运营提供优惠融资的金融政策工具。其中，绿色信贷、碳金融和可交易的绿色证书是三种具有代表性的政策工具。绿色信贷是商业银行提供优惠贷款支持低碳产业投资的政策工具（Yang 等，2020）。自 2012 年中国银监会发布《绿色信贷指引》以来，我国绿色信贷规模迅速扩大。基于"金融机构的贷款投资统计报告"发布的绿色信贷的规模从 2006 年的 5.2 万亿元增加到 2018 年的 9 万亿元，而其中投入可再生能源领域的绿色信贷总额约为 23%（中国银监会，2019）。为了分析绿色信贷政策的有效性，本书根据 Liu 等（2017）在分析中选择了较基准贷款利率（4.9%）低 5%、10%、15%、20%、25%、30%、35% 和 40% 的 8 种优惠贷款利率水平。

碳金融政策是支持海上风电发展的另一个绿色金融政策工具。随着 2017 年全国碳排放交易市场的实施，海上风电投资者可以出售已发行的 CERs（Certified Emission Reduction，CERs），获得减排收入。减排收入可以抵消部分海上风力发电的发电成本。根据中国 8 个碳排放交易试点市场的经验，我们在后续的分析中将碳价格设定在 $10 \sim 150$ 元/t CO_2，这大致是中国碳交易试点的碳价格变动范围。

三、模型结果与讨论

基于上一节的数据，本书计算了 2014—2020 年我国海上风电项目 LCOE，并分析新冠肺炎疫情对于我国海上风电项目的盈利能力的影响。进而，本书将探讨绿色金融金融政策对促进海上风电项目 LCOE 下降的有效性。考虑到政策工具之间可能存在的协同效应，本书最后分析了绿色金融政策组合对提高海上风电项目盈利能力的影响。

(一) 新冠肺炎疫情对我国海上风电项目盈利能力的影响

2014—2020 年海上风电项目发电成本如图 4-2 所示。具体而言，海上风电项目平均 LCOE 从 2014 年的 0.8589 元/千瓦·时下降到 2019 年的 0.7156 元/千瓦·时，下降幅度达到 16.17%。而随着 2020 年新冠肺炎疫情暴发以来，我国海上风电生产受到干扰甚至中断，导致风力轮机产量下降，推高了海上风电轮机价格。因此，2020 年的平均 LCOE 也相应上升到 0.79324 元/千瓦·时，较 2019 年增长 10.84%。如图 4-2 (b) 所示，2019 年的 20 个海上风电项目 LCOE 低于我国海上风电上网电价 0.75 元/千瓦·时，这意味着 2019 年绝大多数项目是盈利的。而随着新冠肺炎疫情暴发，我国 2020 年的 19 个海上风电项目中，只有 3 个项目的 LCOE 低于我国海上风电上网电价，也就是说，只有 3 个或 16% 的项目有望盈利。不同地区受新冠肺炎疫情影响差异显著，江苏、福建、广东和浙江等省的项目平均 LCOE 分别增长 3.25%、12.34%、11.89% 和 20.15%。总体而言，新冠肺炎疫情对我国海上风电项目盈利能力有显著负面影响。

CNY/kW·h

装机容量（MW）
900
600
300

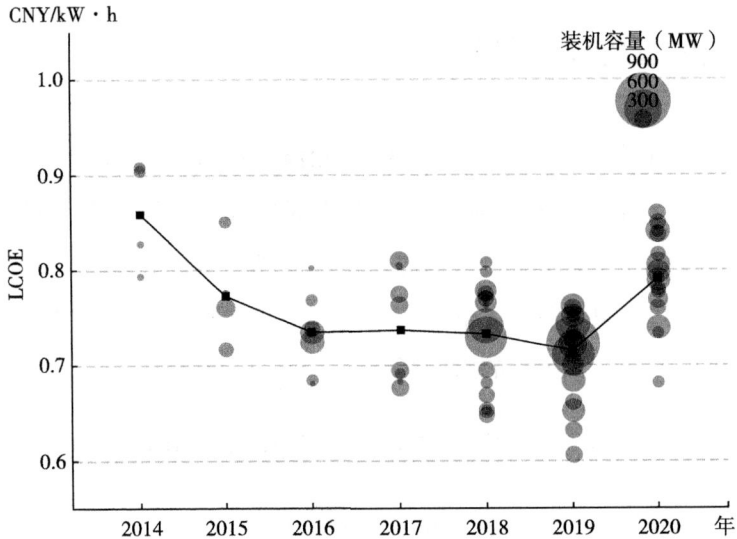

（a）2014—2020年我国海上风电LCOE

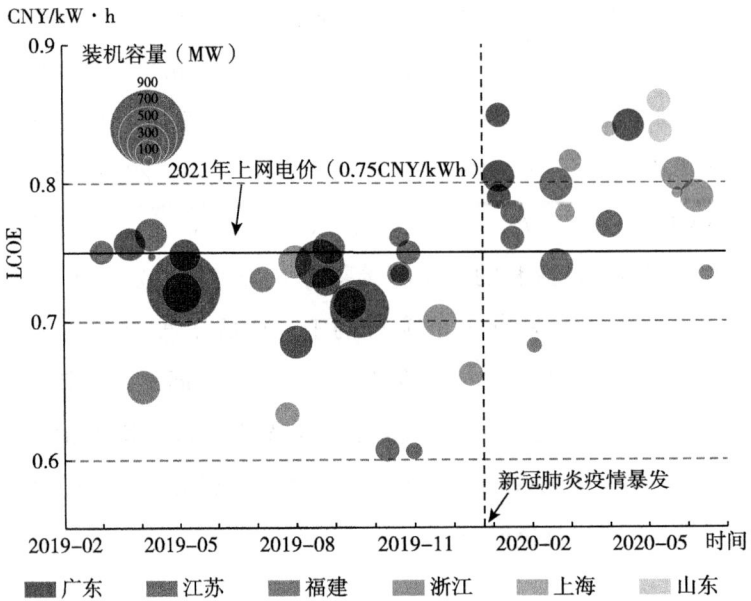

CNY/kW·h

装机容量（MW）
900
700
500
300
100

2021年上网电价（0.75CNY/kWh）

新冠肺炎疫情暴发

■广东　■江苏　■福建　■浙江　■上海　■山东

（b）2019年2月至2020年6月我国海上风电LCOE

图4-2　我国海上风电LCOE

（二）单一政策下我国海上风电 LCOE

如上所述，绿色金融政策可以抵消部分海上风电成本，降低项目的整体 LCOE。图 4-3 为不同绿色金融政策下的海上风电项目的 LCOE 展示图，其中线段代表 2020 年我国建设的 19 个海上风电项目 LCOE。即在基准情景下，2020 年我国 19 个海上风电项目 LCOE 范围为 0.6824 元/千瓦·时（长乐区 C 区海上风电项目）到 0.8592 元/千瓦·时（半岛南 III 号海上风电项目），均值为 0.7932 元/千瓦·时，中值则为 0.7927 元/千瓦·时。而通过比较 2020 年我国建设的海上风电 LCOE 与上网电价 0.75 元/千瓦·时，本书发现只有 3 个海上风电项目能够盈利。图 4-3（a）和图 4-3（b）分别为引入碳金融和绿色信贷政策后我国海上风电项目 LCOE 的变化情况。如图 4-3（a）所示，随着碳价格从零增加到 50 元/t CO_2，即中国的碳市场的平均碳价格，我国海上风电平均 LCOE 从 0.7932 元/千瓦·时降低到 0.7567 元/千瓦·时，而盈利项目数量从 3 个增加到 7 个。而当碳市场中碳价格达到北京和深圳排放权交易试点的最高碳价 100 元/t CO_2 时，我国 2020 年海上风电平均 LCOE 将进一步下降到 0.7202 元/千瓦·时，相应的盈利项目数量将增加到 14 个。如图 4-3（b）所示，当绿色信贷提供的贷款利率较基准利率下降 20% 时，即中国 21 家商业银行公布的平均长期贷款利率，我国 2020 年海上风电平均 LCOE 从 0.7932 元/千瓦·时下降到 0.7409 元/千瓦·时，盈利项目数量从 3 个增加到 11 个。随着基准贷款利率下降 40%，中国 21 家商业银行公布的最低长期贷款利率，我国海上风电平均 LCOE 将进一步下降至 0.6917 元/千瓦·时，2020 年 19 个海上风电项目将全部实现盈利。综上所述，研究结果证实了绿色金融政策，即碳金融和绿色信贷政策对促进海上风电项目降低 LCOE 和提高盈利能力是有效的。

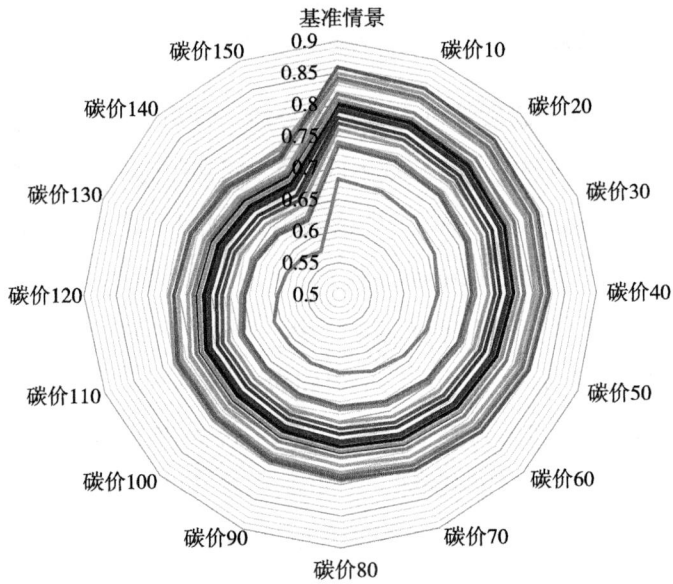

基准情景

碳价10
碳价20
碳价30
碳价40
碳价50
碳价60
碳价70
碳价80
碳价90
碳价100
碳价110
碳价120
碳价130
碳价140
碳价150

图例	图例
——福建长乐外海海上风电场C区项目第一批	——长乐外海海上风电场A区
——国电投江苏如东H4#海上风电场项目	——龙源江苏大丰H6#300MW海上风电项目
——江苏如东H2#海上风电场	——国电象山海上1#海上风电场（一期）项目
——龙源江苏大丰H4#300MW海上风电项目	——三峡阳西沙扒300MW海上风电项目四期
——华润电力苍南1#海上风电项目	——华能瑞安1号海上风电项目
——国电投江苏如东H7#海上风电场项目	——三峡阳西沙扒300MW海上风电项目三期
——华能苍南4号海上风电项目	——中广核嵊泗5#、6#海上风电场
——华能山东半岛南4号海上风电项目	——上海奉贤海上风电项目
——中广核惠州港口海上风电项目	——三峡阳西沙扒300MW海上风电项目五期
——国家电投山东半岛南3号海上风电项目	

（a）碳金融政策对海上风电LCOE的影响

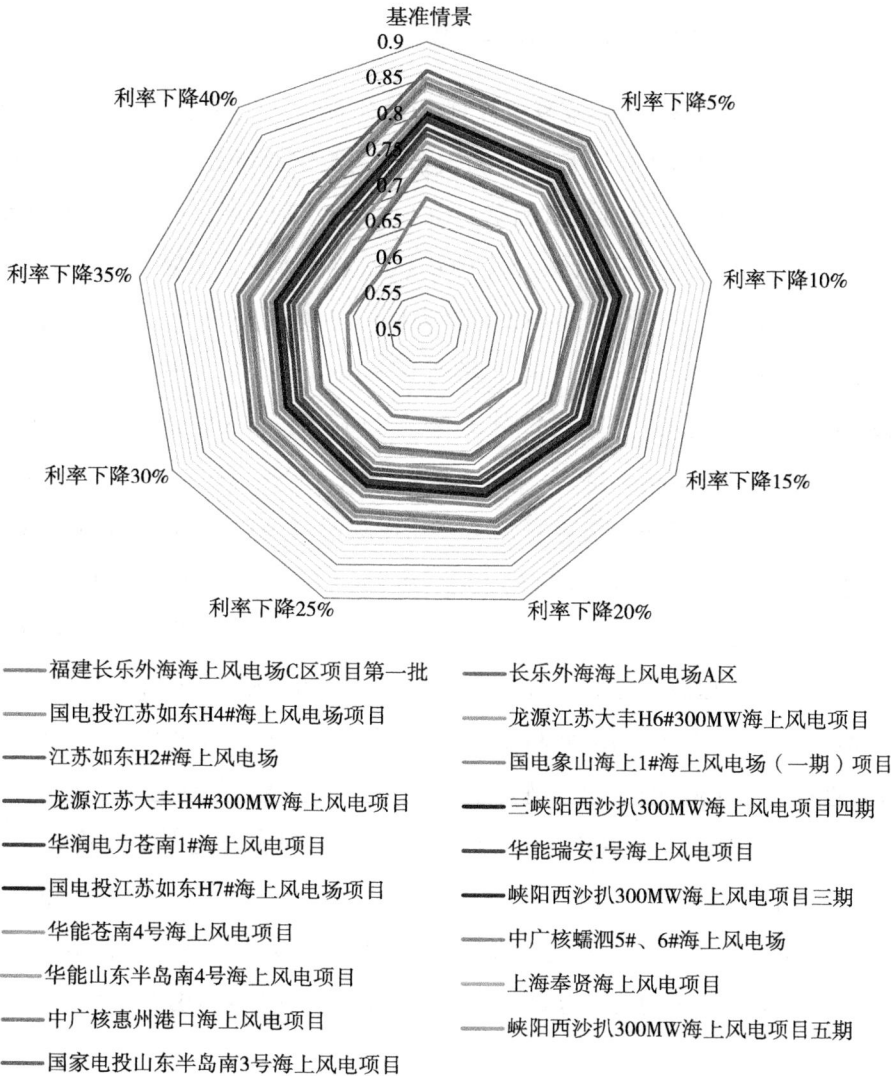

基准情景

利率下降5%

利率下降10%

利率下降15%

利率下降20%

利率下降25%

利率下降30%

利率下降35%

利率下降40%

0.9
0.85
0.8
0.75
0.7
0.65
0.6
0.55
0.5

——福建长乐外海海上风电场C区项目第一批 ——长乐外海海上风电场A区

——国电投江苏如东H4#海上风电场项目 ——龙源江苏大丰H6#300MW海上风电项目

——江苏如东H2#海上风电场 ——国电象山海上1#海上风电场（一期）项目

——龙源江苏大丰H4#300MW海上风电项目 ——三峡阳西沙扒300MW海上风电项目四期

——华润电力苍南1#海上风电项目 ——华能瑞安1号海上风电项目

——国电投江苏如东H7#海上风电场项目 ——峡阳西沙扒300MW海上风电项目三期

——华能苍南4号海上风电项目 ——中广核蠕泗5#、6#海上风电场

——华能山东半岛南4号海上风电项目 ——上海奉贤海上风电项目

——中广核惠州港口海上风电项目 ——峡阳西沙扒300MW海上风电项目五期

——国家电投山东半岛南3号海上风电项目

（b）绿色信贷政策对海上风电LCOE的影响

图4-3　单一绿色金融政策对我国海上风电 LCOE 的影响

（三） 在混合政策下我国海上风电 LCOE

本书还探讨了绿色金融政策组合对 2020 年促进海上风电项目 LCOE 降低的影响，图 4-4 展示了在绿色信贷和碳金融政策组合下，2020 年 19 个海上风电项目的 LCOE。在基准贷款利率（GCR -0% 情景）下，当碳价格从 0 元/$t CO_2$（CP 0 情景）上升到 150 元/$t CO_2$（CP 150 情景），2020 年我国 19 个海上风电项目 LCOE 范围为 0.6825 元/千瓦·时到 0.8592 元/千瓦·时，平均 LCOE 从 0.7932 元/千瓦·时下降到 0.6836 元/千瓦·时，下降幅度达 13.85%。而当绿色信贷基准贷款利率分别降低了 10%（GCR - 10% 场景），20%（GCR -20% 场景），30%（场景 GCR -30%）和 40%（GCR -40% 场景），我国 2020 年海上风电平均 LCOE 在碳价格 50 元/$t CO_2$ 情境下（CP 50 情景），分别为 0.7567 元/千瓦·时、0.7303 元/千瓦·时、0.7043 元/千瓦·时、0.6791 元/千瓦·时和 0.6552 元/千瓦·时，与无碳定价政策（CP 0 情景）的平均 LCOE 相比分别下降 4.62%、4.78% 和 4.94%，而盈利项目数分别为 7 个、13 个、16 个和 19 个。此外，我国 2020 年海上风电平均 LCOE 在碳价格 150 元/$t CO_2$ 情境下（CP 150 情景），分别为 0.6313 元/千瓦·时、0.6061 元/千瓦·时和 0.5822 元/千瓦·时，与无碳定价政策（CP 0 情景）的平均 LCOE 相比分别下降 14.33%、14.83%、15.35% 和 15.88%，而所有海上风力发电项目都将实现盈利。结果表明，绿色信贷政策能够提高碳定价政策的政策有效性，加速海上风电项目 LCOE 的降低。

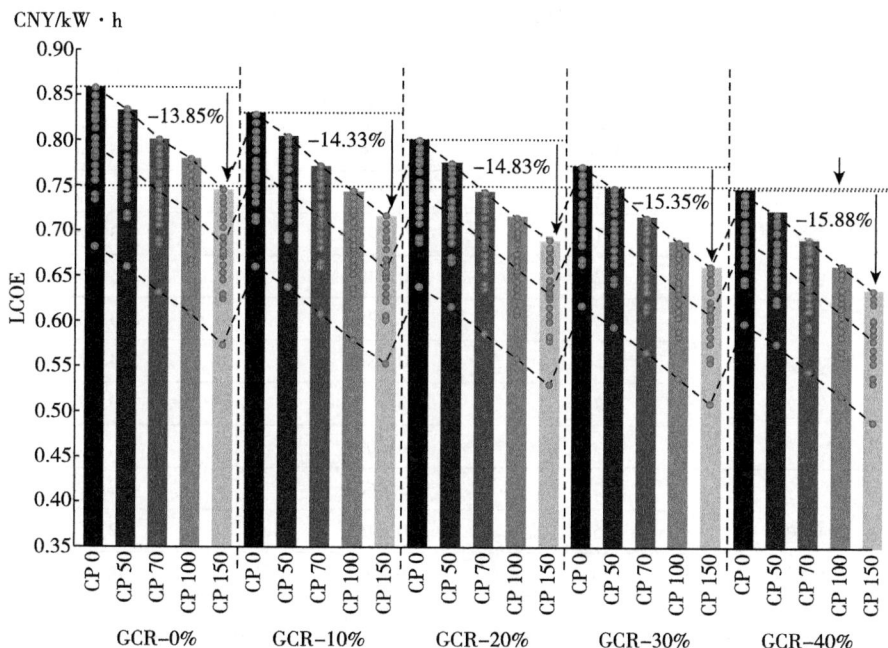

图 4-4 绿色金融政策组合对我国海上风电 LCOE 的影响

综上所述，绿色信贷政策可以有效地补充碳定价，特别是在全国碳交易市场和绿色电力证书市场建立初期，绿色金融政策组合对我国海上风力发电应对外部风险的挑战，比如新冠肺炎疫情，能够有效地促进我国海上风电成本下降，提高海上风电项目盈利能力。

（四）灵敏度分析

对于政策制定者来说，他们关心的是保持风电项目盈利所需的碳价格和绿色电力证书价格。然而，绿色金融政策效应对风电成本和盈利能力的影响还可能受到风电利用效率、海上风电并网成本和海上风能资源条件等关键参数的影响（Schmidt 等，2019；Sherman 等，2020 年；Tu 等，2019），且临界价格可能随参数的变化而不同。由此计算出在参数设置的不同假设下，使所有项目都能盈利所需的碳价和 TGC 价，如表 4-2 所示。

表 4-2 我国海上风电项目 LCOE 灵敏度分析

参数	数值	平均 LCOE (元/千瓦·时)	临界碳价 (元/t CO$_2$)
运营成本 (元/千瓦·时)	0.10	0.7369	62.24
	0.12	0.7594	94.93
	0.15	0.7932	143.97
	0.20	0.8496	185.59
利用率 (%)	90	1.1280	673.46
	95	0.8818	284.22
	97	0.7932	143.97
	99	0.7099	12.21
容量因子 (%)	30	1.0602	487.02
	35	0.9165	272.55
	40	0.7932	143.97
	45	0.7556	41.52

首先，海上风电的不稳定性是电厂运营商关注的关键问题，它可能会导致运维成本的增加（Tu 等，2019；Schmidt 等，2019）。在灵敏度分析中，本书计算了需要的碳价格和绿色电力证书价格，以使所有的海上风电项目在相应的运维成本下盈利。本书选取运营维护成本从低到高分别为 0.1 元/千瓦·时和 0.2 元/千瓦·时的情况（IEA，2014）。由表 4-2 可知，当运维成本从 0.1 元/千瓦·时增加到 0.2 元/千瓦·时，海上风电的平均 LCOE 从 0.7368 元/千瓦·时增加到 0.8496 元/千瓦·时。这意味着海上风电并网不稳定导致的运维成本增加，其对 LCOE 有显著影响。为了进一步探究海上风电项目的盈利能力，通过将所有 2020 年 19 个海上风电项目的 LCOE 与海上风电上网电价进行比较，结果显示，当运营管理成本分别为 0.1 元/千瓦·时、0.12 元/千瓦·时、0.15 元/千瓦·时和 0.2 元/千瓦·时，所有的海上风电项目盈利所需的临界碳价格，应为 62.24 元/t CO$_2$、94.93 元/t CO$_2$、143.97 元/t CO$_2$ 和 185.59 元/t CO$_2$。因此，临界碳价格对不同运维成本的变化非常敏感，要使海上风电项目以较高的运维成本实现盈利，就必须提高

碳价格和绿色电力证书价格。

其次，海上风电机组利用率反映了技术进步驱动下的海上风电机组利用效率，受到投资者和政府的高度关注。Sherman 等（2020）假设利用率在90%~99%的范围波动，而不同利用率对海上风电 LCOE 和临界碳价格、绿色电力证书价格的影响如表 4-2 所示。随着利用率从 90% 提高到 99%，2020 年19 个海上风电项目的平均 LCOE 将从 1.1280 元/千瓦·时下降到 0.7099 元/千瓦·时，这也说明较高的海上风电机组利用率也会导致较低的 LCOE。通过将所有 2020 年 19 个海上风电项目的 LCOE 与海上风电上网电价进行比较，当风电机组利用率成本分别为 90%、95%、97% 和 99%，所有的海上风电项目盈利所需的临界碳价格，应为 673.4 元/t CO_2、284.22 元/t CO_2、143.97 元/t CO_2 和 12.21 元/t CO_2，而临界绿色电力证书的价格分别为685.18 元、296.19 元、156.01 元和 24.34 元。由此可见，碳金融和绿色电力证书交易政策似乎更能有效地促进利用率较高的海上风电项目成本下降。

最后，海上风电项目容量因子代表了海上风能资源状况，而由于海上风能情况的不确定性，其也可能会影响海上风电项目的 LCOE（Sherman 等，2020；Tu 等，2020）。IRENA，2020 指出，我国海上风电项目容量因子为30%~45%。由表 4-2 可知，随着我国海上风电项目容量因子从 30% 上升到45%，海上风电的平均 LCOE 从 1.0602 元/千瓦·时下降到 0.7556 元/千瓦·时。因此，容量因子越高，LCOE 越低。通过将所有 2020 年 19 个海上风电项目的 LCOE 与海上风电上网电价进行比较，当容量因子分别为 90%、95%、97% 和 99%，所有的海上风电项目盈利所需的临界碳价格为 487.02元/t CO_2、272.55 元/t CO_2、143.97 元/t CO_2 和 41.52 元/t CO_2。因此，碳金融更能有效促进容量因子较高的海上风电项目投资。

四、本章小结

为了促进能源体系转型，实现碳减排目标，发展海上风电势在必行。然而，风电产业链受到干扰，甚至受到新冠肺炎疫情的影响，导致风电产能不足，生产成本上升。在这种情况下，新冠肺炎疫情暴发后，风电的投资成本和发电成本大幅上升，海上风电的盈利能力将大幅下降。绿色金融政策作为一种新兴的政策工具，可以抵消部分发电成本的增加，提高海上风电项目的盈利能力。本章旨在探讨绿色金融政策能否影响以及能在多大程度上抵消新冠肺炎疫情对海上风电盈利能力的负面影响，并促进海上风电投资。为此，本章计算了 2014—2020 年建设的 97 个海上风电项目的 LCOE，并通过比较新冠肺炎疫情前后实施项目的 LCOE，量化了新冠肺炎疫情对我国海上风电项目 LCOE 的影响。然后，将绿色金融政策（碳金融、可交易的绿色证书和绿色信贷）纳入 LCOE 的计算框架中，评估绿色金融政策对海上风电 LCOE 和盈利能力的影响。研究结果对政策制定者进一步完善绿色金融政策体系，促进新冠肺炎疫情后海上风电发展具有重要启示意义。

研究结果表明，海上风电项目平均 LCOE 从 2014 年的 0.8589 元/千瓦·时下降到 2019 年的 0.7156 元/千瓦·时，下降幅度达 16.17%，而新冠肺炎疫情暴发后，海上风电机组价格被推高，2020 年平均 LCOE 上升至 0.7932 元/千瓦·时。通过比较中国海上风电 LCOE 和国家设定的海上风电上网电价，我国 2020 年海上风电盈利项目只有 3 个，仅占 2020 年 19 个项目总数的 16%。根据这些结果可知，新冠肺炎疫情确实对可再生能源（海上风电）的投资产生了负面影响。更重要的是，在新冠肺炎疫情得到完全控制之前，这种负面影响可能会持续很长一段时间。鉴于 2020 年新冠肺炎疫情在全球第二次暴发，可考虑将新增政策纳入长期政策设计框架，以应对其对可再生能源投资的负面影响。

绿色金融政策，如碳金融和绿色信贷政策，可以增加未来海上风电项目现金流，降低项目生命期内的财务成本，从整体上使海上风电的 LCOE 下降，提高项目的盈利能力。结果表明，随着碳价格从零增加到 50 元/t CO_2，即中国的碳市场的平均碳价格，我国海上风电平均 LCOE 从 0.7932 元/千瓦·时降低到 0.7567 元/千瓦·时，而盈利项目数量从 3 个增加到 7 个。另外，当绿色信贷提供的贷款利率较基准利率下降20%时，即中国 21 家商业银行公布的平均长期贷款利率，我国 2020 年海上风电平均 LCOE 从 0.7932 元/千瓦·时下降到 0.7409 元/千瓦·时，盈利项目数量从 3 个增加到 11 个。随着基准贷款利率下降 40%，中国 21 家商业银行公布的最低长期贷款利率，我国海上风电平均 LCOE 将进一步下降至 0.6917 元/千瓦·时，2020 年 19 个海上风电项目全部实现盈利。因此，绿色金融政策将在应对新冠肺炎疫情对海上风电项目盈利能力的负面影响方面发挥关键作用。然而，目前绿色金融政策的有效性是有限的。例如，碳价格和绿色电力证书价短期内不能过高，绿色信贷利率短期内不能过低。为确保绿色金融政策的有效性和可行性，应对新冠肺炎疫情对项目盈利能力的负面影响，有必要调整政策组合。此外，为了提高海上风电项目的盈利能力，在当前条件下应适当放缓海上风电上网电价的退坡力度。

敏感性分析表明，运营成本、海上风电机组利用率和项目容量因子都将影响绿色金融政策的有效性，而碳价格与绿色电力证书价格的临界值都对上述参数的变化非常敏感。具体而言，当运营管理成本分别为 0.1 元/千瓦·时、0.12 元/千瓦·时、0.15 元/千瓦·时和 0.2 元/千瓦·时，所有的海上风电项目盈利所需的临界碳价格，应为 62.24 元/t CO_2、94.93 元/t CO_2、143.97 元/ t CO_2 和 185.59 元/ t CO_2，而临界绿色电力证书的价格分别为 75.52 元、107.72 元、156.01 元和 236.51 元。当风电机组利用率成本分别为 90%、95%、97% 和 99%，所有的海上风电项目盈利所需的临界碳价格应为 673.4 元/t CO_2、284.22 元/t CO_2、143.97 元/t CO_2 和 12.21 元/t CO_2，而临界绿色电力证书的价格分别为 685.18 元、296.19 元、156.01 元和 24.34 元。当容量因子分别为 90%、95%、97% 和 99%，所有的海上风电项目盈利所需的临界碳价格应为 487.02 元/t CO$_2$、272.55 元/t CO$_2$、143.97 元/ t CO$_2$ 和 41.52 元/t CO$_2$。研究结果表明，运维成本、海上风电利用率、容量因子等关键因素的不确定性将对海上风电项目的盈利能力和绿色金融政策的有效性产生负面影响。因此，从长远来看，政府应加大对海上风电的研发补贴力度，促进海上风电领域的技术进步，进一步提高绿色金融政策的有效性，以抵消新冠肺炎疫情对海上风电投资的负面影响。

第五章　促进光伏发电投资的碳金融与电价补贴政策协同效应分析

目前对于中国太阳能光伏发电能否长期稳定的发展存在争议。本章探讨了碳定价政策与可再生能源政策对我国太阳能光伏发电项目盈利能力的影响。基于 2010—2015 年我国 439 个太阳能光伏发电项目相关数据，本章估算了其平准化发电成本（Levelized Cost of Electricity, LCOE），并将项目对应的可再生能源优惠上网电价与之比较，分析其盈利能力差异。最后，本章探讨了在太阳能光伏发电优惠上网电价退坡机制下，碳定价政策对促进光伏发电项目盈利能力的积极作用。

一、问题的提出

过去十年当中，我国政府制定了很多政策促进太阳能光伏发电行业的发展。在这些政策的推动下，我国太阳能光伏发电行业迅速发展。2009 年，我国财政部、科技部和国家能源局联合推出了旨在促进太阳能光伏发电产业发展的"金太阳能工程"计划。2011 年，国家发展改革委发布了《关于完善太阳能光伏发电上网电价政策的通知》（以下简称《通知》）。该《通知》首次确定了我国太阳能光伏发电标杆上网电价。2013 年，国家发展改革委在《关于调整光伏发电陆上风电标杆上网电价的通知》中将全国分为三大太阳能资源区域，并根据不同区域资源禀赋制定了三种光伏发电标杆上网电价。另外，一些省市地区也相应制定了对太阳能光伏发电补贴政策。该优惠上网电价政策给我国光伏发电行业提供了强大的经济刺激作用，其直接推动了我国光伏发电行业近年来的快速发展。2015 年，我国新增光伏发电装机容量1 515 万千瓦，累计装机容量达 4 350 万千瓦，占全球光伏发电装机总量的18.9%，较 2005 年和 2010 年分别增长了 639 倍和 54 倍（BP，2020）。

虽然相关支持政策推动了我国光伏发电行业的发展，可是对于光伏发电行业持续稳定发展仍然存在一些挑战（Wang 等，2016）。阻碍我国光伏发电大规模发展的最大因素是其高额的发电成本（Wang 等，2010；Huo 等，2012）。一方面，太阳能光伏发电较传统化石燃料发电成本较高；另一方面，短期内光伏发电成本很难快速下降。而且我国光伏发电优惠上网电价政策一直并将持续处于退坡机制中，比如 2011 年我国光伏发电优惠上网电价为1.15 元/千瓦·时；2013 年三大太阳能资源区域上网电价降为 0.9 元/千瓦·时、0.95 元/千瓦·时和 1 元/千瓦·时；2015 年三大太阳能资源区域优惠上网电价继续下降为 0.8 元/千瓦·时、0.88 元/千瓦·时和 0.98 元/千瓦·时；2017 年其将降至 0.65 元/千瓦·时、0.75 元/千瓦·时和 0.85 元/千瓦·时，直至《可再生能源"十三五"规划》提出的 2020 年太阳能光伏发电实现售电侧平价上网。即便如此，我国的可再生能源发电补贴资金缺口仍然在不断扩大，光伏发电投资者不能及时得到电力销售收入（Mo 和Zhu，2014）。最后，我国太阳能光伏电力由于电力需求增长缓慢、电力传输能力不足、最小发电限制和其他形式的电网调度等问题而造成的弃光现象仍然十分严重（Mo 等，2016）。我国西部地区 2016 年弃光率达到了将近20%，甘肃、新疆地区弃光率更是分别达到了 31%和 26%。因此，弃光问题也严重制约了我国光伏发电行业的进一步发展。

基于以上分析，关于我国太阳能光伏能否持续发展、目前我国的优惠上网电价政策和全国统一碳排放权交易市场政策能否有效地促进光伏发电投资仍然存在很多争议。对于分析光伏发电行业持续发展的一个重要因素是光伏发电项目盈利能力。若太阳能光伏发电项目投资盈利，则其将进一步激励光伏发电投资，光伏发电行业将继续扩张；反之，太阳能光伏行业将不能获得足够的投资，其将阻碍光伏发电行业稳定发展。本章利用 2010—2015 年 CDM 与 CCERE 中 439 个我国太阳能光伏发电项目相关数据，估算了其 LCOE 值。之后，通过比较项目 LCOE 与相应的优惠上网电价，本章将分析项目盈利能力。最后，本章将分析碳定价政策对于光伏发电盈利能力的影响。

二、太阳能光伏发电项目数据描述

本节利用的太阳能光伏发电项目数据来源于清洁发展机制数据库[①]和中国核证减排量交易平台[②]。本节通过太阳能光伏发电项目申请 CDM 或 CCERE 时提供的项目设计文件、投资分析量表、项目可行性研究报告和项目检测报告提取整理项目相关数据。其中，项目设计文件提供了项目的详细资金流和技术数据，而项目检测报告提供了项目在每个计算周期内实际获得的核证减排量数据。基于以上资料，本章创建了包含中国 2010—2015 年太阳能光伏发电项目数据库，包含 439 家中国太阳能光伏发电项目，其中有 104 个项目来源于 CDM 项目，而 335 个项目来源于 CCERE 项目。如图 5-1 所示，所有 439 个项目总累计装机容量达 1 503 万千瓦，占 2015 年中国累计光伏发电装机容量的 35%。因此，本数据库具有较好的代表性和完整性。

基于项目设计文件中提供的项目所在地信息，图 5-2 表示了本数据库中所有项目所在地和项目数据分布。如图所示，本数据库中太阳能光伏发电项目分布最多的 5 个省分别是内新疆、宁夏、内蒙古、青海和甘肃，而太阳能光伏发电项目累计装机容量最多的 5 个省分别为新疆、甘肃、宁夏、内蒙古和青海。由此可见，我国太阳能光伏发电项目主要分布于"三北"地区。

[①]　资料来源：http：//www.cdmpipeline.org/（accessed 15.04.2016）.
[②]　资料来源：http：//cdm.ccchina.gov.cn/ccer.aspx（accessed 7.04.2016）.

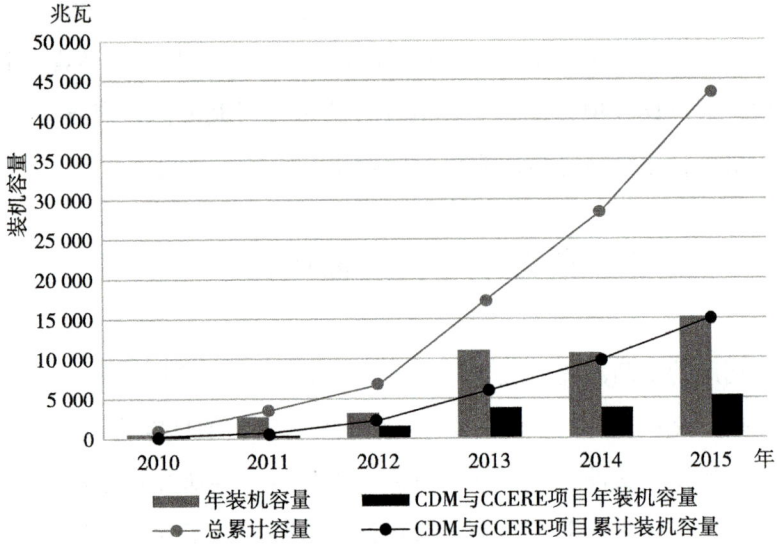

图 5-1　中国太阳能光伏发电项目累计装机容量

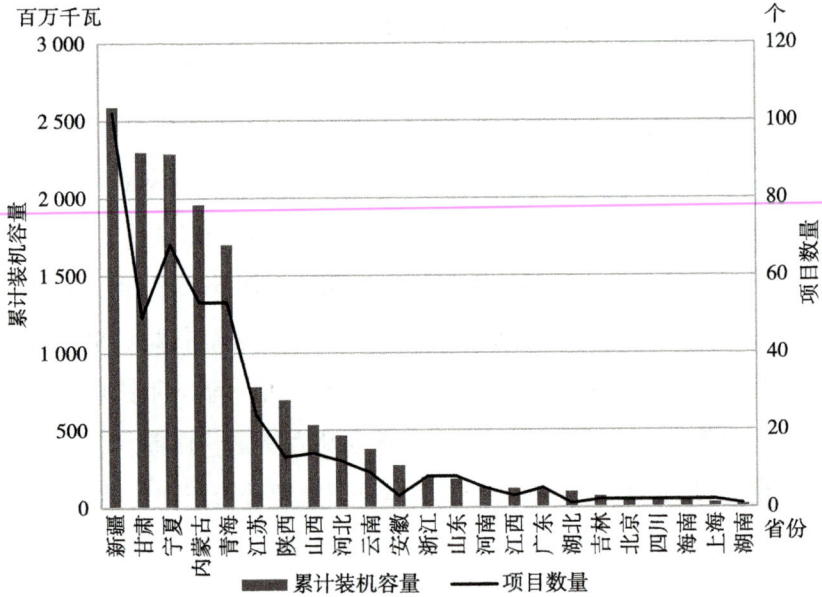

图 5-2　各省份太阳能光伏发电项目累计装机容量与项目数量

　　图 5-3 表示了本数据库中各省市所有项目发电量和核证减排量数据分布。如图 5-3 所示，本数据库中太阳能光伏发电项目发电量最多的 5 个省分

别是新疆、宁夏、甘肃、内蒙古和青海，而太阳能光伏发电项目核证减排量
最多的 5 个省分别为新疆、宁夏、甘肃、内蒙古和青海。

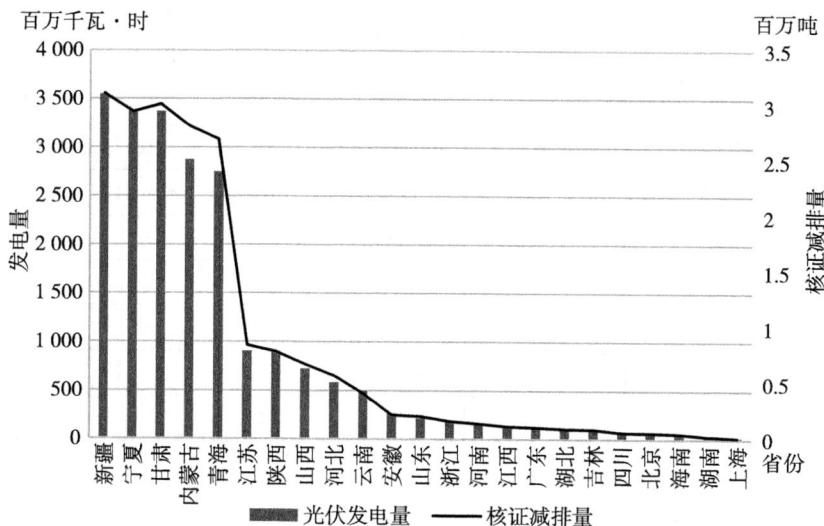

图 5-3　各省份太阳能光伏发电项目发电量与核证减排量

另外，太阳能光伏项目单位装机投资因发电技术学习效应而下降，其从
2010 年的 22 482 元/千瓦下降至 2015 年的 8 179 元/千瓦，下降幅度达到了
63.62%。太阳能光伏发电其他项目数据统计如表 5-1 所示。

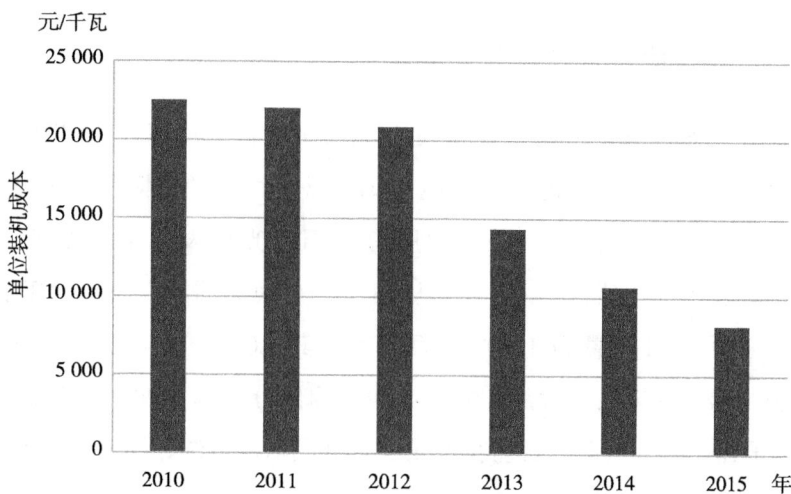

图 5-4　太阳能光伏发电项目单位装机投资

表 5-1 项目数据统计

项目参数	单位	平均值	标准差	最小值	最大值
装机容量	兆瓦	34.23	27.29	6.00	210.27
发电量	兆瓦·时	47 621	38 197.72	1 525	318 086
运行小时数	小时	1 398	231.20	833	2 090
单位发电碳减排	吨/兆瓦·时	0.93	0.30	0.56	1.10
单位装机投资	元/千瓦	13 195.90	4 828.90	5 515.64	30 117.43
单位装机管理运营成本	元/千瓦	228.03	76.90	43	886.48
自有资金比例	%	24.74	1.64	22	25
内部收益率	%	6.55	0.07	3.85	8.11
利率	%	6.50	0.01	4.90	8.06
折旧率	%	5.00	0.01	4.75	9.70

三、模型结果

本节首先根据上一节中相关太阳能光伏发电项目数据估算其 LCOE 值。其次通过比较项目 LCOE 值与其相应的优惠上网电价分析项目盈利情况。最后，本节将分析碳减排政策对光伏发电项目 LCOE 和盈利能力的影响。

（一）太阳能光伏发电项目 LCOE

本节基于第二章中可再生能源发电项目 LCOE 方法以及上节中相关数据，估算 439 个我国太阳能光伏发电 LCOE 以及相应的边际发电成本曲线。如图 5-5 所示，横坐标表示一年中所有太阳能光伏发电项目累计装机容量，纵坐标表示每个项目 LCOE 值。从图 5-5 中可以看出，所有太阳能光伏发电项目累计装机容量为 1 502.8 万千瓦，其 LCOE 值范围为 0.55 元/千瓦·时至 1.98 元/千瓦·时，其中位数和平均值分别为 1.05 元/千瓦·时和 1.09 元/千瓦·时。因此，目前我国光伏发电成本较传统燃煤发电成本更高。

元/千瓦·时

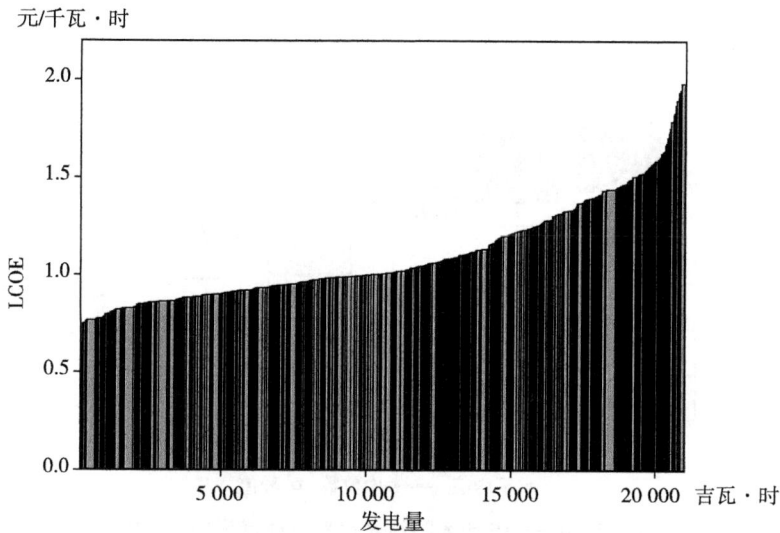

图 5-5　太阳能光伏发电项目 LCOE 值

作为一种新兴的发电技术，太阳能光伏发电随着学习效应的扩散仍有很多成本下降的潜力，其光伏发电 LCOE 将逐年下降。图 5-6 表示 2010—2015 年太阳能光伏发电项目平均 LCOE 变化值。如图 5-6 所示，光伏发电项目平均 LCOE 值从 2010 年的 1.69 元/千瓦·时下降至 2015 年的 0.96 元/千瓦·时，下降幅度达 43.2%，其 LCOE 中位数从 2010 年的 1.74 元/千瓦·时下降至 2015 年的 0.95 元/千瓦·时，下降幅度达 45.4%。太阳能光伏发电 LCOE 下降主要由投资成本下降特别是 2010 年以来太阳能光伏模块价格下降因素推动（Zhang 等，2012）。国际能源署报告显示（IEA，2008），太阳能光伏组件成本从 2010 年的 2 美元/瓦下降至 2014 年的 0.8 美元/瓦，其成了光伏发电成本下降的主要推动因素。

根据太阳能资源条件，国家发展改革委在 2013 年将全国分为三类太阳能资源区域。图 5-7 表示了我国三类太阳能资源区域平均 LCOE 值。三类区域平均 LCOE 分别为 1.10 元/千瓦·时、1.12 元/千瓦·时和 1.21 元/千瓦·时。

元/千瓦·时

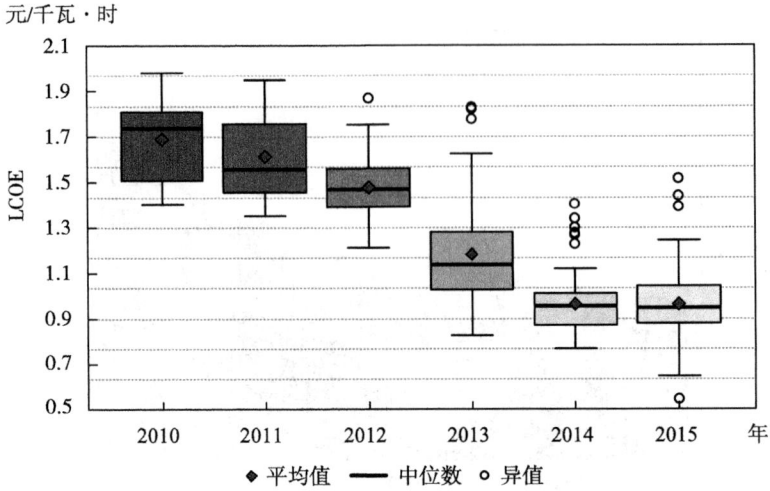

图5-6 2010—2015年太阳能光伏发电项目平均LCOE值

元/千瓦·时

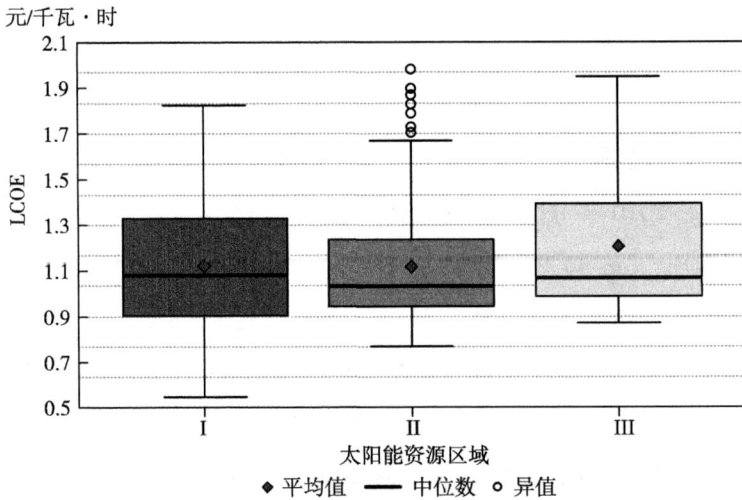

图5-7 三类太阳能资源区域平均LCOE值

另外，太阳能光伏发电项目LCOE与其装机容量也有一定的相关关系。如图5-8所示，本节将所有光伏发电项目装机容量分为三类：0~20兆瓦、20~50兆瓦和50~210兆瓦，其平均LCOE分别为1.21元/千瓦·时、1.08元/千瓦·时和1.05元/千瓦·时，LCOE中位值分别为1.13元/千瓦·时、1.02元/千瓦·时和0.98元/千瓦·时。由此可知，光伏发电项目LCOE随装机容量的增加呈下降趋势，且我国太阳能光伏发电行业存在经济规模效应。

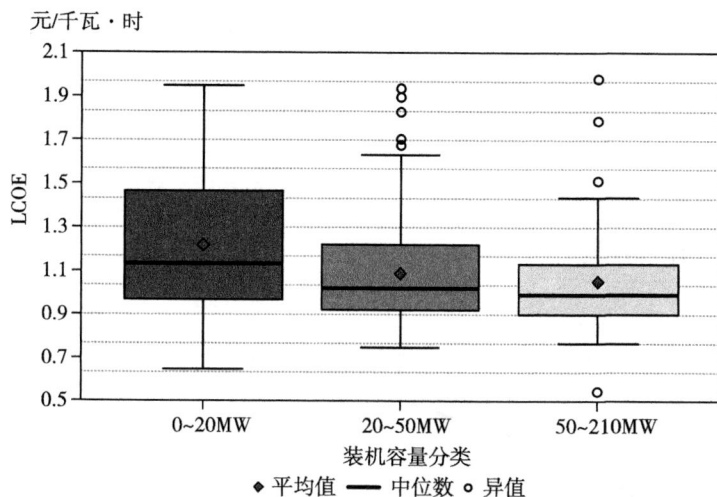

图 5-8 三类光伏发电装机容量平均 LCOE 值

　　根据陆上太阳能光伏发电 LCOE 值和相应获得的优惠上网电价，本节确定了所有项目的盈利能力，并将其分为盈利项目和非盈利项目。盈利项目表示其优惠上网电价，FIT 大于其 LCOE 值，即 FIT-LCOE>0；否则该项目为非盈利项目，即 FIT-LCOE≤0。通过比较光伏发电项目 LCOE 与项目设计文件中公布的项目优惠上网电价，约有 40.09% 的光伏发电项目可以实现盈利。

　　下面本节分析我国太阳能光伏发电项目弃光率。首先根据中国气象局公布的 2015 年各地区年平均光照小时数，本节将估算各光伏发电项目弃光率，如式（5.1）所示：

$$\gamma_j = \frac{Ca_j \times H_j - E_j}{E_j} \tag{5.1}$$

其中，γ_j 表示光伏发电项目 j 弃光率，Ca_j 表示项目 j 装机容量，H_j 表示项目 j 年平均光照小时数，E_j 表示项目 j 发电量。如图 5-9 所示，我国太阳能光伏发电项目弃光率范围为 0~74%，平均值和标准差分别为 24% 和 12.4%。结果表明，目前我国太阳能光伏发电存在严重的弃光问题。根据本节对于弃光率的估算，我国有四分之一的太阳能光伏发电无法接入电网。另外，我国西部地区弃光问题更为严重，这也间接导致了光伏发电项目 LCOE 增加，使项目盈利能力下降。

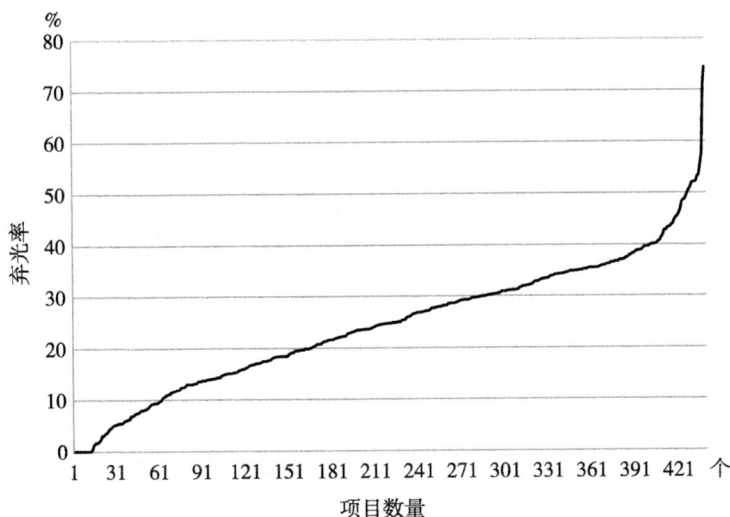

图 5-9　太阳能光伏发电项目弃光率

为了进一步分析弃光率对我国太阳能光伏发电项目 LCOE 的影响，本节估算了在无弃光率条件下，即所有光伏发电都接入电网项目 LCOE 值。如图 5-10 所示，光伏发电项目平均 LCOE 和中位数分别为 0.92 元/千瓦·时和 0.83 元/千瓦·时，较基准情景（平均弃风率约为 25%）下 LCOE 下降约 0.2 元/千瓦·时。另外，通过比较无弃光条件下光伏发电项目 LCOE 值与其相应的优惠上网电价，其盈利比例增加为 74.9%，较基准情景（盈利比例为 40.09%）增长了 34.9%。结果也进一步表明，光伏发电弃光问题对于项目盈利能力具有明显的副作用，而降低弃光率可以有效地降低项目 LCOE 值，提高项目盈利能力。

元/千瓦·时

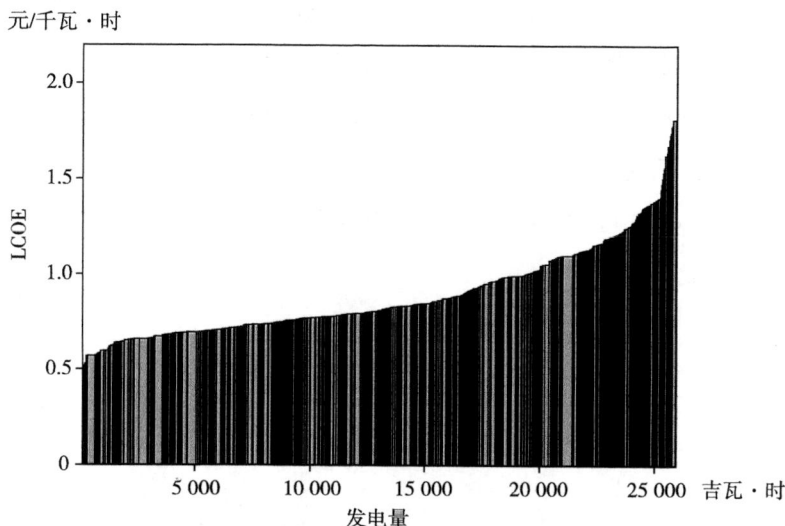

图 5-10　在无弃光条件下太阳能光伏发电项目 LCOE 值

（二）碳定价政策对光伏发电项目盈利能力影响

根据上一节的分析，光伏发电弃光率对于项目盈利能力有显著的负效应，其成为未来我国光伏发电行业持续发展的主要障碍，该问题也已引起了我国政府的注意（NEA，2016）。然而，有许多因素制约着太阳能光伏发电并网与导致高弃光率，包括技术壁垒、电力系统的管理制度、经济增长放缓和随之而来的低电力需求等导致的与燃煤发电更激烈的竞争，这些问题都无法在短期内解决。与此同时，我国太阳能光伏发电优惠上网电价已处于退坡机制中且该退坡机制将要持续。在此背景下，光伏发电项目盈利能力将进一步变差。作为一个新兴的制度，即将到来的全国统一碳市场将提供太阳能光伏投资额外激励，作为项目的投资者可以申请中国核证减排量减排（CCER），并通过在全国碳市场中出售 CCER 而获得碳减排收益。本节将探讨即将到来的全国统一碳定价政策对太阳能光伏项目盈利能力的潜在影响。

一方面，图 5-11 展示了碳定价政策对太阳能光伏项目 LCOE 的影响，即光伏项目 LCOE 随碳价格增长而下降。当碳价格为 50 元/t CO_2 时，太阳能光伏发电项目 LCOE 平均值和中位值较无碳定价政策的 1.08 元/千瓦·时和 0.99 元/千瓦·时下降为 1.13 元/千瓦·时和 1.04 元/千瓦·时。而当碳价格进一步增长为 200 元/t CO_2 时，太阳能光伏发电项目 LCOE 平均值和中位值下降为 0.94 元/千瓦·时和 0.86 元/千瓦·时。通过比较有无碳定价政策下光伏发电项目 LCOE 可知，碳定价政策对项目 LCOE 下降影响较小，而其仍然较燃煤发电成本高。

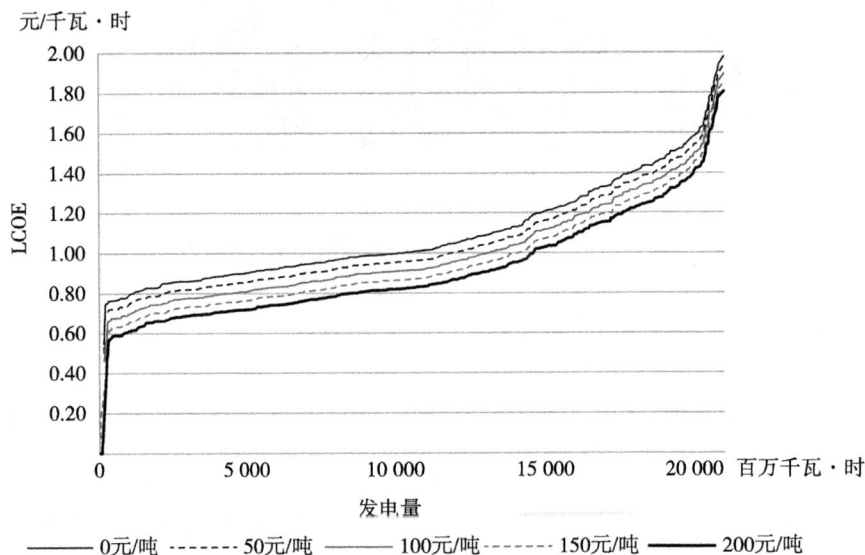

图 5-11　在弃光条件下碳定价政策对太阳能光伏发电项目 LCOE 的影响

另一方面，图 5-12 展示了碳定价政策对太阳能光伏项目发电盈利能力的影响，即光伏发电项目盈利比例随碳价格的增长而提高。当碳价格从 0 元/t CO_2 增长为 50 元/t CO_2 时，光伏发电项目盈利比例从 40.1% 增长为 49.8%，而当碳价格进一步增长为 200 元/t CO_2 时，项目盈利比例提高至 69.7%。可是，当光伏发电优惠上网电价下降时，光伏发电项目盈利能力进一步被削弱。如图 5-12 所示，当优惠上网电价下降 0.15 元/千瓦·时，即太阳能资源一类区域实现平价上网时，即使碳价格为 200 元/t CO_2，光伏发电项目盈利比例也仅为 48%。

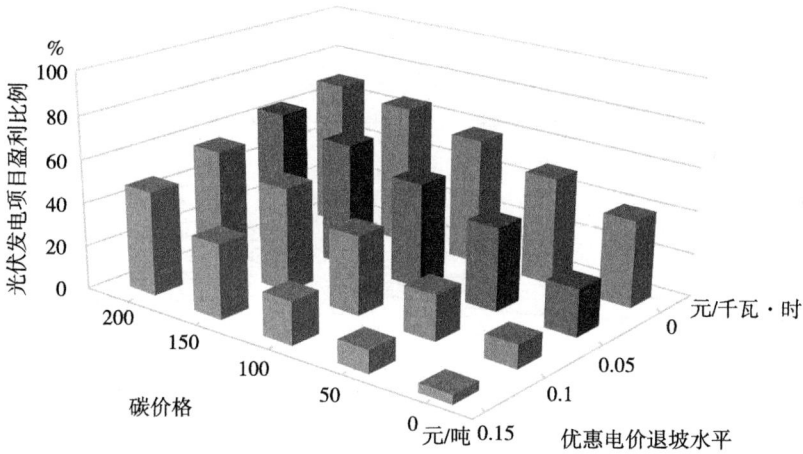

图 5-12　弃光条件下碳定价政策与优惠电价政策对项目盈利比例的影响

图 5-13 和图 5-14 表示了在无弃光条件下，碳定价政策对太阳能光伏项目 LCOE 以及盈利比例的影响。一方面，如图 5-13 所示，当碳价格为 50 元/t CO_2 时，太阳能光伏发电项目 LCOE 平均值和中位值为 0.92 元/千瓦·时和 0.76 元/千瓦·时。而当碳价格增长为 200 元/t CO_2 时，太阳能光伏发电项目 LCOE 平均值和中位值进一步下降为 0.77 元/千瓦·时和 0.63 元/千瓦·时，接近销售电力价格，而其中一些项目甚至低于燃煤发电成本。

另一方面，如图 5-14 所示，当碳价格为 50 元/t CO_2 时，太阳能光伏发电项目盈利比例接近 80%，而当碳价格增长为 200t CO_2 时，项目盈利比例更是超过 90%。而即使当光伏发电优惠上网电价下降 0.15 元/千瓦·时，光伏发电项目盈利比例也高达 75%。

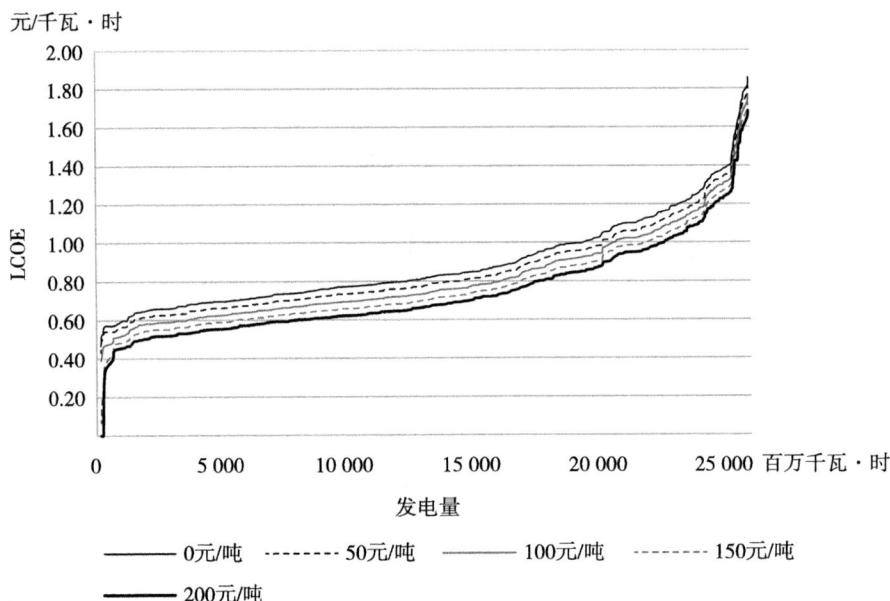

图 5-13　无弃光条件下碳定价政策对太阳能光伏发电项目 LCOE 的影响

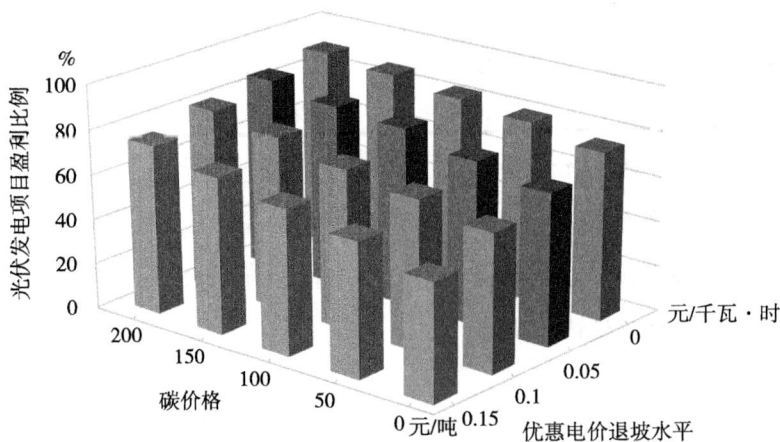

图 5-14　弃光条件下碳定价政策与优惠电价政策对项目盈利比例的影响

　　综上所述，目前在弃光条件下，虽然碳定价政策可以促进光伏发电项目盈利能力，但其效果并不显著；而在无弃光条件下，所有光伏发电都接入电网，碳定价政策对于促进项目盈利能力更为显著。结果表明，由于光伏发电项目投资者获得的核证减排量的估算包括光伏发电实际上网电量，因此如果不解决弃光问题，碳定价政策对太阳能光伏发电项目盈利能力的促进作用将十分有限。

四、本章小结

近年来，我国太阳能光伏发电行业经历了快速发展，然而在其发展过程中仍然面临很多障碍以及挑战，包括太阳能光伏发电高成本、可再生能源发电补贴缺口、优惠上网电价快速退坡以及高弃光率等。因此，对于我国光伏发电行业能否持续稳定的增长以及如何优化政策工具存在很多争议。本章根据 2010—2015 年 439 个太阳能光伏发电项目相关数据，评估了现有政策下太阳能光伏发电项目盈利能力以及碳定价政策对于项目盈利能力的影响。然后，通过比较其 LCOE 值以及相应的优惠上网电价分析了项目盈利能力。主要结论如下：

虽然太阳能光伏发电成本近些年下降明显，但是根据本章分析，光伏发电整体成本仍然高于燃煤发电成本，这意味着短期内光伏发电很难与传统化石燃料发电形成竞争。另外，通过比较光伏发电 LCOE 值与相应优惠上网电价，结果表明在现有政策下，将近 60% 的光伏发电项目无法盈利，其影响了未来我国光伏发电行业进一步的发展。

根据目前的研究，很多因素会影响光伏发电项目发电成本以及盈利能力，包括投资成本、管理运营成本、弃光问题等，本章实证结果表明弃光率对我国太阳能光伏发电成本影响显著。而根据所有项目弃光率的估算，我国光伏发电项目平均弃光率为 24%，而在太阳能资源较丰富的西部地区，如甘肃、新疆，弃光率接近 30%。另外，本章结果表明太阳能资源一类区域光伏发电 LCOE 较其他地区更低。

此外，除了太阳能光伏发电的弃光问题，电力定价机制或优惠上网电价政策是影响光伏发电项目的盈利能力的另一关键因素。近年来，我国太阳能光伏发电优惠上网电价下降迅速，其从 2010 年的 1.15 元/千瓦·时下降至

2016 年的 0.75 元/千瓦·时，直至实现 2020 年光伏发电售电侧平价上网。该优惠上网电价下降可以在一定程度上反映我国光伏发电整体成本的下降，但政府应该在现有弃光条件下，仔细评估太阳能光伏发电优惠上网电价政策。在较高的弃光条件下，光伏发电项目 LCOE 不如预期水平下降得快，此时为了向现在的光伏发电投资提供足够的激励，优惠上网电价政策下降趋势应减缓。

在全国统一碳市场视角下，光伏发电投资者可以出售相应核证减排量而获得额外碳减排收益。本章结果表明，碳定价政策对于光伏发电相应盈利能力的影响不仅取决于碳价格水平，而且还取决于光伏发电弃光率。如当碳价格为 50 元/t CO_2 时，碳定价政策对于项目盈利能力的提升效果有效，这表明今后要促进太阳能光伏发电投资，应该进一步提高碳价格。此外，本章研究结果也显示了对光伏发电投资的激励不仅仅应通过增加碳价格来提供，而增强光伏发电上网能力以及减少弃光率是提升碳定价政策效果的先决条件。如在弃光率现状条件下，碳价格为 50 元/t CO_2 时，光伏发电项目盈利比例仅为 49.8%。然而解决弃光问题之后，光伏发电项目盈利比例提升至 80%。这是由于光伏发电项目投资者获得的核证减排量的估算包括光伏发电实际上网电量，因而如果不解决弃光问题，碳定价政策对太阳能光伏发电项目盈利能力的促进作用将十分有限。因此，为了应对光伏发电优惠上网电价退坡机制，除了大力发展碳定价政策以外，更应该着力解决严重的弃光问题，并结合其他降低弃光率的多种政策，促进光伏发电行业持续发展。

第六章　实现陆上风电平价上网的碳金融政策效果分析

2016 年 12 月，国家能源局发布了《可再生能源发展"十三五"规划》（以下简称《规划》），《规划》提出了 2020 年我国陆上风电在发电侧实现平价上网，这也意味着我国陆上风电优惠上网电价政策将长期处于退坡阶段。本章首先基于第三章中我国陆上风电 2006—2015 年数据库，估算了我国陆上风电学习率。本章利用一套严谨的方法构建了平准化发电成本（Levelized Cost of Electricity，LCOE）估算方法，并根据《电力行业"十三五"规划（2015—2020）》以及国际能源署（IEA）关于我国 2016—2050 年陆上风电预期装机容量，估算了我国陆上风力发电成本演化路径（2016—2025 年）。然后，本章提供了我国陆上风电项目 LCOE 值中相关数据依据，比如初始投资成本、弃风率、折现率以及运营维护成本等。通过比较估算的 2020 年陆上风电 LCOE 值以及我国燃煤发电上网电价，本章探讨了碳减排政策对于我国陆上风电 2020 年实现平价上网的促进作用。

一、问题的提出

众所周知，可再生能源电力有利于我国实现能源可持续供应以及促进环境保护。而可再生能源电力补贴，如可再生能源优惠上网电价政策，对于我国可再生能源发展具有重要作用（Lesser 和 Su，2008）。但是截至 2015 年底，我国可再生能源补贴资金累计缺口已经超过了 410 亿元，而到 2020 年补贴资金累计缺口将超过 3 000 亿元。因此，我国现有的可再生能源优惠电价将不适应于我国可再生能源电力的快速发展，而巨大的资金缺口已成为我国可再生能源电力工业持续发展的最大障碍。为了解决可再生能源补贴的资金缺口问题，一些学者认为，我国可再生能源长期发展目标是实现可再生能源电力无补贴平价上网（Yao 等，2015；Moro 和 Duart，2013；Esteban 和 Leary，2012）。2016 年 12 月，国务院发布的《可再生能源"十三五"规划（2016—2020）》提出了我国将在 2020 年陆上风力发电实现发电侧平价上网。本章将分析在现有条件下我国是否能在 2020 年风力发电实现平价上网。

针对该问题，本章将利用学习曲线以及平准化发电成本理论方法。一方面，学习曲线理论广泛利用于评估发电技术成本演化路径（Zhang 等，2009；Yao 等，2015）。目前有一些学者评估了我国可再生能源发电学习率。Qiu 和 Anadon（2012）基于 2003—2007 年我国风电场投标数据计算了我国风电学习率为 4.1% 至 4.3%。Yao 等（2015）基于 2004—2011 年我国 30 个省份 1 207 个风电项目数据估算了风电项目学习率为 4.4%。另一方面，LCOE 方法表示风电场在建设以及运营期间净折现成本。LCOE 方法也广泛应用于估算风电成本下降趋势。

本章首先基于学习效应以及成本有效性评估了我国陆上风电投资学习率。其次，本章利用折现现金流方法（Discounted Cash Flow，DCF）以及学习率估算了我国 2016—2025 年陆上风电成本演化路径。最后，本章根据关键变量灵敏度分析，探讨了碳减排政策对于我国陆上风电实现 2020 年平价上网的促进作用。

本章的贡献主要有两个方面。首先，本章基于第三章中我国 2006—2015 年陆上风电项目数据库，估算陆上风电学习率。目前研究中对于我国陆上风电学习率估算数据主要停留在 2011 年（Yao 等，2015；Qiu 和 Anadon，2012；Yu 等，2017；Yuan 等，2016）。然而 2011—2015 年我国风电产业发展迅速，风电累计装机容量世界第一（BP，2020）。本章对于估算我国陆上风电学习率提供了全新的视角。其次，本章在传统风电 LCOE 估算方法中纳入了陆上风电项目减排收益（Moro 和 Duart，2013；Yao 等，2015）。作为我国陆上风电优惠电价政策的有效补充，自 2006 年以来碳补偿制度促进了我国可再生能源发电的发展，其允许可再生能源发电成本较低的发展中国家申请清洁发展机制，从而得到一定的碳减排收益（Lewis 等，2010；Zhang 等，2009；Tang 和 Popp，2016）。一些学者也相信碳补偿机制可以有效地促进发展中国家可再生能源产业发展，提高相关产业经济效益（Jacques 等，2013；Wang 和 Chen，2010）。因此，本章将我国陆上风电可能的碳减排收益纳入平价上网评估分析之中。

二、模型方法

本节分别根据传统 LCOE 方法以及学习率估算方法，构建了基于学习率的陆上风电项目 LCOE 计算方法。

基于第三章中 LCOE 方法，本节构建了我国陆上风电成本演化路径。如式（6.1）所示：

$$\text{LCOE}_i = \left(\sum_{n=0}^{N} \frac{C_{in} + O\&M_{in} - P_c \times ER_{in}}{(1+r)^n} \right) \bigg/ \left(\sum_{n=0}^{N} \frac{E_{in}}{(1+r)^n} \right) \tag{6.1}$$

其中，第 i 种能源 C_{in} 表示初始投资成本；P_c 表示碳价格；ER_{in} 表示第 i 种能源在第 n 年风电碳减排量；r 表示可再生能源发电折现率；$O\&M_{in}$ 表示项目管理运营成本。为了简化起见，本节假设管理运营成本由固定的单位上网电量管理运营率以及实际发电量组成，如式（6.2）所示：

$$O\&M_{in} = O\&M_i \times E_{in} \tag{6.2}$$

其中，E_{in} 表示第 i 种能源在第 n 年实际上网电量，其由第 i 种能源在第 n 年装机容量 Q_{in} 以及年利用小时数 H_{in} 组成。另外，本节将第 i 种能源弃风或弃光率 η_i 纳入分析范围之中，其表示弃风电量或弃光电量与预期上网电量的比例。故第 n 年风电实际上网电量可表示为：

$$E_{in} = Q_{in} \times H_{in} / (1 + \eta_i) \tag{6.3}$$

因此，基于式（6.1）至式（6.3）第 i 种能源在第 n 年 LCOE 可表示为：

$$\text{LCOE}_{in} = \left(\sum_{n=0}^{N} \frac{C_{in} + O\&M_{in} \times Q_{in} \times H_{in}/(1+\eta_i) - P_c \times ER_{in}}{(1+r)^n} \right) \bigg/$$

$$\left(\sum_{n=0}^{N} \frac{Q_n \times H_n/(1+\eta)}{(1+r)^n} \right) \tag{6.4}$$

之后本节估算了 2016—2025 年中第 i 种能源在第 n 年发电成本演化路径。本节将利用对数形式的学习曲线估算第 n 年可再生能源投资成本 C_{in}，如式（6.5）所示：

$$Log(C_{in_2}) = -b_i \times (Log(Q_{in_2}) - Log(Q_{in_1}) + Log(C_{in_2}) \tag{6.5}$$

其中，C_{n1} 和 C_{n2} 表示第 i 种能源在第 n_1 年 以及 n_2 年风电投资成本，而 Q_{in1} 和 Q_{in2} 表示第 n_1 年以及 n_2 年风电装机成本。根据式（6.5），学习曲线可表示为：

$$\frac{C_{in_2}}{C_{in_1}} = \left(\frac{Q_{in_2}}{Q_{in_1}} \right)^{-b_i} \tag{6.6}$$

其中，b_i 表示式（6.6）中学习曲线斜率。根据学习率公式，如式（6.7）所示：

$$1 - LR_i = 2^{-b_i} \rightarrow -b_i = Log(1-LR_i)/Log(2) \tag{6.7}$$

因此，第 i 种能源在第 n 年初始投资成本可表示为：

$$C_{in} = C_{i0} \left(\frac{Q_{in}}{Q_{i0}} \right)^{Log(1-LR_i)/Log(2)} \tag{6.8}$$

式（6.8）表示第 i 种能源在第 n 年初始投资成本由第 n 年装机容量、基年投资成本以及装机容量有关。而风电投资成本下降趋势由学习率 LR 决定。因此，结合式（6.8）以及第 i 种能源 LCOE 可表示为：

$$\text{LCOE}_{in} = \left(\sum_{n=0}^{N} \frac{Ci_0\left(\frac{Qi_n}{Q_{i0}}\right)^{\frac{Log(1-LR_i)}{Log(2)}} + O\&M_i \times Q_{in} \times \frac{H_{in}}{1+\eta_i} - P_c \times ER_{in}}{(1+r)^n} \right) \bigg/$$

$$\left(\sum_{n=0}^{N} \frac{Q_{in} \times H_{in}/(1+\eta_i)}{(1+r)^n} \right) \tag{6.9}$$

三、模型参数估计

本节将介绍在可再生能源 LCOE 估算过程中主要变量的取值。首先，本节将介绍陆上风电项目初始投资成本。项目初始投资成本包括项目在建设阶段的所有初始投资，比如风电轮机成本以及其他可再生能源电力上网成本、人力成本等。近年来，由于能源行业补贴政策对发电设备技术进步的促进作用，我国风力轮机成本大幅下降。基于第三章中关于我国 2 059 个陆上风电项目相关数据，本节收集整理了所有发电项目单位装机初始投资成本数据，如表 6-1 所示。

表 6-1　我国近年来陆上风电项目平均投资成本

参数类型	2006 年	2010 年	2013 年	2015 年
陆上风电项目平均投资成本（元/千瓦）	11 212.53	8 074.39	6 847.66	6 584.61

运营维护成本是可再生能源发电成本估算中的重要组成部分，其中包括服务费用、备件费用、保险费用、管理和其他费用。我国陆上风电项目正处于快速发展阶段，然而相关发电项目的运营维护成本数据却有限。此外，由于陆上风电建设企业的管理经验、管理理念以及相关管理方法各不相同，因此本节根据国际能源署关于陆上风电项目相关运营维护成本数据（IEA，2014），假设我国陆上风电项目单位发电管理运营成本为 0.1 元/千瓦·时。但由于可再生能源发电技术的进步以及相关劳动力成本的变化，未来 10~40 年内可再生能源发电管理运用成本将很难预测。因此，本节统一假设陆上风电项目管理运营成本保持不变。

根据式（6.3）所示，可再生能源上网电价受装机成本、弃风弃光率以及年运营小时数影响显著。为了估算我国 2018—2025 年陆上风力发电量（2016 年与 2017 年相关数据可通过国家统计局以及国家能源局网站查询到），本节将分别估算陆上风电装机容量、弃风弃光率以及年运行小时数。

首先，根据国家能源局发布的《2010 年中国风电装机容量统计》《2015 年风电并网运行情况》，我国 2010 年与 2015 年风电装机容量分别为 4 478 万千瓦与

1.29 亿千瓦。而国务院发布的《可再生能源"十三五"规划（2016—2020）》显示，我国 2020 年陆上风电累计装机容量将达到 2.05 亿千瓦。另外，根据国际能源署发布的《中国风力能源发展技术路线图》预测，2030 年和 2050 年，我国陆上风电累计装机容量将达到 4 亿千瓦和 10 亿千瓦，如表 6-2 所示。

表 6-2　2010—2050 年我国陆上风电累计装机容量预测

参数类型	2010 年	2015 年	2020 年	2030 年	2050 年
累计装机容量（百万千瓦）	44.78	129	205	400	1 000

根据表 6-2 中各年累计装机容量，本节将估算我国陆上风电装机容量增长路径以实现表中所预设的增长目标。本节通过比较不同增长路径的拟合优度，比如线性函数增长、指数型增长、逻辑斯蒂函数增长（S 形增长），本节将采用二次函数型增长路径拟合不同年份陆上风电累计装机容量增长路径，如表 6-3 所示。

表 6-3　陆上风力发电增长路径表达式

发电技术	函数形式	函数表达式
陆上风力发电	二次函数	$Q(t) = 52.8 + 11.8 \times (t - 2\,010) + 0.3 \times (t - 2\,010)^2$

图 6-1 表示根据表 6-3 中陆上风电增长路径表达式拟合出的增长函数。由图 6-1 可知，我国陆上风电尚处于快速增长阶段，未来仍具有较大的发展潜力。

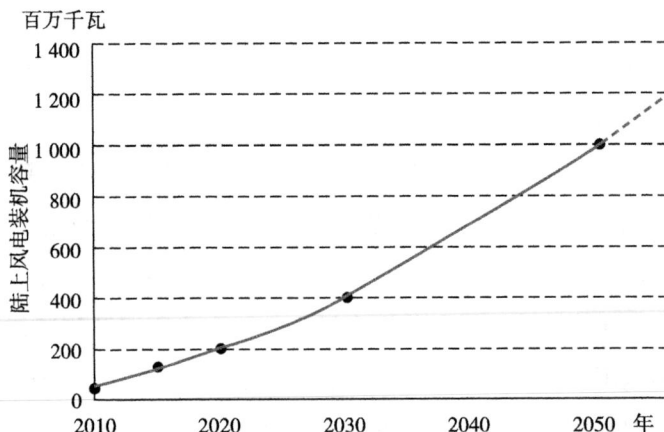

图 6-1　2010—2035 年我国陆上风电累计装机容量增长路径预测

可再生能源尤其是陆上风电弃风问题受到了很多研究者的关注。美国国家可再生能源实验室将弃风问题定义为可再生能源如风力资源以及太阳能资源发电的减少量（NREL，2014）。根据国家能源局发布的《2015年风电并网运行情况》，我国2015年陆上风电弃风率为15%。而为了进一步提高陆上风电行业发展，国家能源局与国家发展改革委在2016年统一发布了《推进多能互补集成优化示范工程建设的实施意见》，要求2020年我国陆上风电弃风率控制在5%以内。基于此政策目标，本节假设我国陆上风电弃风率在2016—2020年将以线性形式均分别下降至5%，而在2020年后，本节假设弃风率保持在5%不变。

由于不同地区地理位置以及气候条件不同，因而其可再生能源年利用小时数差异也较大。本节根据国家能源局发布的《2015年风电并网运行情况》，估算了我国陆上风电年平均利用小时数为1 987.2小时。

折现率对于可再生能源发电项目LCOE值的估算具有重要影响，其表示投资资金的时间价值，反映了发电项目投资风险情况。根据不同研究者的假设，本节将陆上风电折现率设为8%。另外，可再生能源发电项目减排量是估算其LCOE当中另一个重要因素。首先，根据CDM方法学中关于电网排放因子的设定，电网排放因子由电量边际排放因子（OM）和容量边际排放因子（BM）组成，如式（6.10）所示：

$$EF = w_{OM} \cdot EF_{OM} + w_{BM} \cdot EF_{BM} \tag{6.10}$$

其中，权重因子ω_{OM}和ω_{BM}分别为0.75和0.25。而根据我国2015年平均排放因子统计表，电量边际排放因子与容量边际排放因子分别为0.9625与0.4225 t CO_2/兆瓦·时。因此根据式（6.10），我国2015年电网排放因子为0.8275t CO_2/兆瓦·时。故可再生能源发电项目第n年碳减排量可表示为：

$$ER_n = BE_n = E_n \cdot EF \tag{6.11}$$

其中，电网基准排放量BE_n表示电网排放因子EF与可再生能源发电项目实际上网电量E_n的乘积。

四、模型结果分析

本节将根据上两节中模型方法和模型参数估计，分别估算我国陆上风电学习率以及成本下降路径。

（一）学习率估算

本节利用第三章中我国陆上风电项目数据库相关数据，提取整理了 2 059 个陆上风电项目单位投资成本数据，并结合图 6-1 中我国陆上风电装机容量增长路径以及式（6.4）中学习率模型，估算了我国 2006—2015 年陆上风电学习率，如表 6-4 所示。

表 6-4　单因素学习模型估算

参数	数值
累计装机容量（$\ln Q_n$）	0.1106（0.004）
常数项（Constant）	1.43（0.03）
拟合优度（R^2）	0.7889
项目个数	2 059
自相关检验（Wooldrige test）	13.466 *** ①
异方差检验（Wald test）	Chi2 = 1.6e+13 *** ①

注：①*** 表示显著水平 1%。

由表 6-4 可知，可再生能源累计装机容量对其发电项目投资成本下降具有重要影响。结果表明，陆上风电项目学习系数（α）为 0.1106，其相应的学习率（LR）为 7.5%。实际上，可再生能源发电技术在发达国家的广泛应用也催生了我国可再生能源行业的迅速发展。而可再生能源发电技术的成熟又引发了学习效应，导致发电成本逐步下降。但由于可再生能源的波动性以及地理范围等因素导致可再生能源学习率差异较大，因此接下来将分析不同学习率下陆上风电 LCOE 值下降路径。

（二）陆上风电成本下降路径

2016 年 12 月，国务院发布的《可再生能源"十三五"规划（2016—2020）》提出了我国在 2020 年陆上风力发电实现发电侧平价上网，这也意味着我国可再生能源优惠电价在 2020 年实现完全退坡。本节根据上节中学习率估算 2016—2020 年我国陆上风电 LCOE 值，并探讨 2020 年我国陆上风电能否实现平价上网以及相应的条件。在此之前，本节将分析我国煤电上网电价变动趋势。

2016 年国家发展改革委发布了《关于完善煤电燃煤机组标杆上网电价与煤价联动计算公式》，如式（6.12）所示，本期燃煤机组上网电价调整水平 ΔP（单位为分/千瓦·时）由上期燃煤发电企业电煤（电煤热值为 5 000 大卡/千克）价格变动量 ΔP_{caol} 以及上期供电标准煤耗（标准煤热值为 7 000 大卡/千瓦）θ_{caol} 共同决定：

$$\Delta P = \Delta P_{coal}/5\,000 \times 7\,000 \times \theta_{coal}/10\,000 \qquad (6.12)$$

根据国家发展改革委网站公布的《我国电煤价格指数（2004—2018）》可知，2014 年我国平均电煤价格指数为 444.44 元/吨，而 2017 年以来我国电煤价格较 2014 年水平上升幅度为 46.47 元/吨至 91.74 元/吨。故本节假设我国电煤价格指数最大变动幅度不超过 100 元/吨，燃煤机组上网电价最大调整水平为 2.9 分/千瓦·时。因此，基于国家发展改革委公布的 2016 年我国平均煤电上网电价（0.3644 元/千瓦·时），我国煤电上网电价为 0.345 元/千瓦·时至 0.393 元/千瓦·时。

图 6-2 对比了 2016—2025 年我国陆上风电成本下降路径与燃煤发电上网电价。我国陆上风电 LCOE 从 2016 年的 0.41 元/千瓦·时下降至 2025 年的 0.36 元/千瓦·时。由图 6-2 可知，我国陆上风电在 2016 年燃煤发电上网电价水平下将在 2023 年实现平价上网，在 0.3934 元/千瓦·时（燃煤最大上网电价）水平下可在 2020 年实现平价上网。而在 0.3354 元/千瓦·时（燃煤最小上网电价）水平下陆上风电将无法在 2025 年前实现平价上网。

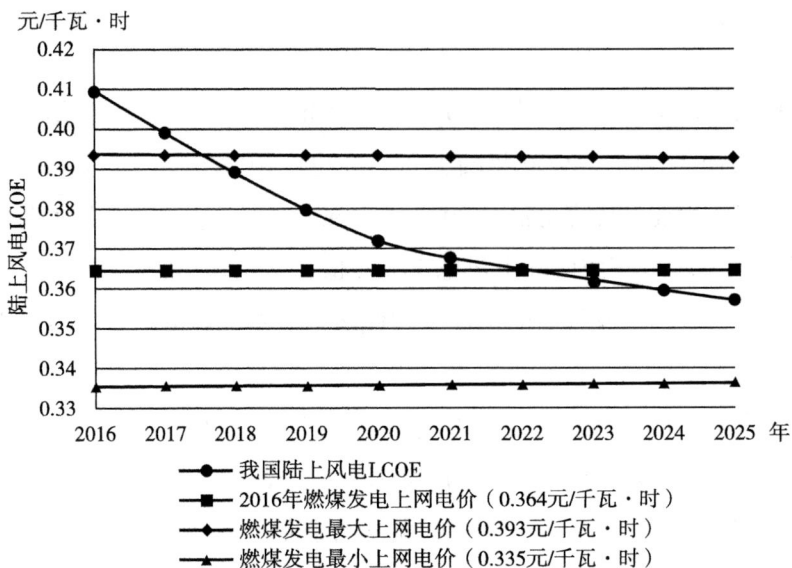

图 6-2　2016—2025 年我国陆上风电成本下降路径预测

　　作为一种代表性的碳金融政策，清洁发展机制是一种发展中国家可再生能源发电项目激励机制，提供了我国可再生能源发电项目经济资助。在此清洁发展机制中，我国可再生能源发电项目可以在清洁发展机制项目平台上提交申请，相关机构根据项目运行情况审核批准一定数量的核证减排量并允许在清洁发展机制平台上交易，一旦交易完成，风电项目将获得一定比例的资金支持。截至 2012 年底，我国已有 1500 多家可再生能源发电项目获得资助。可是，由于欧洲整体经济疲软等原因，核证减排量需求下降。截至 2012 年，清洁发展机制中碳价格下降到了 1 欧元/吨左右。而此碳价格水平将不足以促进可再生能源发电行业的进一步发展。为了进一步促进我国可再生能源电力的发展，国家发展改革委在 2015 年发布通知，决定建立中国自愿减排交易平台。但此平台目前尚处于初步运行阶段，交易细则仍然不够透明，碳价格主要以交易双方协商的形式产生。在此背景下，碳金融政策对于风电的进一步发展仍然存在一定的争议。2017 年 12 月 18 日，国家发展改革委正式发布了《全国碳排放权交易市场建设方案（发电行业）》。国家统一碳排放权交易市场的建立将产生全国统一碳价格，而这也可能给我国可再生能源电力的进一步发展提供新的机遇。在此背景下，本节将分析碳金融政策对于我国陆上风电成本下降以及平价上网的促进作用。

本节分析了四种碳价格水平下陆上风电成本下降趋势，比如 0 元/吨，此情景为图 6-3 中基准情景；10 元/吨，接近于我国碳价格最低水平；35 元/吨，接近于我国碳价格平均水平；60 元/吨，接近于我国碳价格最高水平。如图 6-3 所示，陆上风电 LCOE 随碳价格增加呈下降趋势。当碳价格为 10 元/t CO_2 时，陆上风电 LCOE 从 2016 年的 0.400 元/千瓦·时下降至 2025 年的 0.349 元/千瓦·时。而当碳价格增长至 60 元/t CO_2 时，陆上风电 LCOE 从 2016 年的 0.360 元/千瓦·时下降至 2025 年的 0.307 元/千瓦·时。当燃煤上网电价为 0.364 元/千瓦·时时，碳价格为 10 元/t CO_2 即可实现平价上网。而当燃煤上网电价下降至 0.335 元/千瓦·时时，碳价格需要提升至 60 元/t CO_2 即可实现平价上网。因此，该结果表明，碳价格不仅对陆上风电 LCOE 下降有一定的促进作用，而且可以促进我国陆上风电提前实现平价上网。

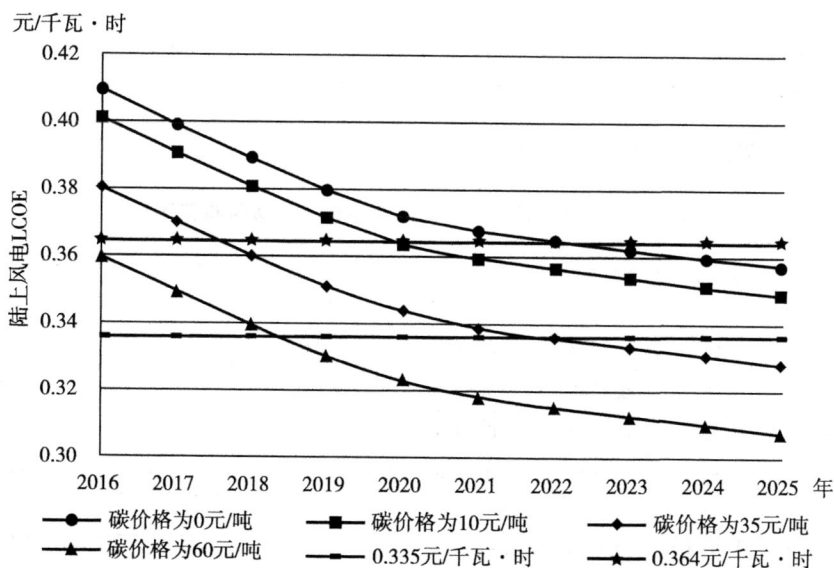

图 6-3　碳金融政策对我国陆上风电实现平价上网影响

由于折现率以及可再生能源发电技术学习率对结果影响较大，因而本节将通过一个灵敏度分析探讨不同折现率以及学习率水平对于陆上风电 LCOE 下降趋势以及碳价格对于促进平价上网的影响。如表 6-5 所示，当折现率为 8% 时，能够实现 2020 年陆上风电平价上网的碳价格范围为 0～41.55 元/t CO$_2$，而当折现率增加为 12% 时，该碳价格范围为 92.93 元/t CO$_2$ 至 163.06 元/t CO$_2$。由此可知，折现率对风电成本影响显著，且折现率越大，相应的投资风险越高，可再生能源发电成本相应越高。

表 6-5　不同折现率下 2020 年平价上网碳价格范围

发电技术	折现率	2020 年 LCOE	最低电价 (元/千瓦·时)	碳价格上限 (元/吨)	最高电价 (元/千瓦·时)	碳价格下限 (元/吨)
陆上风力发电	6%	0.3154	0.3354	0.0000	0.3934	0.0000
	8%	0.3718	0.3354	41.5514	0.3934	0.0000
	10%	0.4105	0.3354	100.7662	0.3934	30.6427
	12%	0.4620	0.3354	163.0608	0.3934	92.9373

表 6-6 表示不同学习率水平下实现 2020 年平价上网达到碳价格范围。当学习率为 4% 时，能够 2020 年实现陆上风电平价上网的碳价格范围为 0～50.66 元/t CO$_2$，而当学习率增加为 10% 时，该碳价格范围为 0～34.83 元/t CO$_2$。由此可知，学习率对陆上风电成本影响较为显著，且学习率越大，相应的可再生能源发电成本下降越快。

表 6-6　不同学习率下 2020 年平价上网碳价格范围

发电技术	学习率	2020 年 LCOE	最低电价 (元/千瓦·时)	碳价格上限 (元/吨)	最高电价 (元/千瓦·时)	碳价格下限 (元/吨)
陆上风力发电	4%	0.3773	0.3354	50.6632	0.3934	0.0000
	6%	0.3730	0.3354	45.4021	0.3934	0.0000
	8%	0.3683	0.3354	39.8311	0.3934	0.0000
	10%	0.3637	0.3354	34.2036	0.3934	0.0000

根据以上分析，虽然碳减排政策可以有效补充由于实现 2020 年平价上网的可再生能源优惠电价退坡机制，但在实际操作中，我国可再生能源发电项目核证减排量交易仍然存在诸多问题。实际上，自 2012 年开始我国可再生能源发电项目在中国自愿减排交易平台上申请交易。在此系统中，我国可再生

能源发电项目可以申请获得相应的中国核证减排量。可是，目前我国核证减排量交易主要存在两大问题。首先需要解决的问题是如何确定 CCER 参与全国碳市场的准入条件。全国碳市场是通过碳排放配额总量控制及交易（Cap-and-Trade）实现碳减排目标，作为碳排放权市场的主要补充，中国核证减排量交易体系的准入条件成为全国碳市场政策设计的一个关键问题。过量的核证减排量进入碳排放权交易市场中会对碳市场造成冲击，削弱碳市场的减排政策效果，影响可再生能源项目投资回报。而核证减排量供应较少，则会减弱可再生能源项目碳资产活力。截至 2017 年 3 月，共有 2 032 个可再生能源发电项目通过了国家发展改革委审核。但是其中允许在全国七大碳排放权交易市场交易的项目仅为 283 个，累计装机容量仅为 1 000 万千瓦，占全国可再生能源总装机容量的 6% 左右。因此，为了进一步规范 CCER 交易，促进可再生能源发电行业发展，国家应该确定 CCER 参与碳市场准入门槛，提高可再生能源发电项目参与碳市场比例，进一步提高可再生能源发电项目能力。其次需要解决的问题是如何合理地确定我国可再生能源发电项目核证减排量定价机制。由于目前我国核证减排量和碳排放配额没有基于市场规律的价格发现机制，核证减排量定价主要靠协商议价，即使碳排放权配额和核证减排量在同一个碳市场内，两者价格差异仍较大。因此，国家应该合理地确定我国碳市场中 CCER 定价机制，促进碳排放配额和核证减排量同质等价，保证可再生能源发电项目碳收益。

五、本章小结

本章首先根据现金流折现方法以及学习曲线方法构建了我国陆上风电 LCOE 估算方法。基于第三章中我国 2006—2015 年 2 059 个陆上风电项目数据库，本章计算了我国陆上风电项目学习率，并以此为依据估算了我国陆上风电 2016—2025 年发电成本下降路径。最后，本章基于我国现存的燃煤发电上网电价以及销售电价，探讨了我国陆上风电能否在 2020 年实现平价上网，并分析了碳减排政策对其实现平价上网的促进作用。

本章主要结论有以下几点：（1）我国陆上风电2006—2015年学习率为7.37%。（2）基于以上学习率，我国陆上风电在折现率为8%的条件下，其LCOE从2016年的0.41元/千瓦·时下降至2025年的0.36元/千瓦·时。（3）我国陆上风电在现有燃煤发电上网电价以及销售电价条件下很难实现平价上网。然而碳金融政策可以在一定程度上提高可再生能源发电项目碳减排收益，有利于促进其2020年实现平价上网目标。（4）通过比较不同折现率以及学习率条件下，陆上风电LCOE值发现，其LCOE随折现率的降低以及学习率的提高而下降，但这仍然不足以支撑其实现2020平价上网目标。碳金融政策的引入有利于可再生能源发电项目实现2020年平价上网目标。

通过本章的分析，我国现有可再生能源核证减排量交易量较小，不足以支撑全部陆上风电实现平价上网目标。基于此现状，本章建议我国政府一方面应尽早确定CCER参与全国碳市场的准入条件，促进CCER市场的健康发展；另一方面应该合理确定CCER定价机制，保证可再生能源电力行业的持续发展。

第七章　实现光伏发电平价上网的绿色电力证书政策影响分析

　　2016 年 12 月，国家能源局发布了《可再生能源发展"十三五"规划》（以下简称《规划》），《规划》提出了 2020 年我国光伏发电在售电侧实现平价上网，这也意味着我国光伏发电优惠上网电价政策将长期处于退坡阶段。本章首先基于第五章中我国光伏发电 2010—2016 年数据库，估算了我国光伏发电学习率。本章利用一套严谨的方法构建了平准化发电成本（Levelized Cost of Electricity，LCOE）估算方法，并根据《电力行业"十三五"规划（2015—2020）》以及国际能源署（IEA）关于我国 2017—2050 年光伏发电预期装机容量，估算了我国光伏发电成本演化路径（2018—2030）。然后，本章提供了我国光伏发电项目 LCOE 值中相关数据依据，比如初始投资成本、弃光率、折现率以及运营维护成本等。通过比较估算的光伏发电 LCOE 演化路径以及我国燃煤发电上网电价，本章探讨了绿色电力证书政策对于我国光伏发电 2020 年实现平价上网的促进作用。

一、问题的提出

　　发展可再生能源是中国能源转型和应对气候变化的关键举措（Yang 等，2012；Zeng 等，2017；Xu 等，2020）。目前，太阳能光伏（PV）作为一种主要的可再生能源，在许多国家扮演着替代化石燃料能源的重要角色（Yang 等，2018；Tu 等，2019）。自 2011 年我国推出光伏发电上网电价

（FIT）政策以来，中国太阳能光伏发电的累计容量迅速扩大（Duan 等，2018）。我国光伏发电的累计装机容量在 2009—2013 年翻了一番，到 2018 年底，累计太阳能光伏发电装机容量达到 175.03 兆瓦，发电量达 177.50 千瓦·时，占我国可再生能源发电总量的 28%（BP，2020）。

随着中国太阳能光伏发电装机容量的增长，上网电价政策带来的巨大资金缺口逐渐阻碍了我国太阳能光伏发电产业的发展（Yan 等，2019）。国家能源局公布的数据显示，截至 2017 年底，累计可再生能源发电补贴缺口已达 1 127 亿元。因此，中国现有的上网电价政策无法支持可再生能源的长期快速发展，巨大的资金缺口已成为未来可再生能源发展的主要障碍。与此同时，随着光伏发电成本的降低，我国逐渐开始下调光伏发电上网电价。我国太阳能光伏发电的上网电价从 2011 年的 1.15 元/千瓦·时下降到 2019 年的 0.4 元/千瓦·时。此外，弃光问题也间接增加了光伏发电的成本，也困扰着我国光伏发电的未来发展（Zou 等，2017）。根据国家能源局的统计数据，2017 年我国光伏弃光电量达到 7.3 千瓦·时，平均弃光率为 6%。其中，新疆维吾尔自治区和甘肃省的弃光电量分别达到 2.82 千瓦·时和 1.85 千瓦·时，弃光率分别高达 22% 和 20%。

在此背景下，进一步降低太阳能光伏发电成本，实现平价上网，是解决可再生能源资金缺口问题的关键。实现平价上网对我国未来太阳能光伏发电的发展具有重要意义。一方面，平价上网可以促进太阳能光伏发电部门的技术进步，进而加速太阳能光伏发电成本下降；另一方面，平价上网可以提高太阳能光伏发电在电力市场中的竞争力，加速可再生能源对传统化石燃料能源的替代，促进我国能源结构的低碳转型。在此背景下，我国在 2017 年提出我国光伏发电平价上网目标，2020 年后将逐步取消光伏发电上网电价补贴。与此同时，可交易的绿色证书（TGC）政策自 2017 年开始实施。与上网电价补贴政策通过资金支持直接对可再生能源发电施加更高的上网电价不同，TGC 是一种基于市场的机制，而不是财政补贴，可以激励各类消费者在电力市场上购买可再生能源发电。另外，TGCs 市场价格由绿色电力证书的买方和卖方各自协商决定。具体来说，可再生能源发电企业可以在 TGCs 市场上销售核准的绿色电力证书，并从可再生能源发电中获得额外收入。而燃煤发电企业或电力零售企业可以通过购买绿色电力证书，实现国家规定的可再生能源电力发展目标。在此背景下，太阳能光伏发电企业的部分发电成本将被绿色电力证书销售收入抵消，从而降低了太阳能光伏发电的整体发电成本。因此，TGC 政策的实施为促进我国太阳能光伏发电的发展，特别是平价上网提供了新的契机。

学习效应对光伏发电的 LCOE 演化有重要影响。自 Arrow（1962）首次提出以来，学习曲线方法被广泛应用于描述未来太阳能光伏发电的 LCOE 演化（Yan 等，2019）。目前对于利用学习率曲线模型估计太阳能光伏发电 LCOE 演化的研究较多。Moro 和 Duart（2013）发现，全球光伏发电的 LCOE 将从 2010 年的 0.31 美元/千瓦·时降低到 2050 年的 0.10 美元/千瓦·时，而 IEA（2010）计算的学习率为 18%。IRENA（2020）估算了太阳能光伏发电的全球平均 LCOE，并揭示 LCOE 从 2010 年的 0.37 美元/千瓦·时下降到 2018 年的 0.09 美元/千瓦·时。随着 2000 年以来我国太阳能光伏发电容量的迅速扩大，太阳能光伏发电的 LCOE 演化问题受到了许多研究者的关注。Zhang 等（2012）根据 2005—2010 年中国光伏电池的价格估算了中国光伏电池的学习率。他们发现，中国太阳能光伏的 LCOE 将从 2010 年的 1.4 元/千瓦·时下降到 2025 年的 0.78 元/千瓦·时。鉴于不同地区学习率的差异，Zou 等（2017）计算了太阳能光伏发电的 LCOE，根据中国 5 个城市的学习率，LCOE 将从 2015 年的 1.1 元/千瓦·时下降到 2050 年的 0.58 元/千瓦·时。

平价上网已被提出作为描述和比较不同可再生能源技术成本竞争力的重要指标。一般来说，平价上网是通过比较可再生能源发电的成本和燃煤发电的价格来定义的。具体来说，通过比较太阳能光伏发电与燃煤发电价格的 LCOE，一些研究者探索了我国太阳能光伏发电的电网平价问题，认为 2020 年无法实现电网平价。Li 等（2016）估计了中国光伏发电的 LCOE。结果表明，LCOE 将从 2013 年的 0.86 元/千瓦·时降至 2020 年的 0.58 元/千瓦·时，考虑到燃煤发电的低外部成本，2020 年前中国光伏发电无法达到电网平价。Zou 等（2017）评估了中国 5 个城市的光伏发电系统的电网平价，得出的结论是在 2026—2031 年将实现电网平价。针对分布式太阳能光伏发电，Zhao 和 Wang（2019）得出结论，分布式光伏发电可在 2025 年实现并网平价，单位投资成本由 6.5 元/W 降至 4 元/W。此外，也有研究者从区域的角度讨论了我国太阳能光伏发电并网平价的成就。Zhang 等（2019）将中国太阳能光伏发电的 LCOE 与 31 个省份的燃煤发电上网价格进行对比，发现没有政策支持，2020 年中国光伏发电的并网平价是不可能实现的。Yan 等（2019）基于中国 344 个地级市的实证数据，发现 268 个地级市无法实现光伏发电并网平价。综上所述，通过以上研究可以得出结论，中国光伏发电是否以及何时实现并网平价是有争议的。

本章将重点探讨中国实现太阳能光伏发电平价上网时间及条件，特别是对绿色电力证书政策在实现平价上网中的作用进行探讨。为了解决这一问题，本章通过将学习曲线模型和平准化发电成本模型进行整合，以及计算我国光伏发电的未来成本演化趋势。首先，本章基于第五章中的光伏发电项目数据库，利用学习曲线模型计算我国太阳能光伏发电学习率（Hernandez-Noro 和 Martinez-Duart，2013；Zou 等，2017），进一步预测未来我国太阳能光伏发电投资成本。其次，利用平准化发电成本模型计算未来我国太阳能光伏发电成本演化趋势。最后，根据燃煤发电上网价格与太阳能光伏发电成本演化趋势进行对比，确定我国太阳能光伏发电实现平价上网的时间和条件。

二、模型方法

本节通过将单因素学习曲线模型与传统平准化发电成本（LCOE）模型相结合来估算我国未来太阳能光伏发电成本演化趋势。LCOE 模型被广泛用于估算光伏项目整个生命周期内的可再生能源发电成本，通过以折现率 r 计算光伏发电项目现金流的现值（Ouyang 和 Lin，2014）。在这种情况下，LCOE 代表了一个临界价格，在这个临界值下，通过使用现金流技术，即 25 年收入的现值之和等于太阳能光伏系统生命周期内成本的折现价值之和，即

$$\sum_{n=0}^{25} \frac{Revenues_n}{(1+r)^n} = \sum_{n=0}^{25} \frac{Costs_n}{(1+r)^n} \qquad (7.1)$$

因此，光伏项目净现金流（NPV）可表示为

$$NPV = \sum_{n=0}^{25} PV_n = 0 \qquad (7.2)$$

因此，LCOE 也被定义为 NPV 等于零的平均电价。TGC 政策作为电价政策中光伏发电上网电价政策的替代，还可以为光伏发电项目提供额外的收入，使发电成本较低的绿色发电企业能够生产更多的绿色电力，以较低的成本实现 RPS 目标。本书将绿色证书销售收入纳入光伏发电项目现金流计算中[①]。LCOE 的现值乘以年发电量 E_n 和 TGC 收益之和应等于该项目总成本的现值之和，即

$$\sum_{n=0}^{25} \frac{(LCOE + P_{TGC}) \cdot E_n}{(1+r)^n} = \sum_{n=0}^{25} \frac{Costs_n}{(1+r)^n} \qquad (7.3)$$

其中，TGC 收益等于 TGC 价格 P_{TGC} 乘以年发电量 E_n，如式（7.3）所示，则式（7.3）可以改写为：

$$LCOE = \left(\sum_{n=0}^{25} \frac{Costs_n - P_{TGC} \cdot E_n}{(1+r)^n} \right) \bigg/ \left(\sum_{n=0}^{25} \frac{E_n}{(1+r)^n} \right) \qquad (7.4)$$

其中，项目总成本包括建设期间的初始资本成本和运维成本。因此，式（7.4）可以简化为式（7.5），即

$$LCOE = \left(c_0 Q_0 + \sum_{n=1}^{25} \frac{O\&M_n - P_{TGC} \cdot E_n}{(1+r)^n} \right) \bigg/ \left(\sum_{n=1}^{25} \frac{E_n}{(1+r)^n} \right) \qquad (7.5)$$

---

① 2017 年，国家发展和改革委员会发布《关于试行可再生能源绿色电力证书发放和自愿认购交易制度的通知》，在此基础上建立可交易绿色电力证书交易制度，进一步促进太阳能光伏发电消费。投资方申请绿色电力证书时，应提交一些重要文件，如工程设计文件、工程建设证明等。然后太阳能光伏发电项目首先要经过政府的审核，如果项目合格就会发行 TGCs，可以在 TGC 市场进行交易。通过出售这些已发行的 TGC，太阳能光伏发电投资者可以获得 TGC 收益并抵消部分发电成本。

其中，c_0 为项目每产能的初始资本成本，Q_0 为项目在建设阶段的装机容量。本章假设每年项目的初始投资成本将在未来沿着学习曲线所控制的路径演化。而项目初始资本成本（c）与累积装机容量（Q）之间的对数学习曲线，在 n_1 和 n_2 时刻可以表示为（Hernández-Moro 和 Martínez-Duart，2013；姚等，2015），

$$\log(c_{n_2}) = -b \cdot (\log(Q_{n_2}) - \log(Q_{n_1})) + \log(c_{n_1}) \tag{7.6}$$

由于指数（−b）表示式（7.6）的斜率，学习速率 LR 定义为随着累积装机容量翻倍，成本降低，故它们之间的关系为：

$$1 - LR = 2^{-b} \rightarrow -b = \log(1 - LR)/\log(2) \tag{7.7}$$

因此，根据式（7.6）和式（7.7）所示的学习率曲线模型，第 i 年项目的单位装机资本成本 c_i 为：

$$c_i = c_0 \left(\frac{Q_i}{Q_0}\right)^{\log(1-LR)/\log(2)} \tag{7.8}$$

由该方程可知，第 i 年项目的单位装机资本成本 c_i 可由系统单位装机投资成本在基准年 c_0、基准年初始累积装机容量 Q_0、第 i 年累积装机容量 Q_i 和学习率 LR 的数据来计算。因此，根据式（7.5）和式（7.8），第 i 年安装的系统发电的 LCOE 可以表示为：

$$LCOE_i = \left(c_0 \left(\frac{Q_i}{Q_0}\right)^{\frac{Log(1-LR)}{Log(2)}} \cdot Q_i + \sum_{i+1}^{i+25} \frac{O\&M_{i+n} - P_{TGC} \cdot E_{i+n}}{(1+r)^{i+n}}\right) \Big/ \left(\sum_{i+1}^{i+25} \frac{E_{i+n}}{(1+r)^{i+n}}\right) \tag{7.9}$$

三、模型数据

(一) 数据来源

本节利用的太阳能光伏发电项目数据来源于清洁发展机制（CDM）数据库以及中国核证减排量交易平台（CCERE）。本节通过太阳能光伏发电项目申请 CDM 或 CCERE 时提供的项目设计文件、投资分析量表、项目可行性研究报告以及项目检测报告提取整理项目相关数据。其中，项目设计文件提供

了项目的详细资金流以及技术数据，而项目检测报告提供了项目在每个计算周期内实际获得的核证减排量数据。基于以上资料，本章创建了包含中国2010—2016年太阳能光伏发电项目数据库，包含541家中国太阳能光伏发电项目，其中有104个项目来源于CDM项目，而437个项目来源于CCERE项目。如图7-1所示，所有541个项目总累计装机容量达1 958万千瓦，占2016年中国累计光伏发电装机容量的25%。因此，本数据库具有较好的代表性以及完整性。

本章数据库中太阳能光伏发电项目数据的位置分布如图7-1所示。太阳能光伏发电项目数量排名前五的省份是新疆、宁夏、内蒙古、青海、甘肃，太阳能光伏发电项目装机容量排名前五的省份是宁夏、新疆、甘肃、内蒙古、青海。从图7-3也可以看出，大部分太阳能光伏发电项目都位于中国的"三北"地区（东北、西北、华北）。这表明我们的项目数据集具有与NEA（2019）中显示的相同的区域特征。

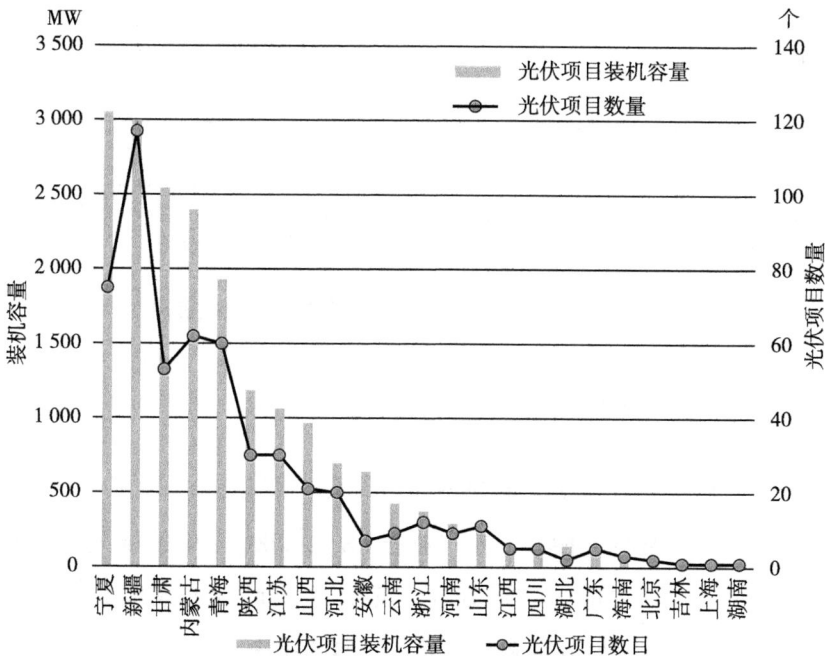

图7-1　2009—2016年我国各省光伏发电项目统计

(二) 投资成本

太阳能光伏项目的投资成本是指项目建设期间的资金投入，包括光伏组件成本、土地成本和土建工程成本。基于 104 个 CDM 和 437 个 CCERE 光伏发电项目的项目设计文件，我们提取并编制了所有项目的投资成本。根据本章的数据集，太阳能光伏项目的平均单位资本成本从 2010 年的 19 898.17 元/千瓦下降到 2016 年的 10 109.17 元/千瓦，下降 49.2%，如图 7-2 所示。

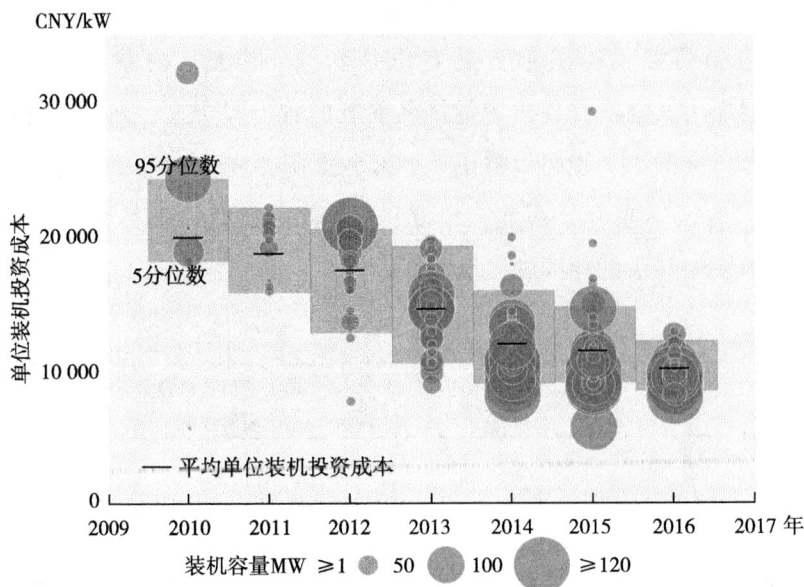

图 7-2　2009—2016 年我国光伏发电单位装机投资成本

(三) 管理运营成本

管理运营成本是业务期间的财务付款，包括服务费、备件、保险、管理和其他费用。由于数据的限制，本书根据 IEA (2004) 中的设置，将整个生命周期内式 (7.9) 中的恒定运维成本定义为项目资本成本的比例，如式 (7.10) 所示，其中 α 为运维成本与资本成本的比率，即

$$O\&M = \alpha \cdot C \tag{7.10}$$

根据 IEA（2014）以及 IRENA（2019）中的设定，本书假设比例 α 为 1%。此外，由于技术进步和劳动力及其他成本变化的不确定性，很难预测未来的运维成本，我们假设在项目的生命周期内比率 α 将保持在相同的水平（IEA，2014）。

（四）未来光伏发电装机容量

由式（7.6）可知，未来光伏发电累计装机容量将影响光伏技术的学习效果，进而影响投资成本。本书定义 2010 年为光伏发电成本演化的基准年，2010 年我国太阳能光伏系统的累计装机容量 Q_0 为 0.85 兆瓦。根据 BP（2020），2018 年我国累计太阳能光伏发电能力扩张至 123.84 兆瓦。基于国家可再生能源中心（NREC）和中国可再生能源协会（CREA）发布的报告（CREA，2017；NREC，2014），我们对未来中国太阳能光伏发电累计装机容量假设三种不同的情景，如表 7-1 所示。具体来说，根据中国可再生能源协会（CREA，2017）的数据，在低增长情景下，累积发电能力将在 2030 年增至 450 万千瓦，并在 2050 年进一步增至 1 000 万千瓦。根据国家可再生能源中心（NREC，2014）的数据，在高速增长的情况下，2030 年和 2050 年太阳能光伏系统的累计容量将分别增加到 800 万千瓦和 2 000 万千瓦。最后，在基准情景下，将 2030 年和 2050 年的累计装机容量分别假设为低增长情景和高增长情景下的平均水平。

表 7-1　2010—2050 年我国光伏发电累计装机容量预测

	增长情景	2010 年	2015 年	2018 年	2030 年	2050 年
累计装机容量（兆瓦）	基准	0.85	43.53	123.84	625	1 500
	高速	0.85	43.53	123.84	800	2 000
	低速	0.85	43.53	123.84	450	1 000

根据 2050 年的累积装机容量，有许多不同的方法可以达到目标，例如，通过线性函数、指数、多项式或逻辑斯蒂曲线（"S"形曲线）。如表 7-1 所示，估计结果表明，最适合数据的函数是三种情景下的拟合 logistic 函

数。表 7-2 展示了三种情景下我国光伏发电累计装机容量演化的拟合 logistic 函数相关的参数，图 7-3 绘制了三种函数对应的曲线。

表 7-2　2010—2050 年我国光伏发电累计装机容量拟合函数参数

情景	拟合函数	拟合优度	累计装机容量拟合函数
基准	Logistic	0.9996	$Q_{Bn} = 1\,641.18 + (-1\,720.98)/\left(1 + \left(\dfrac{n}{2\,032.61}\right)^{283.40}\right)$
高速	Logistic	0.9988	$Q_{Hn} = 1\,173.85 + (-1\,301.63)/\left(1 + \left(\dfrac{n}{2\,032.10}\right)^{213.07}\right)$
低速	Logistic	0.9999	$Q_{Ln} = 2\,119.99 + (-2\,179.98)/\left(1 + \left(\dfrac{n}{2\,032.60}\right)^{333.57}\right)$

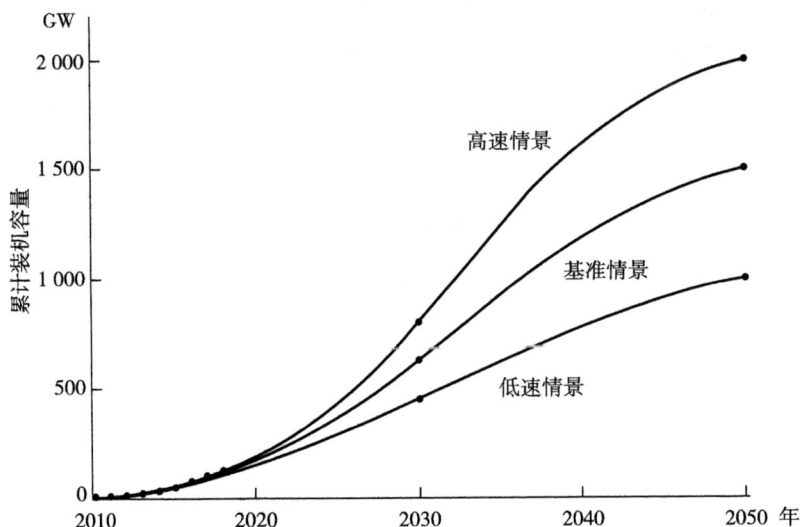

图 7-3　2010—2050 年我国光伏发电累计装机容量演化情景

（五）未来光伏发电量

式（7.8）中的年发电量将受到可再生能源最大利用小时数 Q 和弃用率 η 的影响。因此，并入电网的可再生能源发电量 E 可以表示为：

$$E = Q \cdot H \cdot (1 - \eta) \tag{7.11}$$

其中，η 为弃光率，H 为项目最大利用小时数。国家可再生能源实验室

（NREL）将弃光定义为光伏发电量的减少。根据国家能源局的数据，中国太阳能光伏发电的弃光率为 3%。此外，根据国家能源局，将采取额外的政策措施降低弃用率，预计到 2020 年，弃用率将在 3% 以下。因此，在基准情景中，本书假设 2018—2030 年中国太阳能光伏发电的弃电率为 3%，并对该参数进行敏感性分析。

太阳能资源的年利用时数因地区和气候条件而异。此外，由于并网条件的限制，太阳能光伏发电项目不能 24 小时满负荷运行。因此，根据其他研究，如 IRENA（2019），中国太阳能光伏发电的容量因子约为 18%（IRENA，2019），中国太阳能光伏发电在标准年的最大利用小时数（8 760 小时）估计如下：

$$H = 8\ 760h \times 18\% = 1\ 576.8h \tag{7.12}$$

（六）折现率

贴现率是计算太阳能光伏发电 LCOE 的重要参数，反映了太阳能光伏项目投资的风险水平。在本书中，我们根据中国光伏发电投资所要求的回报率，假设光伏发电项目折现率为 6%（Hernández – Moro and Martínez – Duart，2013；Tu 等，2019）。

（七）煤电上网电价

为了探讨中国太阳能光伏发电能否在 2020 年实现并网平价，需要确定 2018—2030 年燃煤发电上网价格的演变。基于平均上网的煤电价格 2018 年以及上网煤电价格之间的联动机制和动力煤价格指数，其上网中国的煤电价格之间假定为 0.3354 元/千瓦·时，0.3934 元/千瓦·时。

四、模型结果与讨论

本节首先估计我国光伏发电学习率。然后计算不同条件下我国 2018—

2030 年光伏发电 LCOE。通过对比 LCOE 和燃煤发电上网价格，我们可以确定 2020 年我国光伏发电能否实现以及在什么条件下实现平价上网。最后针对关键参数进行敏感性分析，得出实现平价上网所需的 TGC 价格。

(一) 光伏发电学术率估算

2010—2016 年，我国累计光伏发电能力从 850 MW 增加到 78 070 MW，本章收集我国 541 个光伏项目的单位资本成本等数据，估算我国光伏发电技术学习率。本章采用单因素学习曲线模型估计的学习率，以估计未来光伏发电投资成本。本章根据式（7.6）估计我国太阳能光伏学习曲线如表 7-3 所示。光伏发电项目的单位装机投资成本与累计装机容量显著相关，其中学习系数（b）为 0.1945，对应的学习率（LR）为 12.6%。近年来，学术界利用单因素学习曲线模型估计太阳能光伏发电的学习率已经有了一定的研究积累（Mcdonald 和 Schrattenholzer，2001；Zwaan 和 Rabl，2004 年）。自 2006 年以来，随着我国太阳能光伏发电的迅速发展，太阳能光伏发电的学习率问题受到了许多研究者的关注。例如，Zheng 和 Liu（2005）根据 1976—2000 年的中国光伏组件价格，估计了太阳能光伏发电的学习率，其范围为 22%~34%。Zhang 等（2012）根据 2005—2010 年中国光伏电池平均价格计算出中国光伏发电学习率为 14%。Zou 等（2017）计算了中国 5 个城市 2006—2014 年光伏组件价格的学习率在 10.96%~12.49%。Xu 等（2020）建立了太阳能光伏发电学习曲线模型，发现中国太阳能光伏发电的学习率为 20.04%。因此，我们的估算与其他相关研究具有可比性。事实上，随着我国太阳能光伏发电技术的逐步成熟，太阳能光伏发电的单位资金成本可能会持续下降。IRENA 发现，中国光伏组件的平均价格将从 2010 年的 2.6 美元/W 下降到 2018 年的 0.3 美元/W（IRENA，2019）。因此，有必要根据最新的数据重新计算中国太阳能光伏发电的学习率。鉴于部分学者发现技术和地理条件的差异（Zou 等，2017；Yan 等，2019 年），学习率对实现太阳能光伏发电的平价上网的影响将在下一小节讨论。

表7-3　我国光伏发电学习率估算

参数	数值
学习系数（b）	0.1945（0.006）***
常数项	0.4753（0.02）***
拟合优度（R^2）	0.6063
项目数量	541
自相关检验	11.766***
异方差瓦尔德检验	Chi2 = 1.3e+12***

注：***1%条件下显著。

（二）光伏发电 LCOE 演化趋势

根据国家发展改革委文件，我国计划在 2020 年实现太阳能光伏发电平价上网。本节将探讨在不同的情景下，我国太阳能光伏发电能否在 2020 年实现电网平价。

基于我国太阳能光伏发电项目实证数据，以及上一节中针对学习率的估计，本节计算我国太阳能光伏发电利用的 LCOE 演化趋势，如图 7-4 所示，光伏发电的 LCOE 在基准情境下从 2018 年的 0.4631 元/千瓦·时将下降至 2030 年的 0.3345 元/千瓦·时；而在低增长和高增长情景下，光伏发电 LCOE 则从 2018 年的 0.4676 元/千瓦·时和 0.4600 元/千瓦·时将下降到 2030 年的 0.3570 元和 0.3182 元/千瓦·时，下降幅度分别为 23.64% 和 30.81%。此外，根据国家发展改革委的统计数据，自 2018 年 1 月起，电煤价格在 515~567 元/吨波动，而燃煤发电上网电价区间范围则为 0.3354~0.3934 元/千瓦·时。因此，在燃煤发电上网电价为 0.3934 元/千瓦·时的情况下，我国光伏发电将在 2023—2025 年达到平价上网。而在燃煤发电上网电价 0.3354 元/千瓦·时情况下，实现平价上网将推迟到 2027—2029 年。随着中国电力市场改革的深入，不同类型发电技术之间的市场竞争将会更加激烈（国家发展改革委，2015c）。在这种情况下，燃煤发电和太阳能光伏发电的竞争力将更多地取决于发电的边际成本。因为从长期来看，太阳能光伏发电的边际成本普遍低于燃煤发电，太阳能光伏发电往往比燃煤发电连接电网更具竞争力。因此，电力市场改革可以促进太阳能光伏发电的消费，从而加速降低成本，直至实现光伏发电平价上网。根据以上评价结果，可以推断，2020 年之前实现太阳能光伏发电平价上网似乎比较困难，可能需要额外的政策进一步推动并网平价。

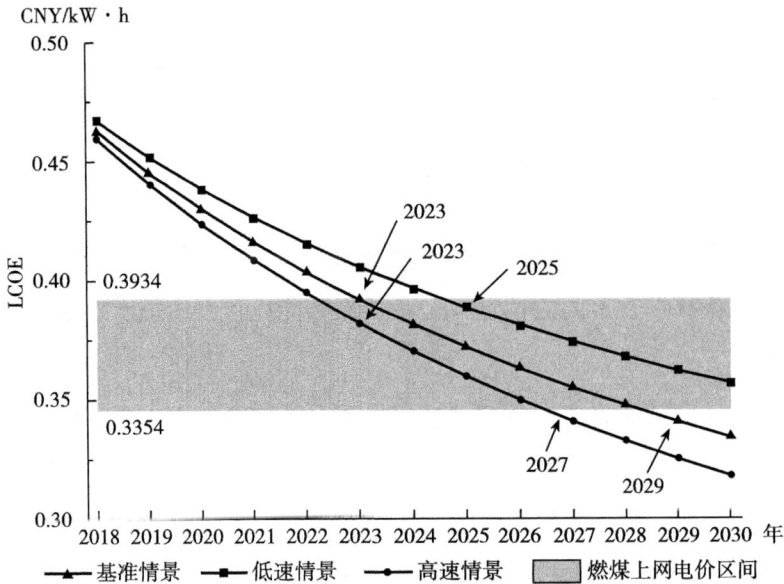

图 7-4　2018—2030 年我国光伏发电 LCOE 演化趋势预测

随着绿色电力证书政策的实施，太阳能光伏发电项目投资者可以出售国家核准发行的绿色电力证书，从发电中获得额外的收入。特别是，当光伏发电项目计入 TGCs 收益后，太阳能光伏项目的整体 LCOE 将会降低。此外，对于 TGC 收入被认为是由于出售绿色证书而产生的情况，光伏平价上网也将实现。图 7-5 考虑了 TGC 电价 0 元、20 元、50 元、100 元四种情况，大致相当于 2019 年燃煤发电上网电价与太阳能光伏发电上网电价补贴水平的差距。

　　图 7-5 展示了 TGCs 价格在 0 元、20 元、50 元和 100 元四种情景下的基准情景图 7-5（a）、低增长图 7-5（b）和高增长图 7-5（c）的光伏发电 LCOE 演化趋势。如图 7-5 所示，当 TGC 价格分别为 20 元、50 元和 100 元时，基准情景下的光伏发电 LCOE 分别比无 TGC 政策时平均下降 5.2%、13.02% 和 26.03%。与基准情景相比，当 TGC 价格为 20 元、50 元和 100 元时，低增长（高增长）情景下的光伏发电 LCOE 平均分别下降 5.00%（5.37%）、12.50%（13.42%）和 25.00%（26.84%）。结果表明：一方面，这三种情景下，随着 TGC 价格的上涨，2018—2030 年太阳能光伏发电 LCOE 曲线呈下降趋势；另一方面，在高增长情景下，TGC 政策对于太阳能光伏发电 LCOE 下降的促进效果比基准情景和低增长情景下更显著。此外，本节发现在 TGC 价格为 100 元条件下，我国光伏发电将在三种增长情景下实现 2020 年平价上网。

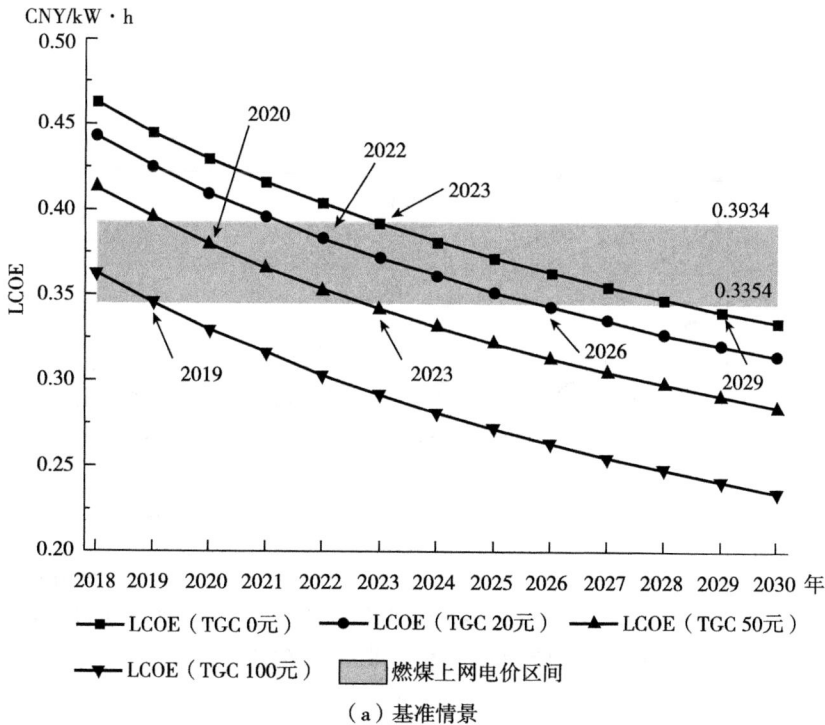

（a）基准情景

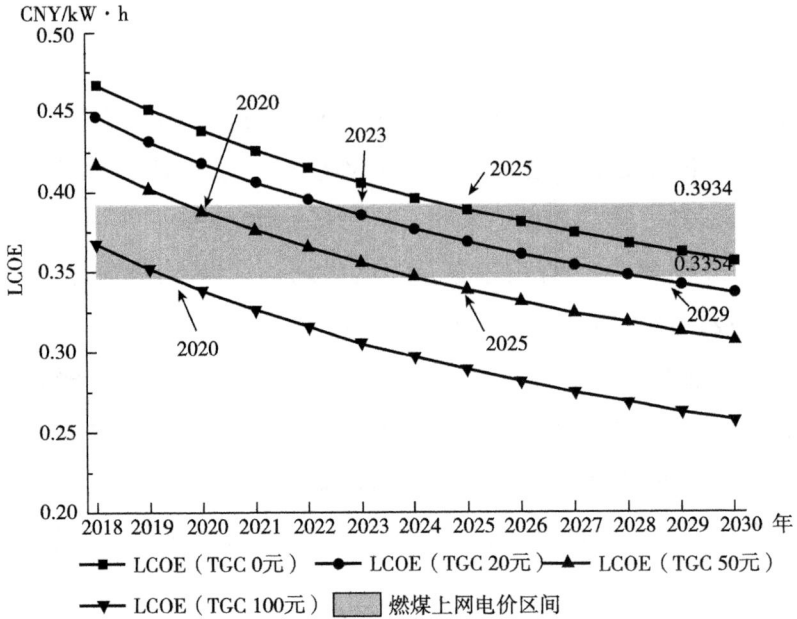

（b）低速情景

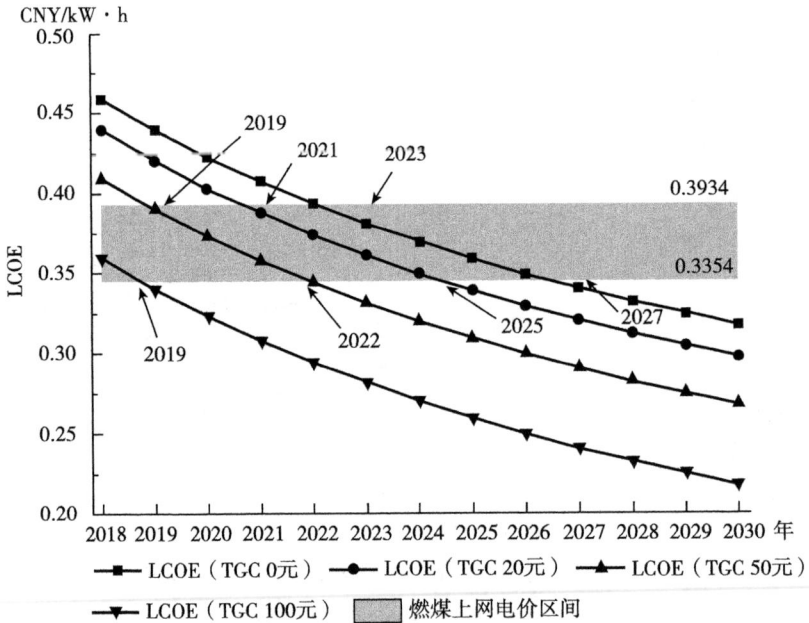

（c）高速情景

图7-5　不同情景及绿色电力证书价格下光伏发电LCOE

（三）灵敏度分析

图 7-5 结果表明，TGC 政策能够有效促进我国太阳能光伏发电实现平价上网。然而，一些重要的不确定参数可能会对 TGC 政策的有效性产生影响，比如学习率、贴现率、弃用率和容量因子。本节将对上述关键参数的结果进行灵敏度分析，特别是在不同的学习率、贴现率、弃用率和容量因子下，实现 2020 年太阳能光伏发电平价上网所需的 TGC 价格。

根据一些相关研究，如 Ouyang 和 Lin（2014）、Mo 等（2016）和 Mo 等（2018），折现率对太阳能光伏发电的 LCOE 演化有显著影响。因此，有必要评估不同贴现率下太阳能光伏发电的平价上网实现情况。本节使用较低的贴现率为 6%，接近本章数据库中太阳能光伏项目的内部收益率（IRR），本节假设较高的贴现率为 12%，这接近于高风险投资环境下的利率（Zou 等，2017；IRNEA，2019）。如表 7-4 所示，折现率确实对光伏电源的 LCOE 有显著影响，折现率越高，LCOE 越高。其中，在光伏发电发展的三种情景下，随着折现率从 6% 上升到 12%，2020 年光伏发电的 LCOE 分别从 0.43 元/千瓦·时、0.4385 元/千瓦·时和 0.4239 元/千瓦·时上升到 0.6757 元/千瓦·时、0.6890 元/千瓦·时和 0.6662 元/千瓦·时。然后，以折现率分别为 6%、8%、10% 和 12% 的条件，估算 2020 年实现光伏发电平价上网所需的 TGC 价格。如表 7-4 所示，通过对比 2020 年光伏发电 LCOE 与煤电发电价格区间，本节发现在折现率为 6%、8%、10% 和 12% 时，所需的 TGC 价格应该是 84.57 元、161.62 元、243.85 元、330.28 元。因此，如上所述，TGC 政策似乎更能有效地促进折现率较低的太阳能光伏发电的平价上网。

另外，学习率是影响太阳能光伏发电 LCOE 演化的另一个关键参数（Zhang 等，2012），通过表 7-4 所示的不同学习率计算实现电网等价所需的 TGC 价格。本节基于 Zhang 等（2012），假设的较低的学习率为 12%，而根据 Zou 等（2017），本节假设较高的学习率为 13.5%。如表 7-4 所示，在基准、低增长和高增长情景下，随着光伏发电学习率从 12% 上升到 13.5%，

2020 年太阳能光伏发电 LCOE 分别从 0.4337 元/千瓦·时、0.4419 元/千瓦·时和 0.4280 元/千瓦·时下降到 0.4227 元/千瓦·时、0.4337 元/千瓦·时和 0.4182 元/千瓦·时。这意味着较高的学习率会导致较低的 LCOE。通过对比 2020 年光伏发电 LCOE 与煤电发电价格区间，本节发现在学习率为 12%、12.6%、13% 和 13.5% 时，所需的 TGC 价格应该是 88.30 元、84.60 元、82.20 元和 79.30 元。因此，TGC 政策对于在更高学习率的情况下更能有效地促进太阳能光伏发电实现平价上网。

弃光反映了太阳能光伏发电并网的情况，已引起投资者和政府的高度关注。表 7-4 展示了不同弃光率下，TGC 政策对实现平价上网的影响结果。根据国家发展改革委和国家能源局的数据，假设弃光率在 1%~4%。由表 7-4 可知，随着弃光率从 1% 上升到 4%，2020 年基准、低增长和高增长情景下的太阳能光伏发电 LCOE 分别从 0.4213 元/千瓦·时、0.4296 元/千瓦·时和 0.4154 元/千瓦·时下降到 0.4345 元/千瓦·时、0.4430 元/千瓦·时和 0.4283 元/千瓦·时。这表明，更高的弃光率也会导致更高的光伏发电 LCOE。通过对比 2020 年光伏发电 LCOE 与煤电发电价格区间，本节发现在弃光率为 1%、2%、3% 和 4% 时，所需的 TGC 价格应该是 75.9 元、80.20 元、84.60 元和 89.10 元。因此，TGC 政策似乎更能有效地促进弃光较低的太阳能光伏发电实现平价上网。

此外，由技术进步驱动的容量因子代表了太阳能光伏电站的利用效率，同样也可能会影响光伏发电 LCOE 的演化（IRENA，2019）。根据 IRENA（2019），容量因子的波动区间被假设为 14%~20%。如表 7-4 所示，随着光伏发电容量因子从 14% 上升到 20%，2020 年基准、低增长和高增长情景下的太阳能光伏发电 LCOE 分别从 0.5528 元/千瓦·时、0.5637 元/千瓦·时和 0.5450 元/千瓦·时下降到 0.3870 元/千瓦·时、0.3946 元/千瓦·时和 0.3815 元/千瓦·时。结果也说明容量因子越高，光伏发电 LCOE 越低。通过对比 2020 年光伏发电 LCOE 与煤电发电价格区间，本节发现在容量因子为 14%、16%、18% 和 20% 时，所需的 TGC 价格应该是 207.40 元、138.30 元、

84.60 元和 41.60 元。因此，对于容量因子较高的太阳能光伏发电，TGC 政策似乎更能有效地促进其实现并网平价。

最后，与化石燃料热电厂相比，光伏组件的输出功率不稳定是一个关键问题，可能导致运维成本增加。本节还计算了在不同管理运营成本下实现平价上网所需的 TGC 价格。如表 7-4 所示，以 IRENA（2019）为例，本节选择较低的管理运营成本占总投资成本的比例为 0.5%，较高的管理运营成本占总投资成本的比例为 2%，这意味着光伏组件的不稳定性导致太阳能光伏发电项目的运维成本较高。结果表明：随着管理运营成本占比从 0.5% 上升到 2%，基准、低增长和高增长情景下 2020 年太阳能光伏发电的 LCOE 分别从 0.4246 元/千瓦·时、0.4283 元/千瓦·时和 0.4141 元/千瓦·时上升到 0.4548 元/千瓦·时、0.4588 元/千瓦·时和 0.4436 元/千瓦·时。这意味着由于太阳能光伏电源输出的不稳定性而增加的运维成本对 LCOE 有显著的影响。通过对比 2020 年光伏发电 LCOE 与煤电发电价格区间，本节发现在管理运营成本率为 0.5%、1%、1.5% 和 2% 时，所需的 TGC 价格应该是 107.79 元、119.98 元、132.16 元和 144.34 元。因此，所需的 TGC 价格对运维成本变化非常敏感，需要较高的 TGC 价格才能在较高的运维成本下实现电网平价。

综上所述，TGC 政策对 2020 年实现太阳能光伏发电并网平价具有显著影响。事实上，从 2017 年开始，通过国家发展改革委审批的太阳能光伏项目可以通过在 TGC 市场销售这些绿色证书获得额外收入。

表 7-4　关键参数灵敏度分析

参数	光伏发展情景	数值	LCOE（元/千瓦·时）	低燃煤上网电价（元/千瓦·时）	TGC 价格最大值（元）	高燃煤上网电价（元/千瓦·时）	TGC 价格最小值（元）
折现率（%）	基准情景	6.0	0.4300	0.3354	84.57	0.3934	36.57
		8.0	0.5070	0.3354	161.62	0.3934	113.62
		10.0	0.5893	0.3354	243.85	0.3934	195.85
		12.0	0.6757	0.3354	330.28	0.3934	282.28

续表

参数	光伏发展情景	数值	LCOE（元/千瓦·时）	低燃煤上网电价（元/千瓦·时）	TGC 价格最大值（元）	高燃煤上网电价（元/千瓦·时）	TGC 价格最小值（元）
折现率（%）	低速情景	6.0	0.4385	0.3354	93.07	0.3934	45.07
		8.0	0.5170	0.3354	171.65	0.3934	123.65
		10.0	0.6009	0.3354	255.50	0.3934	207.50
		12.0	0.6890	0.3354	343.63	0.3934	295.63
	高速情景	6.0	0.4239	0.3354	78.52	0.3934	30.52
		8.0	0.4999	0.3354	154.49	0.3934	106.49
		10.0	0.5810	0.3354	235.56	0.3934	187.56
		12.0	0.6662	0.3354	320.77	0.3934	272.77
学习率（%）	基准情景	12.0	0.4337	0.3354	88.30	0.3934	40.30
		12.6	0.4300	0.3354	84.60	0.3934	36.60
		13.0	0.4276	0.3354	82.20	0.3934	34.20
		13.5	0.4247	0.3354	79.30	0.3934	0.00
	低速情景	12.0	0.4419	0.3354	96.46	0.3934	48.46
		12.6	0.4385	0.3354	93.07	0.3934	45.07
		13.0	0.4364	0.3354	90.97	0.3934	42.97
		13.5	0.4337	0.3354	88.28	0.3934	40.28
	高速情景	12.0	0.4280	0.3354	82.55	0.3934	34.55
		12.6	0.4239	0.3354	78.52	0.3934	30.52
		13.0	0.4214	0.3354	76.03	0.3934	28.03
		13.5	0.4182	0.3354	72.82	0.3934	24.82
弃光率（%）	基准情景	1.0	0.4213	0.3354	75.90	0.3934	27.90
		2.0	0.4256	0.3354	80.20	0.3934	32.20
		3.0	0.4300	0.3354	84.60	0.3934	36.60
		4.0	0.4345	0.3354	89.10	0.3934	0.00
	低速情景	1.0	0.4296	0.3354	84.21	0.3934	36.21
		2.0	0.4340	0.3354	88.60	0.3934	40.60
		3.0	0.4385	0.3354	93.07	0.3934	45.07
		4.0	0.4430	0.3354	97.64	0.3934	49.64

参数	光伏发展情景	数值	LCOE（元/千瓦·时）	低燃煤上网电价（元/千瓦·时）	TGC价格最大值（元）	高燃煤上网电价（元/千瓦·时）	TGC价格最小值（元）
弃光率（%）	高速情景	1.0	0.4154	0.3354	69.96	0.3934	21.96
		2.0	0.4196	0.3354	74.20	0.3934	26.20
		3.0	0.4239	0.3354	78.52	0.3934	30.52
		4.0	0.4283	0.3354	82.94	0.3934	34.94
容量因子（%）	基准情景	14.0	0.5528	0.3354	207.40	0.3934	159.40
		16.0	0.4837	0.3354	138.30	0.3934	90.30
		18.0	0.4300	0.3354	84.60	0.3934	36.60
		20.0	0.3870	0.3354	41.60	0.3934	0
	低速情景	14.0	0.5637	0.3354	218.35	0.3934	170.35
		16.0	0.4933	0.3354	147.88	0.3934	99.88
		18.0	0.4385	0.3354	93.07	0.3934	45.07
		20.0	0.3946	0.3354	49.22	0.3934	1.22
	高速情景	14.0	0.5450	0.3354	199.64	0.3934	151.64
		16.0	0.4933	0.3354	147.88	0.3934	99.88
		18.0	0.4769	0.3354	131.51	0.3934	83.51
		20.0	0.3815	0.3354	36.13	0.3934	0.00
管理运营成本率（%）	基准情景	0.5	0.4246	0.3354	107.79	0.39	37.70
		1.0	0.4300	0.3354	119.98	0.39	49.89
		1.5	0.4448	0.3354	132.16	0.39	62.07
		2.0	0.4548	0.3354	144.34	0.39	74.25
	低速情景	0.5	0.4283	0.3354	92.90	0.3934	34.90
		1.0	0.4385	0.3354	103.07	0.3934	45.07
		1.5	0.4486	0.3354	113.24	0.3934	55.24
		2.0	0.4588	0.3354	123.41	0.3934	65.41
	高速情景	0.5	0.4141	0.3354	78.69	0.3934	20.69
		1.0	0.4239	0.3354	88.52	0.3934	30.52
		1.5	0.4338	0.3354	98.35	0.3934	40.35
		2.0	0.4436	0.3354	108.19	0.3934	50.19

五、本章小结

实现我国太阳能光伏发电平价上网对未来能源系统发展具有重要意义，对实现《巴黎协定》国家自主贡献（NDC）中的碳减排目标具有重要意义。本书利用 2010—2016 年 541 个太阳能光伏发电项目实证数据，估算了中国太阳能光伏技术的学习率，然后，计算 2018—2030 年我国太阳能光伏发电 LCOE。此外，通过对未来光伏发电 LCOE 演化趋势与燃煤发电上网电价的比较，评估我国光伏发电平价上网实现时间及条件，探讨可交易绿色电力证书（TGC）政策在实现平价上网中的作用。分析结果对我国决策者进一步完善电网政策体系，特别是绿色电力证书实现光伏发电平价上网具有重要意义。

根据本章的估算结果，2010—2016 年我国太阳能光伏发电学习率为12.60%。在这个假设下，太阳能光伏发电平价上网可能在 2023—2025 年达到。本章发现，要实现 2020 年太阳能光伏发电平价上网，学习率应在17.5%~20.3%范围内，具体取决于燃煤发电价格。然而，由于太阳能光伏发电技术学习的滞后效应，短期内很难提高学习率。因此，为了在 2020 年之前促进电网平价，还需要引入其他政策工具。

可交易绿色证书（TGCs）是促进可再生能源未来发展的一项新兴政策，为可再生能源项目提供额外资金。具体来说，投资者可以通过出售可交易的绿色证书获得额外收入。因此，太阳能光伏发电项目的 LCOE 将会降低，平价上网实现的时间会更早。结果表明，绿色电力证书政策对促进我国电网平价是有效的。具体来说，TGC 的价格 100 元，太阳能光伏发电的LCOE 将从 2018 年的 0.36 元/千瓦·时下降至 2018 年的 0.2182 元/千瓦·时。

事实上，中国的绿色电力证书市场目前还处于起步阶段，购买绿色电力证书的激励不足。截至 2019 年底，我国已核准的绿色电力证书数量为3 845 828 个，但成交量仅为 166 项。同时，由于缺乏成熟的定价体系，太阳能光伏发电的绿色电力证书价格波动较大，价格范围为518.7~742.9元。与其他市场相比，中国的绿色电力证书市场规模较小，涵盖的可再生能源发电类型较少。因此，现阶段绿色电力证书市场对促进可再生能源发电消费的作用有限。为了促进绿色电力证书的发展市场，国家发展改革委要求各省级电力零售必须实现的目标在不同的省份通过购买可再生能源电力。在这种情况下，未来绿色电力证书的需求可能会大幅增加，其在我国实现太阳能光伏发电平价上网中将发挥越来越重要的作用。

第八章　促进海上风电平价上网的
碳金融政策效果分析

随着发电成本的不断下降，我国海上风电能否实现与传统火电平价上网逐步成为政策制定者以及学术界关注的热点（Matter 等，2017；Wu 等，2014）。实现平价上网对于我国海上风电可持续发展意义重大，主要体现在以下两个方面。一方面，有利于通过市场竞争促进海上风电技术进步。在平价上网目标约束下，海上风电发电企业为降低投标电价提高市场竞争力，需要综合考量发电效益与成本，积极研发改进发电技术及管理运行模式以提升发电效率及提高发电收益，进而带动整个海上风电行业技术进步。另一方面，有利于发挥价格机制促进海上风电行业资源优化配置。政府将通过平价上网机制筛选海上风力发电成本领先项目，进而发挥价格机制淘汰海上风电行业落后产能，最终实现资源优化配置。因此，我国应该积极引导海上风电成本下降，加快实现平价上网。本章首先基于我国海上风电数据库，估算我国海上风电学习率。之后，利用动态平准化发电成本估算方法，并根据国际能源署（IEA）、国际可再生能源能源署（IRENA）关于我国海上风电预期装机容量，估算我国海上风电成本演化路径（2020—2050 年），并通过比较海上风电 LCOE 演化趋势以及我国燃煤发电上网电价，探讨碳金融政策对于我国海上风电实现平价上网的促进作用。

一、问题的提出

发展可再生能源是我国能源转型及应对气候变化的重要措施，其中风电又以其技术水平及商业化程度等方面的优势，逐渐成为我国可再生能源的主要组成部分。然而在风能资源大规模开发与利用的同时，建设用地、上网条件以及利用效率等因素对陆上风电的制约作用也日益凸显（Rinne 等，2018），海上风电因其具有不占用陆上土地、风速高、风向稳定、靠近电力负荷中心等特点逐步成为我国风电未来发展的趋势，开发潜力巨大（许莉等，2015；Sgouridis 等，2019；IEA，2020）。近年来，由装机容量的快速扩张带来的规模经济效益以及由技术进步推动的风电机组大型化进程，海上风电投资成本已有显著下降。根据国家发展改革委统计，我国海上风电装机容量从2010 年的 0.15 兆瓦增长至 2018 年的 4.445 兆瓦，单位装机投资成本从 2010 年的 21 998 元/千瓦下降至 14 067 元/千瓦，下降幅度达 36%（IRENA，2019）。同时，2018 年我国海上风电新增机组单机容量已分别达到 5.5 MW、6.45 MW和 6.7 MW，处于全球领先地位（吕鑫等，2020）。

虽然目前我国海上风电成本下降趋势已逐步显现，但由于我国海上风电技术的特殊性，实现与传统火电平价上网仍然面临一定的问题和挑战。从技术路径来看，由于所处环境的差异性，海上风电轮机叶片设计及风机传感控制与陆上风电存在明显差异，导致海上风电呈现出独特的技术路径（Lu等，2016；Lundquist 等，2019）。另外，由于海洋环境的复杂性，海上风电机组与陆上风电相比研发与设计难度较高，研发周期较长，技术学习效应对于海上风电成本演化驱动的滞后性也较陆上风电更为明显。在此条件下，技术学习效应能否驱动我国海上风电成本持续下降直至实现平价上网是一个急需分析的问题。从成本结构来看，海上气候环境恶劣，高温、高湿、高盐雾等因素对海上风电设备的安装及运营维护提出了更高的要求，致使海上风电投资及运营成本较陆上风电偏高，无法与传统化石能源直接竞争，因此补贴机制仍然是加快海上风电技术进步及促进成本下降的必要条件（Yu 和 Zheng 2011；Davidson 等，2016）。但在可再生能源补贴缺口逐步扩大的背景下，我国可再生能源补贴退坡势在必行，而如何优化设计我国海上风电补贴退坡路径，在推动技术学习效应持续扩散的同时，加速实现平价上网是另一个重要问题。

单因素学习曲线模型是研究学习曲线最基本的模型，刻画了可再生能源发电单位成本随累计装机容量或发电量的不断增长而逐步下降的过程，被广泛应用于风力发电、光伏发电等可再生能源技术应用的研究领域（Qiu 和 Anadon，2012；Tu 等，2019；Lilliestam 等，2019）。随着海上风电技术应用的不断发展，国内外学者逐渐认识到单因素模型的局限性，认为单因素学习曲线模型在考察技术应用过程中对单位成本影响因素的刻画过于笼统，忽略了诸如技术研发等因素对可再生能源技术进步的推动作用（Junginger 等，2020）。因此，很多学者在传统单因素学习曲线模型基础上加入技术研发因素，扩展为双因素学习曲线模型。

根据双因素学习曲线模型的设定，技术学习驱动因素一般可以划分为由海上风电装机容量的累计所涌现出的"干中学"（Learning-by-doing）效应以及由海上风电技术研发投资所带动的"研中学"（Learning-by-researching）效应（Wu 和 Wang，2014）。一方面，海上风电"研中学"效应将随技术研发投入的增加而逐步增强，进而直接促进了海上风电单位装机投资成本下降。同时，技术研发投入的增加也将改善海上风电装机技术，间接促进了"干中学"效应的扩散。另一方面，海上风电装机容量的扩张在增强"干中学"效应的同时，间接提升了海上风电技术研发水平，促进了"研中学"效应的扩散，进而加速海上风电单位装机投资成本下降。因此，"干中学"效应与"研中学"效应都将直接或间接促进海上风电单位装机投资成本的下降。

近年来，随着研究方法的不断改进与创新，技术学习曲线模型被广泛应用于风电领域（段宏波等，2013；Junginger 等，2020）。随着全球海上风电的不断发展，诸多国内外学者开始利用技术学习曲线理论对海上风电技术学习过程进行了研究。目前对于海上风电技术学习的研究主要集中在通过累计装机容量及累计技术 R&D 投入刻画"干中学"与"研中学"效应，描述海上风电单位装机投资成本或发电成本的变化，并基于学习曲线模型估算海上风电技术学习率。从目前研究结果来看，一方面，海上风电技术在不同时期呈现出不同的发展态势。在海上风电发展前期学习率较高，投资成本下降较快，而随着海上风电技术的逐步成熟，技术潜力空间减少，技术学习率较低，投资成本及发电成本下降速率放缓（Van der Zwaan 等，2012；Junginger 等，2020）。另一方面，一些研究者发现海上风电在研发过程中累积的"研中学"效应相比"干中学"效应对海上风电成本下降的贡献更大，且在技术发展初期，其对于技术进步的贡献更加显著（EK 和 Soderholm，2010；Lecca 等，2017）。

　　本章主要研究了实现我国海上风电并网平价的时机和条件。特别探讨了碳金融政策在实现电网平价中的作用。碳金融政策是支持海上风电发展的政策工具。随着 2017 年全国碳排放交易市场的实施，海上风电投资者可以出售已发行的核证减排量，获得减排收入以抵消部分海上风力发电的发电成本。因此，碳金融政策的实施为促进我国海上风电的发展，特别是海上风电的并网平价提供了新的契机。为了分析我国海上风电的电网平价，我们将学习曲线模型与均衡电价（LCOE）模型相结合，计算了未来海上风电的发电成本。首先，采用 Learning-by-doing（LBD）和 Learing-by-researching（LBR）的双因素学习曲线模型计算海上风电的学习率，进而预测未来海上风电的投资成本。然后利用 LCOE 模型计算未来海上风力发电成本的演化。最后，根据燃煤发电上网价格与海上风电 LCOE 的对比，确定海上风电实现并网平价的时机和条件。

二、模型分析

（一）双因素学习曲线模型

Learning-by-doing（LBD）的概念是由 Arrow 提出的。LBD 是生产经验的积累导致生产力提高和成本降低的过程。学习（或经验）曲线模型已被广泛用于评估能源技术的成本，比如太阳能光伏（光伏）、风力涡轮机制造（Grübler 等人，1999），作为累积生产或安装的函数下降。它被描述为：

$$C_t = C_b \left(\frac{Q_t}{Q_b} \right)^{\alpha} \tag{8.1}$$

$$\text{LBD} = 1 - 2^{\alpha} \tag{8.2}$$

其中，C_t 是第 t 年的单位成本，C_b 是基准年的单位成本，Q_t 是第 t 年的累计容量，Q_b 是基准年的累计容量，α 是边做边学的学习系数。学习曲线模型中单位成本和经验测量最常见的规格是风电场的资本成本和累积装机容量。本书考虑了单位投资成本，包括制造涡轮机的成本，以及批准、建造、安装和运营海上风力发电项目的成本。

目前，一些研究建立在传统的单因素学习曲线模型的基础上，试图考虑 Learning-by-researching（LBR），特别是研发（R&D），或研究、开发和示范（RD&D），对能源技术成本的影响。因此，LBR 可以用来解释由于生产技术的进步而引起的成本下降。而对海上风力发电而言，这些技术进步包括更大的涡轮机、更轻的材料、更高效的涡轮机设计和改进的控制系统等。因此，双因素学习曲线可以表示为：

$$C_t = C_b \left(\frac{Q_t}{Q_b} \right)^{\alpha} \left(\frac{KS_t}{KS_b} \right)^{\beta} \tag{8.3}$$

$$\text{LBR} = 1 - 2^{\beta} \tag{8.4}$$

其中，β 为 LBR 的学习系数，KS_t 为第 t 年的知识存量，KS_b 为基准年的知识存量。

（二）海上风电 LCOE 模型

LCOE 方法被广泛用于评价发电技术的经济可行性，其包括项目整个生命周期内未来发生的折现费用和收益。通过使用折现现金流（DCF）技术，当总折现收入的现值等于系统生命周期（从基准年到 N 年）的总折现成本的现值时，就可以计算 LCOE：

$$\sum_{n=b}^{N} \frac{Revenues_n}{(1+r)^n} = \sum_{n=b}^{N} \frac{Costs_n}{(1+r)^n} \qquad (8.5)$$

项目的净现值（NPV）可以表示为：

$$NPV = \sum_{n=b}^{N} PV_t = 0 \qquad (8.6)$$

因此，LCOE 也被定义为 NPV 等于零的平均电价。本书在计算海上风电项目现金流时，考虑了核证减排量（CERs）的销售收入。故 $LCOE_n$ 的现值乘以每年的发电量 E_n 和碳减排收入的总和应该等于项目成本的现值之和，即

$$\sum_{n=b}^{N} \frac{LCOE \cdot E_n + P_c \cdot ER_n}{(1+r)^n} = \sum_{n=b}^{N} \frac{Costs_n}{(1+r)^n} \qquad (8.7)$$

CER 收益等于碳价 P_c 乘以项目预计减排量（E_n），如式（8.7）所示。故 LCOE 可以重写为

$$LCOE = \left(\sum_{n=b}^{N} \frac{Costs_n - P_c \cdot ER_n}{(1+r)^n} \right) \Big/ \left(\sum_{n=b}^{N} \frac{E_n}{(1+r)^n} \right) \qquad (8.8)$$

由式（8.8）可知，LCOE 等于生命周期内所有折现成本之和除以折现风力发电量总量。其中，折现成本包括资金成本和运维成本，即

$$LCOE_t = \left(C_t Q_t + \sum_{n=t}^{N} \frac{O\&M_n - P_c \cdot ER_n}{(1+r)^n} \right) \Big/ \left(\sum_{n=t}^{N} \frac{E_n}{(1+r)^n} \right) \qquad (8.9)$$

因此，式（8.1）至式（8.9）为第 t 年海上风电的 LCOE，表示为：

$$LCOE_t = \left(c_b \left(\frac{Q_t}{Q_b} \right)^\alpha \left(\frac{KS_t}{KS_b} \right)^\beta \cdot Q_t + \sum_{n=t}^{N} \frac{O\&M_n - P_c \cdot ER_n}{(1+r)^n} \right) \Big/ \left(\sum_{n=t}^{N} \frac{E_n}{(1+r)^n} \right) \qquad (8.10)$$

三、模型数据

本节描述了估计海上风电 LCOE 的学习率和未来演化趋势所必需的模型数据。为了使模型更容易理解，我们分以下章节展开介绍。

（一）数据来源

本书的数据主要来源于海上风电项目的环境影响评估报告（EAP）。根据海上风电项目的 EAP，我们收集了项目详细的财务和技术数据，包括投资成本、装机容量、贷款利率等。然后，根据海上风电项目的建设日期，建立 2008—2019 年我国海上风电项目数据库。截至 2019 年底，数据集包含了分布在广东、福建、江苏、浙江、上海、辽宁、山东等省市的 49 个海上风电项目。

（二）投资成本

海上风电项目的投资成本包括海上风电机组成本、电力设施安装成本、设计施工成本以及其他杂项费用（Sherman 等，2020）。基于 49 个海上风电项目的环境影响评估报告，我们提取并编制了所有项目的投资成本。根据数据库，我国海上风电项目单位平均投资成本从 2008 年的 26 667.00 元/千瓦下降到 2019 年的 17 408.79 元/千瓦，下降幅度达 35.0%，如图 8-1 所示。

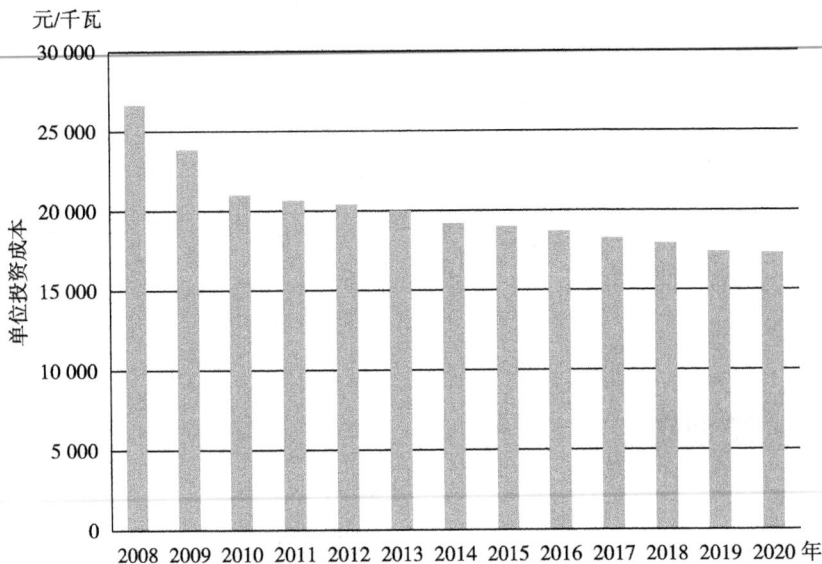

图 8-1　2008—2019 年海上风电单位投资成本

（三）装机容量

根据国家发展改革委统计，我国海上风电累计装机容量由 2008 年的 1.5MW 增加到 2019 年的 6 420MW，如图 8-2 所示。通过将我们数据库中的海上风电项目累计装机容量与国家发展改革委公布的总装机容量进行对比，数据库中我国海上风电累计装机容量为 6.382 兆瓦，占 2019 年底批准的海上风电项目总装机容量的 99.41%。因此，本书的数据库能够很好地代表中国海上风电行业发展现状。

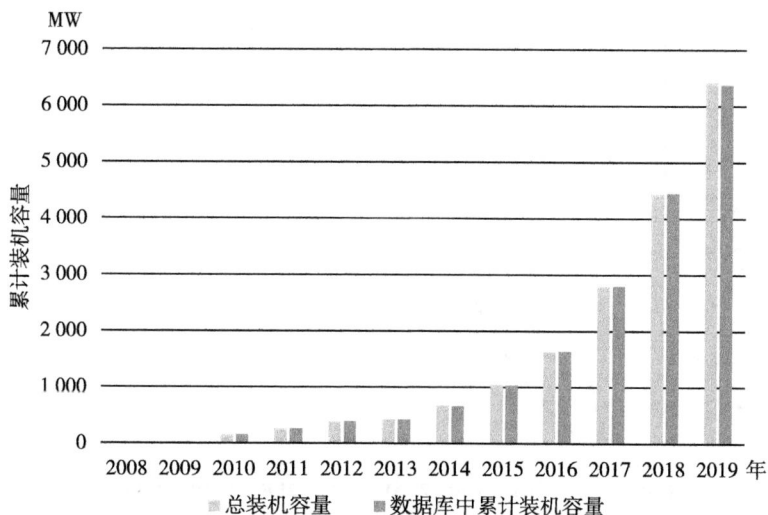

图 8-2　2008—2019 年海上风电累计装机容量

此外，由式（8.3）可知，海上风电技术的学习效应的扩散以及单位投资成本的下降趋势都将受到未来海上风电累计装机容量的影响。为估算未来海上风电累计装机容量，我们基于表 8-1 所示的 IEA（2019）和 GWEC（2020），对未来海上风电累计装机容量进行两种不同的假设：快速情景和低速情景。具体而言，为了准确拟合未来中国海上风电累计容量，我们根据 Sherman 等（2020）和 IEA（2019）计算的中国海上风电资源潜力，设定拟合我国海上风电装机容量拟合曲线的峰值为 2 000 兆瓦。在此海上风能资源潜力限制下，我们用不同的函数来描述我国海上风电累计装机容量拟合曲线，如线性函数、多项式函数和逻辑函数。由表 8-1 可知，我国海上风电累计装机容量最优拟合函数为"S"形增长曲线，以此来描述我国未来海上风电累积装机容量演变路径，如图 8-3 所示。

表 8-1　2020—2050 年我国海上风电累计装机容量预测

	增长情景	2025 年	2030 年	2040 年	2050 年
累计装机容量（兆瓦）	低速情景	—	60	—	200
	快速情景	30.69	58.75	—	—

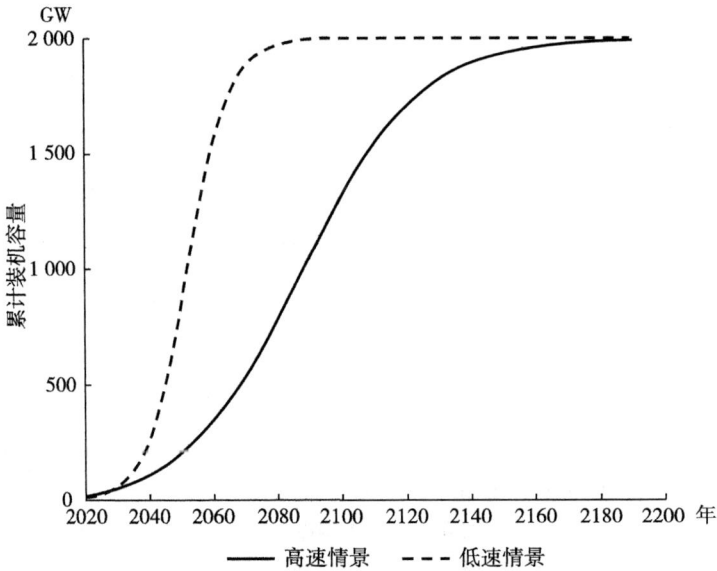

图 8-3　我国海上风电累计装机容量预测

（四）知识存量

类似于其他研究（Yu 等，2017），本书利用海上风电技术专利申请数量来衡量式（8.3）中的知识存量，如式（8.11）所示，其中，PA_t 和 PA_{t-1} 表示海上风电行业在 t 和 $t-1$ 年的专利申请数，ρ 表示专利折旧率。而根据 Yu 等（2016），专利存量的折旧率在 10%～30%变化，这取决于创新领域的模式、有效期限等。为简化计算，假设我国海上风电技术专利存量折旧率为 10%。

$$KS_t = PA_t + (1 - \rho)PA_{t-1} \qquad (8.11)$$

如图 8-5 所示，我国海上风电专利年均增长 25.68%。此外，本书依据我国上市公司年报数据，收集整理金风科技、上海电气、明阳智能等 8 家风力轮机制造商的研发投入数据，其占我国风力发电机总产量的近 50%。如图 8-4 所示，我国海上风电轮机研发投入从 2008 年的 21 亿元增加到 2019 年的 68 亿元。因此，基于 2008—2019 年的研发投入和专利项目，本书根据式（8.3）估计未来的知识存量，从而计算 LBR 学习率。

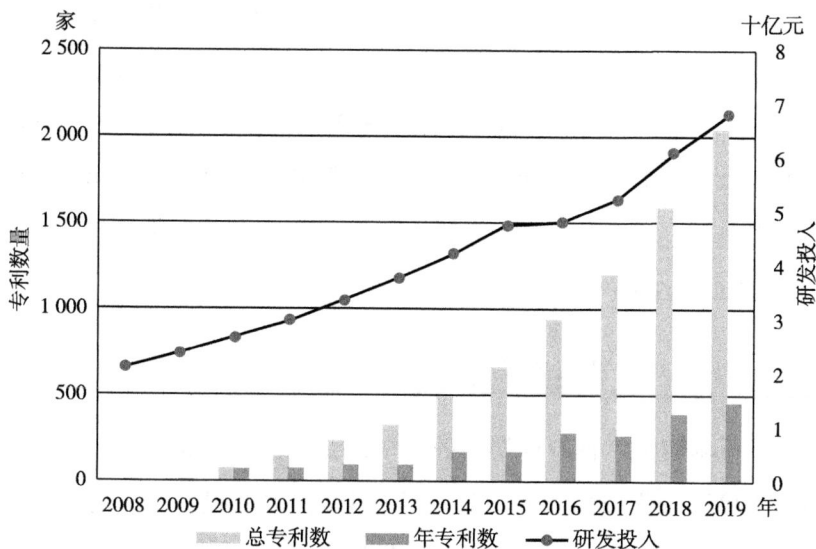

图 8-4 我国 2008—2019 年海上风电轮机行业专利数量及研发投入
（资料来源：中国知识产权数据库①）

（五）海上风电利用小时数

本书用容量因子来估计中国海上风电的利用时间。由于海上风能资源和风力发电技术的限制，每天 24 小时满负荷发电是不可行的。基于中国风电发

---

① 资料来源：http://pss-system.cnipa.gov.cn/sipopublicsearch/portal/uiIndex.shtml.

展相关研究的估计结果，中国海上风电容量因子 γ_t 将从 2019 年的 40% 上升到 2050 年的 54%（IRENA，2020）。因此，我国海上风电在标准年（8 760 h）的利用小时计算如下：

$$H_t = \gamma_t \cdot 8\ 760 \qquad (8.12)$$

（六）管理运营成本

海上风电项目管理运营成本（O&M）是指项目运营期间的财务支付，包括服务、备件、保险、管理和其他费用（IEA，2019）。根据 IEA（2019），本书将式（8.10）中的管理运营成本定义为单位管理运营成本乘以未来海上风电装机容量，即

$$O\&M_t = \theta_t \cdot Q_t \qquad (8.13)$$

其中，θ_t 表示第 t 年的单位管理运营成本，另外，根据 IEA（2019）中的估计，我国海上风电项目单位管理运营成本 θ_t，将从 2019 年的 445 元/kW 下降至 2050 年的 40.65 元/kW。

（七）海上风电项目金融参数

海上风电项目成本估算框架中的一个重要组成部分是银行商业贷款的利率。根据人民银行公布的能源项目指导利率[①]，本书假设所有海上风电项目贷款年利率均为 4.9%，并假设 15 年内贷款年还款率保持不变。

海上风电项目成本估算框架的另一个关键参数是贴现率，它反映了技术和特定时间的资本成本（Schmidt 等，2019）。由此本书假设贴现率为 5.7%。

（八）碳价格

碳金融政策是支持海上风电发展的政策工具。随着 2017 年全国碳排放交易市场的实施，海上风电投资者可以出售已发行的核证减排量（CERs），获

---

① 数据来源：http://www.pbc.gov.cn/.

得减排收入。而海上风电项目的减排收入可以抵消部分海上风力发电的发电成本。本书将 CER 收益考虑到海上风电 LCOE 计算框架中，估计实现海上风电平价上网所需的碳价格，将在下一节讨论。

（九）燃煤发电上网电价

为探讨我国海上风电能否实现并网平价，应确定燃煤发电的上网电价。根据国家发展改革委在 2020 年印发的《关于深化燃煤发电上网电价机制改革的指导意见》，燃煤发电上网电价按照现行基准上网电价确定，上网电价浮动范围不超过 -15%~10%。如表 8-2 所示，中国 11 个沿海地区燃煤发电平均上网电价在 0.3420 元/千瓦·时至 0.4426 元/千瓦·时。

表 8-2　我国沿海地区燃煤发电上网电价

	基准电价（元/千瓦·时）	电价浮动上限（元/千瓦·时）	电价浮动下限（元/千瓦·时）
天津	0.3655	0.4021	0.3107
河北	0.3720	0.4092	0.3162
辽宁	0.3749	0.4124	0.3187
江苏	0.3910	0.4301	0.3324
福建	0.3932	0.4325	0.3342
山东	0.3949	0.4344	0.3357
浙江	0.4153	0.4568	0.3530
上海	0.4155	0.4571	0.3532
广西	0.4207	0.4628	0.3576
海南	0.4298	0.4728	0.3653
广东	0.4530	0.4983	0.3851
平均值	0.4023	0.4426	0.3420

四、结果分析

本节首先估计了近海风力发电的学习率。其次计算了 LBD 和 LBR 效应对海上风电单位投资成本的贡献。本书通过对比海上风电项目 LCOE 和燃煤发电上网电价，探讨海上风电平价上网实现时点及实现条件。最后将探讨贷款利率进行敏感性分析，在此基础上分析我国海上风电实现平价上网所需碳价格。

（一）学习率分析

本书依据 2008—2019 年海上风电项目单位投资成本数据，利用式 (8.14) 所示的学习曲线模型，估算我国海上风电学习率，并探讨海上风电机组单位投资成本演化驱动因素。

$$\ln C_t = C_0 + \alpha \ln Q_t + \beta \ln KS_t + \varepsilon_t \tag{8.14}$$

根据本节中的海上风电实证数据，表 8-3 显示单位投资成本与累计装机容量、知识存量存在显著相关性。如表 8-3 所示，我国海上风电 LBD 学习系数（α）和 LBR 学习系数（β）分别为 0.0366 和 0.0210，对应于 LBD 和 LBR 的学习率分别为 2.57% 和 1.46%。结合 LBD 和 LBR 对海上风电成本下降的驱动作用，我国海上风电联合学习率为 4.03%。结果表明，对我国海上风电技术而言，LBD 效应与 LBR 效应可分别使我国海上风电项目单位投资成本下降 2.57% 和 1.46%。

表 8-3　双因素学习曲线模型估算结果

参数	数值
LBD 学习系数（α）	$-0.0366\ (0.0068)$ ***
LBR 学习系数（β）	$-0.0210\ (0.0092)$ **
常数项	$10.2315\ (0.092)$ ***
拟合优度（R^2）	0.8609
LBD 学习率	2.57%
LBR 学习率	1.46%
联合学习率	4.03%
DW	1.67

注：**、*** 分别表示在 5% 及 1% 水平下系数显著。

（二）成本驱动因素分析

本书利用式（8.15）和式（8.16），定量化评估 LBD 与 LBR 效应对我国海上风电项目单位投资成本下降贡献值。

$$C_{LBD} = \frac{C_t \cdot \alpha \ln Q}{\ln C_t} \tag{8.15}$$

$$C_{LBR} = \frac{C_t \cdot \beta \ln K}{\ln C_t} \tag{8.16}$$

截至 2019 年底，我国海上风电单位投资成本下降 34.72%，由 2008 年的 26 667 元/千瓦降至 2019 年的 17 408.79 元/千瓦。其中，"学中做"（LBD）效应对单位投资成本下降的贡献率约为 70%（见图 8-5），而"研中学"（LBR）效应对单位投资成本下降的贡献率仅为 30% 左右。结果表明，现阶段由于我国海上风电累计装机容量扩张而引起的 LBD 效应比由研发投资带来的 LBR 效应对海上风电单位投资成本的降低更为重要。

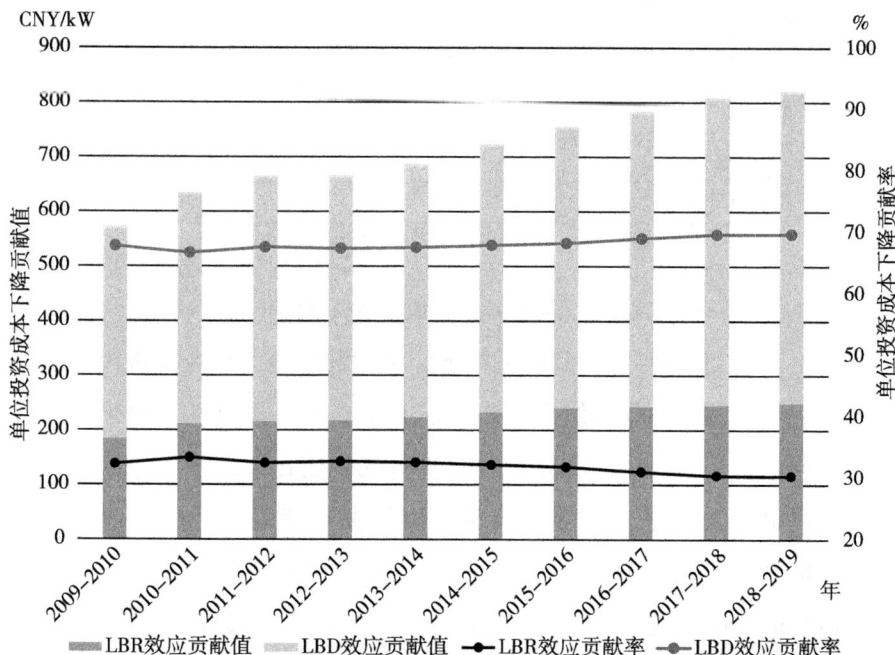

图 8-5　我国海上风电单位投资成本下降驱动因素

（三）平价上网分析

基于中国海上风电项目实证数据和估算的学习率，本书利用式（8.10）计算海上风电 LCOE 演化路径。如图 8-6 所示，在上一节中设置的低速和高速海上风电未来累计装机容量预测情境下，我国海上风电 LCOE 呈现出明显的下降趋势，分别从 2020 年的 0.7638 元/千瓦·时和 0.7782 元/千瓦·时下降至 2050 年的 0.3265 元/千瓦·时和 0.3103 元/千瓦·时，下降幅度分别为 57.14% 和 60.13%。此外，通过对比燃煤发电平均上网电价（0.34~0.44 元/千瓦·时）与海上风电 LCOE 演化路径，本书预测我国将在 2039 年后实现海上风电平价上网。

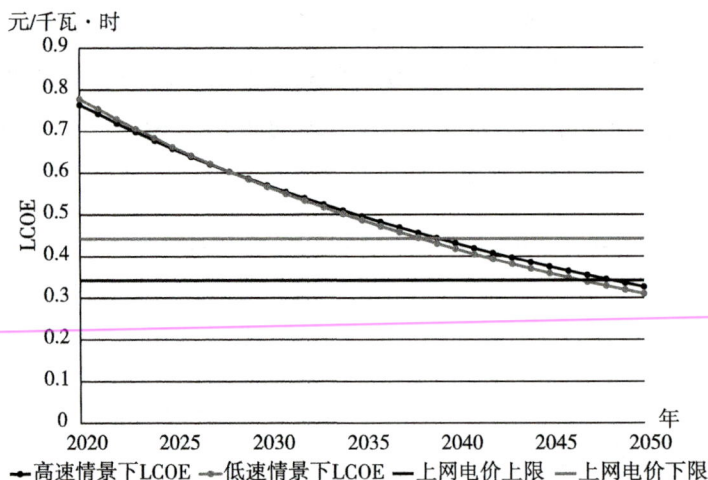

图 8-6　我国海上风电 LCOE 演化路径与平价上网分析

实际上，在 2060 年碳中和的目标下，必须加快电力行业大规模脱碳，以加速可再生能源发电取代传统燃煤发电。其中，海上风电作为中国未来风电的发展方向，将在促进中国能源转型和应对气候变化方面发挥重要作用。然而，海上风电能否在电力市场上与传统燃煤发电竞争是一个关键问题。因此，实现电网平价对未来海上风电的发展具有重要意义。根据以上评估结果，可以推断 2039 年前实现海上风电电网平价似乎比较困难，可能需要额外的政策进一步推动电网平价。

（四）碳金融政策效果分析

碳金融作为一种新兴的金融类别，为可再生能源发电行业的发展提供了一条定向、长期、稳定的金融支持路径。在碳中和背景下，碳金融的发展对促进我国海上风电并网平价发挥着关键作用。碳排放交易市场和绿色信贷作为可再生能源发电行业碳金融政策的两种主要类型，是支持海上风电发展的有效政策工具。一方面，随着2017年中国全国碳排放交易市场的实施，海上风电投资者可以出售已颁发的核证减排量，获得减排收入。海上风电项目减排收入可以抵销部分发电成本；另一方面，绿色信贷是商业银行提供优惠贷款支持低碳产业投资的政策工具（Yang等，2020）。海上风电投资者可以以低于市场的贷款利率获得一定比例的商业贷款。在此背景下，海上风电项目的资本成本将降低，海上风电的LCOE将进一步降低。

本节将碳排放交易政策及绿色信贷政策纳入海上风电LCOE计算框架中，估算在不同贷款利率条件下实现我国海上风电平价上网的碳价格。如图8-7所示，本书通过两张三维图分析在不同贷款利率及燃煤发电上网电价条件下实现海上风电平价上网的碳价格，其中三维图中x、y、z轴分别表示海上风电实现平价上网时间、贷款利率及平价上网所需的碳价格。如图8-7（a）所示，通过比较海上风电LCOE演化路径与燃煤发电平均上网电价浮动上限，碳价格需要分别达到396.98元/t CO_2、262.34元/t CO_2 和151.35元/t CO_2，以确保在基准贷款利率（4.9%）条件下，海上风电分别在2020年、2025年和2030年实现平价上网。而当引入绿色信贷政策后，随着贷款利率逐步下降至2%时，碳价格也将分别下降至235.53元/t CO_2、117.26元/t CO_2 和20.45元/t CO_2，以确保海上风电分别在2020年、2025年和2030年实现平价上网。与图8-8（a）结论相似，当燃煤发电平均上网电价达到下限时，如图8-8（b）所示，碳价格需要分别达到472.88元/t CO_2、338.25元/t CO_2 和227.25元/t CO_2，以确保在基准贷款利率（4.9%）条件下，海上风电分别在2020年、2025年和2030年实现平价上网。而当引入绿色信贷政策后，随着贷款利率逐步下降至

2%时，碳价格也将分别下降至 311.43 元/t CO_2、193.16 元/t CO_2 和 96.35
元/t CO_2 以确保海上风电分别在 2020 年、2025 年和 2030 年实现平价上网。

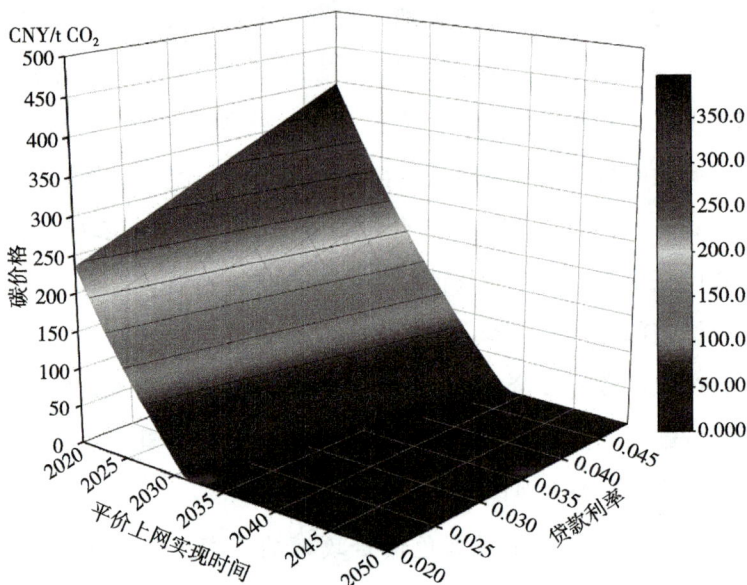

（a）燃煤发电上网电价上限

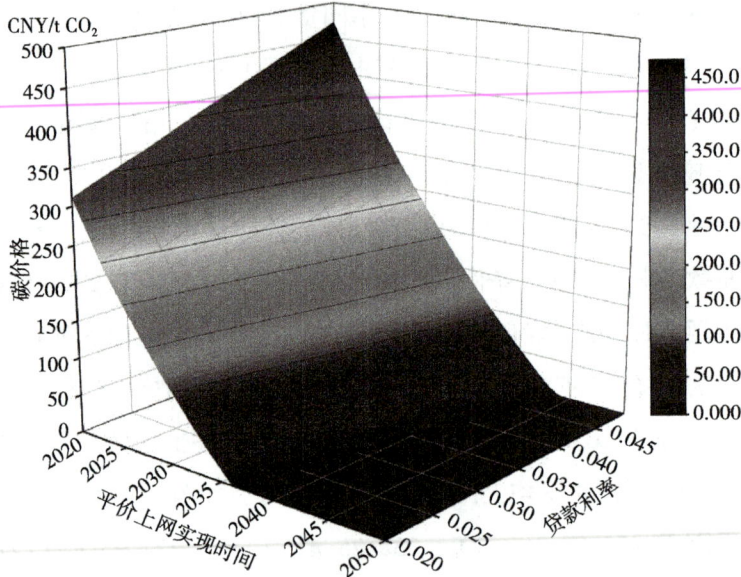

（b）燃煤发电上网电价下限

图 8-7　我国海上风电平价上网所需碳价格分析

综上所述，碳金融政策对促进我国海上风电实现并网平价是有效的。但根据中国 8 个试点碳排放交易市场的数据，碳价格在 10~150 元/t CO_2。因此，由于碳价格较低，单一的碳排放交易市场政策无法在 2030 年前实现中国海上风电的电网平价。然后，在引入绿色信贷政策后，碳排放交易的价格区间应为 235.53~311.43 元/t CO_2、117.26~193.16 元/t CO_2 和 20.45~96.35 元/t CO_2，大致相当于中国 8 个试点碳排放交易市场的碳价格区间。因此，应将碳排放交易市场与绿色信贷政策相结合，尽早推动我国海上风电实现并网平价。

五、本章小结

实现我国海上风电并网平价不但对未来我国能源系统发展具有重要意义，而且对我国实现《巴黎协定》国家自主贡献中的碳减排目标具有重要意义。本书利用 2008—2019 年我国 49 个海上风电项目的经验数据，基于双因素学习曲线模型估算了我国海上风电技术的学习率。然后，计算 2020—2050 年我国海上风电 LCOE 演化路径。此外，通过对未来 LCOE 的演化路径与我国沿海地区燃煤发电上网电价的比较，评估我国平价上网实现时间及实现条件，探讨碳金融政策在实现海上风电平价上网中的政策效果。本书的分析对我国政策制定者进一步完善政策体系，特别是碳排放交易市场，实现电网平价具有重要意义。

鉴于以上结果，我们建议采取两阶段政策策略。短期内，政府应推动可再生能源发电参与全国碳排放交易市场，扩大绿色信贷覆盖范围，支持可再生能源发电项目投资。特别是在可再生能源发电补贴减少的背景下，海上风电企业的现金流稳定性短期内将受到很大影响，导致企业盈利能力下降。因此，政府及时推动海上风电参与全国碳排放交易市场，将促进海上风电项目的减排收入，抵销部分发电成本。海上风电企业的盈利能力也会随之提高。同时，绿色信贷将帮助海上风电项目投资者获得较低的利率贷款，海上风电的盈利能力将进一步提高。

从长远来看，政府应鼓励海上风电企业投入研发，比如研发补贴、税收减免等。本书研究发现，我国海上风电成本降低的驱动力主要是规模效应的扩散，研发对海上风电成本降低的贡献较低。因此，从长期来看，海上风电要想持续降低成本，就需要加大研发投入，促进技术创新。而我国海上风电企业的专利数量仍低于其他发达国家，技术创新能力有待进一步提高。因此，政府应建立激励机制，促进海上风电企业加大研发投入，从而提高海上风电行业的整体技术创新水平。

第九章　区域间碳市场、电力市场与绿证市场的关联互动与政策协同分析

碳排放权交易体系与绿色证书交易体系是两个重要的基于市场的环保工具，它们有着重叠的目标，即通过市场方式将经济转向绿色低碳，减少温室气体的排放。因此，了解这两个市场的价格信号以及其相互作用，对于监管机构和市场参与者而言都至关重要。

一、问题的提出

在单区域模型中碳减排政策和可再生能源促进政策的相互作用对电力市场有较大影响，在有些情况下甚至会有反常影响。这两种政策工具的引用都是为了达到同一目的，即通过减少传统化石燃料和可再生能源的成本差，促进可再生能源对于化石燃料的替代，增加其在能源生产结构中所占比例，减少碳排放。而在多区域模型中，碳减排政策和可再生能源促进政策之间的互动关系将更为复杂。首先，目标约束较单区域模型更为复杂。多区域之间具有不同的可再生能源消费比例目标约束，该约束一方面会影响其区域内可再生能源发电企业生产行为，另一方面也会通过多区域中统一的 TGC 市场而传导至其他区域，影响其他区域可再生能源发电企业生产行为。其次，多区域模型较单区域模型市场机制更为活跃。多区域模型一般假设存在统一电力交易市场，因此不同区域之间电力交易更为复杂，加之本章考虑了多区域之间存在统一 TGC 市场，这使多区域之间电力交易与绿色证书交易互相交织。最

后，减排目标达成路径更为复杂。由于本章中假设多区域之间存在统一的 ETS 市场且处于统一碳排放限额目标约束中，区域之间通过电力交易和 TGC 市场互动更为频繁，实现该目标的选择更多。比如，在共同碳排放限额目标约束下，可再生能源发电成本较高的区域可以通过电力交易和 TGC 交易实现资源优化配置，而对于减排成本较低的区域则可以通过 ETS 机制以减排的形式达成政策目标约束。因此，在此背景下探讨多区域电力市场、TGC 市场和 ETS 市场之间的互动关系将更为困难，同时也具有一定理论和现实意义。本章在两区域条件下探讨了 ETS 市场、电力交易市场和 TGC 市场之间互动协同关系，重点回答以下问题。

首先，碳排放配额总量和两区域可再生能源消费比例目标设定如何影响 ETS 市场、电力交易市场和 TGC 市场中价格信号形成。其次，ETS 市场、电力交易市场和 TGC 市场三者之间互动关系对价格信号形成机制的影响。最后，面对可能存在的政策冲突问题，碳排放配额总量和两区域可再生能源消费比例目标如何协同调整。

二、模型分析

该电力市场模型的变量与参数表达如表 9-1 所示。

表 9-1 模型变量与参数定义

符号	参数意义
D_i	i 区域电力需求总量，$i=A, B$
q_i	i 区域化石燃料发电上网电价
s_i	i 区域可再生能源绿色证书价格
τ	统一碳市场中碳价格
X_i	i 区域总发电量
Y_i	i 区域化石燃料发电量
Z_i	i 区域可再生能源发电量
$C_i^f(Y_i, \tau)$	i 区域化石燃料成本函数，其中包括发电成本和碳交易成本

符号	参数意义
$C_i^r(Z_i)$	i 区域可再生能源发电成本函数
β_i	i 区域电力行业减排量
$C_i^a(\beta_i)$	i 区域电力行业减排成本函数
θ_i	i 区域化石燃料发电企业单位发电量的碳排放量
α_i	i 区域可再生能源消费比例，由国家政策目标规定
$\overline{E}$	碳市场政策下电力行业碳排放限额

（一）统一碳市场下电力市场模型

本节在可再生能源消费比例与碳排放限额目标的约束下，建立了统一碳市场下电力市场模型（ETS Model，EM）。在此模型中，区域 A，B 中的化石燃料发电企业处于统一碳市场之中，其可再生能源发电企业处于相互独立的绿色证书交易市场之中。另外，该模型中不存在区域之间进行电力自由交易的统一电力市场。式（9.1）表示 i 区域代表性化石燃料发电企业最大化其利润函数，即

$$\max_{Y_i,\beta_i}\pi_i^f = R_i^f\,(Y_i,\ q_i)\ -C_i^f\,(Y_i)\ -C_i^a\,(\beta_i)\ -\tau\,(\theta_i Y_i - \beta_i)$$

$$= q_i Y_i - C_i^f\,(Y_i)\ -C_i^a\,(\beta_i)\ -\tau\,(\theta_i Y_i - \beta_i),\ i=A,\ B \qquad (9.1)$$

由此可以看出，化石燃料发电企业利润由四个部门组成：发电上网收入、生产成本、碳减排成本和碳市场成本。我们假设碳市场中碳配额以拍卖形式发放，故该部分碳市场中成本指的是配额拍卖与交易的成本。

化石燃料发电企业减排方式主要有提高能源利用效率、使用替代能源和减产等手段。由于我们在电力市场模型中包含了使用可再生能源和减产等方式，所以该模型中化石燃料发电企业减排成本主要指的是提高能效等手段的成本。

式（9.2）表示电力市场中 i 区域可再生能源发电企业利润最大化，即

$$\max_{Z_i}\pi_i^r = R_i^r(Z_i,\ q_i,\ s_i)\ -C_i^r(Z_i)$$

$$= (q_i + s_i)Z_i - C_i^r(Z_i),\ i=A,\ B \qquad (9.2)$$

本节假设区域内含有一家代表性可再生能源发电企业。由此可以看出，可再生能源发电企业利润由发电上网收入、出售绿色证书收入和发电成本组成。

另外，本节假设各区域发电总量应满足其电力消费需求的约束，式（9.3）表示 i 区域总发电量 X_i 等于其电力消费需求量 D_i，即

$$X_i = Y_i + Z_i = D_i, \ i = A, \ B \qquad (9.3)$$

由于政府对碳减排和可再生能源消费比例分别有目标约束，我们在上述电力市场模型中加入了碳减排目标约束和可再生能源消费比例目标约束。式（9.4）和式（9.5）分别表示碳减排目标约束以及可再生能源消费比例目标约束，即

$$\sum \theta_i Y_i - \sum \beta_i = \overline{E}, \ i = A, \ B \qquad (9.4)$$

$$Z_i = \alpha_i D_i, \ i = A, \ B \qquad (9.5)$$

为简便起见，本节假设碳市场包含电力行业，故式（9.4）表示电力行业碳排放量必须满足相应的碳排放限额。另外本节假定可再生能源发电企业发电过程中不产生碳排放，故电力行业碳排放量指的是化石燃料发电企业碳排放量。式（9.5）表示可再生能源消费比例目标约束两区域可再生能源发电量必须达到各区域的可再生能源消费比例目标。

政府对于碳减排目标约束以及可再生能源消费比例目标约束制定了两种政策工具，即碳市场政策与绿色证书交易市场政策，其中化石燃料发电企业是碳市场的参与者，即化石燃料发电企业排放的碳限额必须通过碳市场拍卖获得，而绿色证书交易市场政策指的是可再生能源发电企业在获得相应的上网收入以外可以通过出售相应可再生能源电力绿色证书而获得一定的收入，其政策效果相当于政府给予可再生能源发电企业一定的发电补贴，促进其达到可再生能源消费比例目标。式（9.6）和式（9.7）分别表示两种政策工具约束：

$$s_i \geq 0, \ i = A, \ B \qquad (9.6)$$

$$C_i^{a\prime}(\beta_i) = \tau, \ i = A, \ B \qquad (9.7)$$

其中，式（9.6）表示可再生能源发电企业较化石燃料发电企业额外获得一定的绿色证书收益，式（9.7）表示碳市场均衡状态下化石燃料发电企业边际减排成本等于碳市场中的碳价格。

为了进一步分析该电力市场模型，我们对模型中化石燃料发电商以及可再生能源发电商生产函数以及化石燃料发电商减排成本函数等参数进行函数形式上的刻画。同 Jensen 和 Skytte（2003）以及 Lecuyer 和 Quirion（2013）研究一样，我们假设化石燃料发电企业与可再生能源发电企业的成本函数和边际减排成本函数为二次线性函数的形式，即

$$C_i^{f\prime}(Y_i) = c_{1i}^f Y_i + c_{2i}^f, \ i = A, \ B \tag{9.8}$$

$$C_i^{r\prime}(Z_i) = c_{1i}^f Y_i + c_{2i}^f, \ i = A, \ B \tag{9.9}$$

$$C_i^{a\prime}(\beta_i) = c_{1i}^a \beta_i + c_{2i}^a, \ i = A, \ B \tag{9.10}$$

根据对式（9.1）与式（9.2）求解并结合式（9.3）至式（9.10），本节得到该统一碳市场下电力市场模型 i 区域一阶条件，即

$$q_i = c_{1i}^f(1 - \alpha_i)D_i + c_{2i}^f + \theta_i\tau, \ i = A, \ B \tag{9.11}$$

$$q_i + s_i = c_{1i}^r\alpha_i D_i + c_{2i}^r, \ i = A, \ B \tag{9.12}$$

$$c_{1i}^a\beta_i + c_{2i}^a = \tau, \ i = A, \ B. \tag{9.13}$$

（二）统一碳市场下电力自由交易市场模型

本节在可再生能源消费比例与碳排放限额目标约束下，建立了统一碳市场电力自由交易模型（ETS-ET Model，EEM）。该模型中除了存在统一碳市场外，区域之间允许进行电力自由交易的统一电力市场。

式（9.14）表示 i 区域代表性化石燃料发电企业最大化其利润函数，即

$$\max_{Y_i, \beta_i}\pi_i^f = R_i^f(Y_i, q) - C_i^f(Y_i) - C_i^a(\beta_i) - \tau(\theta_iY_i - \beta_i)$$
$$= qY_i - C_i^f(Y_i) - C_i^a(\beta_i) - \tau(\theta_iY_i - \beta_i), \ i = A, \ B \tag{9.14}$$

式（9.15）表示电力市场中 i 区域可再生能源发电企业利润最大化，即

$$\max_{Z_i}\pi_i^r = R_i^r(Z_i, q, s_i) - C_i^r(Z_i)$$

$$= (q + s_i)Z_i - C_i^r(Z_i), \ i = A, \ B \quad (9.15)$$

值得注意的是，在此电力市场模型中，两区域电力允许自由交易，上网电价在均衡状态下相等，而由于本章之前提到的两区域电力市场封闭性假设，其电力自由交易约束为式（9.16）与式（9.17）：

$$X_i = Y_i + Z_i + m_i = D_i, \ i = A, \ B; \quad (9.16)$$

$$m_A = -m_B \quad (9.17)$$

其中，m_i 表示电力市场中电力交易量，若 $m_i > 0$，表示该区域输入电力，反之，该区域输出电力。

与9.2.2节相似的是，本节碳减排目标约束和可再生能源消费比例目标约束如式（9.4）和式（9.5）所示，政策工具约束如式（9.6）和式（9.7）所示。

因此，根据对式（9.14）和式（9.15）求解并结合边际成本函数假设式（9.8）至式（9.10）以及电力自由交易约束式（9.16）和式（9.17），本节得到该统一碳市场下电力自由交易市场模型 i 区域一阶条件，即

$$q = c_{1i}^f(1 - \alpha_i)D_i - c_{1i}^f m_i + c_{2i}^f + \theta_i\tau, \ i = A, \ B \quad (9.18)$$

$$c_{1A}^f(1 - \alpha_A)D_A - c_{1A}^f m_A + c_{2A}^f + \theta_A\tau = c_{1B}^f(1 - \alpha_B)D_B + c_{1B}^f m_A + c_{2B}^f + \theta_B\tau,$$

$$\quad (9.19)$$

$$q + s_i = c_{1i}^r \alpha_i D_i + c_{2i}^r, \ i - A, \ B \quad (9.20)$$

$$c_{1i}^a \beta_i + c_{2i}^a = \tau, \ i = A, \ B. \quad (9.21)$$

（三）统一碳市场与绿色证书交易市场下电力自由交易市场模型

本节在可再生能源消费比例与碳排放限额目标约束下，建立了统一碳市场电力自由交易模型（ETS-ET-TGC Model, EEGM）。该模型中包含存在统一碳市场以及绿色证书交易市场外，区域之间允许进行电力自由交易的统一电力市场。

式（9.22）表示 i 区域代表性化石燃料发电企业最大化其利润函数，即

$$\max_{Y_i, \beta_i}\pi_i^f = R_i^f(Y_i, q) - C_i^f(Y_i) - C_i^a(\beta_i) - \tau(\theta_iY_i - \beta_i)$$

$$= qY_i - C_i^f(Y_i) - C_i^a(\beta_i) - \tau(\theta_iY_i - \beta_i), \ i = A, \ B \quad (9.22)$$

式（9.23）表示电力市场中 i 区域可再生能源发电企业利润最大化，即

$$\max_{Z_i}\pi_i^r = R_i^r(Z_i,\ q,\ s) - C_i^r(Z_i)$$

$$= (q + s)Z_i - C_i^r(Z_i),\ i = A,\ B \qquad (9.23)$$

值得注意的是，在此电力市场模型中，两区域电力和绿色证书允许自由交易，上网电价和绿色证书在均衡状态下相等，而由于本章之前提到的两区域电力市场封闭性假设，其电力自由交易与绿色证书交易约束为式（9.24）至式（9.26），即

$$X_i = Y_i + Z_i + m_i + n_i = D_i,\ i = A,\ B; \qquad (9.24)$$

$$m_A = - m_B \qquad (9.25)$$

$$n_A = - n_B \qquad (9.26)$$

其中，m_i 表示电力市场中电力交易量，若 $m_i>0$，表示该区域输入电力，反之，该区域输出电力。而 n_i 表示绿色证书交易量，若 $n_i>0$，表示该区域购买绿色证书，反之，该区域出售绿色证书。

与上一节相似的是，本节碳减排目标约束如式（9.4）所示，而可再生能源消费比例目标约束如式（9.27）所示：

$$Z_i = \alpha_i D_i - n_i,\ i = A,\ B \qquad (9.27)$$

政府对于碳减排目标约束和可再生能源消费比例目标约束制定了两种政策工具，碳市场政策与绿色证书交易市场政策，其中，化石燃料发电企业是碳市场的参与者，即化石燃料发电企业排放的碳限额必须通过碳市场拍卖获得，而绿色证书交易市场政策指的是可再生能源发电企业在获得相应的上网收入以外，可以通过出售相应可再生能源电力绿色证书而获得一定的收入，其政策效果相当于政府给予可再生能源发电企业一定的发电补贴，促进其达到可再生能源消费比例目标。式（9.7）表示碳市场政策工具约束，而式（9.28）表示绿色证书交易市场政策工具约束，即

$$s \geqslant 0 \qquad (9.28)$$

因此，根据对式（9.22）和式（9.23）求解并结合边际成本函数假设式（9.8）至式（9.10）和电力自由交易约束式（9.24）至式（9.26），本节得

到该统一碳市场下电力自由交易市场模型 i 区域一阶条件，即

$$q = c_{1i}^f (1 - \alpha_i) D_i - c_{1i}^f m_i + c_{1i}^f n_i + c_{2i}^f + \theta_i \tau, \ i = A, \ B \quad (9.29)$$

$$c_{1A}^f (1 - \alpha_A) D_A - c_{1A}^f m_A + c_{1A}^f n_A + c_{2A}^f + \theta_A \tau$$

$$= c_{1B}^f (1 - \alpha_B) D_B + c_{1B}^f m_A - c_{1B}^f n_A + c_{2B}^f + \theta_B \tau, \quad (9.30)$$

$$q + s = c_{1i}^r (\alpha_i D_i - n_i) + c_{2i}^r, \ i = A, \ B \quad (9.31)$$

$$c_{1A}^r (\alpha_A D_A - n_A) + c_{2A}^r = c_{1B}^r (\alpha_B D_B + n_A) + c_{2B}^r \quad (9.32)$$

$$c_{1i}^a \beta_i + c_{2i}^a = \tau, \ i = A, \ B. \quad (9.33)$$

（四）模型结果

为了更好地理解多区域电力市场、TGC 市场和 ETS 市场之前的互动关系，本节将从理论角度以示意图的形式分析以上所述三种情景下电力市场、TGC 市场和 ETS 市场之间的互动关系。如图 9-1（a）所示，横坐标表示 A、B 两区域发电量（A 区域为左象限，B 区域为右象限），纵坐标表示电价。D_A 表示 A 区域中电力消费需求；D_B 则表示 B 区域电力消费需求。A、B 区域中政府预设的可再生能源电力消费比例目标分别为 α_A 和 α_B，可再生能源消费电量分别为 $D_A \alpha_A$ 和 $D_B \alpha_B$。由于 A、B 区域中可再生能源边际发电成本与化石燃料边际发电成本的差异性，图中 S_f^A 与 S_f^B 表示化石燃料电力企业边际发电成本，即化石燃料电力供给曲线，而 S_r^A 与 S_r^B 表示可再生能源电力企业边际发电成本，即可再生能源电力供给曲线。

根据统一 ETS 市场下电力市场模型设定，A、B 两区域电力行业处于统一 ETS 市场和相互独立的 TGC 市场，且两区域之间不存在电力交易。因此，A、B 区域依靠自身可再生能源发电满足其区域内可再生能源消费比例目标，即 A 区域可再生能源发电量为 $D_A \alpha_A$，化石燃料发电量为 $D_A (1 - \alpha_A)$；B 区域可再生能源发电量为 $D_B \alpha_B$，化石燃料发电量为 $D_B (1 - \alpha_B)$。由图 9-1（a）可知，A、B 区域电价分别为 q_A 和 q_B，而其绿色证书价格分别为 s_A 和 s_B。值得注意的是，在此情景内，绿色证书价格主要由区域内售电企业或电力用户承担。对于统一 ETS 市场，如图 9-1（b）所示，MAC_A 表示 A 区域化

石燃料发电企业边际减排成本曲线，其代表了 A 区域中化石燃料发电企业对于 ETS 中碳排放配额需求（Lehmann 和 Gawel，2013），MAC_B 则表示 B 区域化石燃料发电企业边际减排成本曲线，其代表了 B 区域中化石燃料发电企业对于 ETS 中碳排放配额需求。因此在均衡状态下，A、B 两区域边际减排成本相等，其相应的减排量分别为 β_A 与 β_B，碳价格为 τ。

根据统一 ETS 市场下电力交易市场模型设定，A、B 两区域电力行业处于统一 ETS 市场以及相互独立的 TGC 市场，且两区域之间存在电力交易。如图 9-1（a）所示，由于 B 区域化石燃料边际发电成本曲线高于 A 区域化石燃料边际发电成本曲线，因此本节假设 A 区域为电力进口方，而 B 区域为电力出口方（若 A 区域化石燃料边际发电成本曲线低于 B 区域化石燃料边际发电成本曲线，A 区域为电力出口方，而 B 区域为电力进口方）。因此在均衡状态下，B 区域向 A 区域电力交易量为 m，而 A 区域化石燃料发电量为 $D_A(1-\alpha_A)-m$，而 B 区域化石燃料发电量为 $D_B(1-\alpha_B)+m$，均衡电价为 q，其与统一 ETS 市场下电力市场模型中电价相比，处于 A、B 区域均衡电价之间，即 $q_B<q<q_A$。对于统一 ETS 市场，如图 9-1（b）所示，由于 A 区域化石燃料发电量减少，其对于 ETS 中碳排放配额需求减少（需求曲线从 DP_A 下移至 DP_{Ae}）而由于 B 区域化石燃料发电量增加，其对于碳排放配额需求增加（需求曲线从 DP_B 上移至 DP_{Be}）。当 ETS 处于均衡状态时，A、B 区域减排量分别为 β_{Ae} 和 β_{Be}（Lehmann 和 Gawel，2013），碳价格为 τ_e。但由于 A、B 区域中化石燃料发电企业碳排放系数的不同，统一 ETS 电力市场模型中碳价格 τ 与碳价格 τ_e 大小无法比较。对于 A、B 区域中 TGC 市场而言，如图 9-1（c）所示，S_r^A 与 S_r^B 分别表示 A、B 区域可再生能源边际发电成本曲线，其代表 TGC 市场绿色证书供给曲线。为实现其各自的可再生能源消费比例目标，A、B 区域可再生能源发电量分别为 $D_A\alpha_A$ 和 $D_B\alpha_B$。在 A、B 区域 TGC 市场处于均衡状态时，其可再生能源电力边际收益分别为 $q+s_{Ae}$ 和 $q+s_{Be}$，因此其相应的绿色证书价格分别为 s_{Ae} 和 s_{Be}。

在统一 ETS 市场和 TGC 市场下电力交易市场模型中，A、B 两区域电力行

业处于统一 ETS 市场和 TGC 市场中，且两区域之间存在电力交易。我们首先来
看统一 TGC 市场，如图 9-1（c）所示，在统一 TGC 市场处于均衡状态时，A、
B 两区域可再生能源边际发电成本与均衡绿色证书价格相等，其可再生能源发
电量分别为 Z_r^A 和 Z_r^B，而 A、B 区域之间绿色证书交易量为 n。对于电力交易市
场，如图 9-1（a）所示，A 区域可再生能源发电量为 $D_A\alpha_A - n$，而 B 区域可再
生能源发电量为 $D_B\alpha_B + n$。因此，为了补充 A 区域电力需求 D_A 缺口，B 区域向
A 区域电力出口量包括可再生能源电力出口量 n，以及化石燃料电力出口量 m。
由此可知，本节与上一节统一 ETS 市场下电力交易市场模型相比，化石燃料电
力出口量相等，故电价为 q。另外，对于 ETS 市场，由于 A、B 区域化石燃料
发电量在统一 ETS 市场和 TGC 市场下电力交易市场模型与统一 ETS 下电力交
易市场模型下相等，碳价格在两种模型下相等，都为 τ_e。

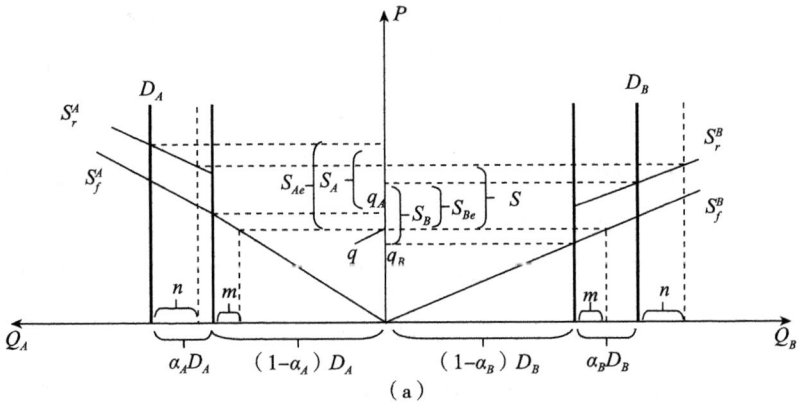

（a）

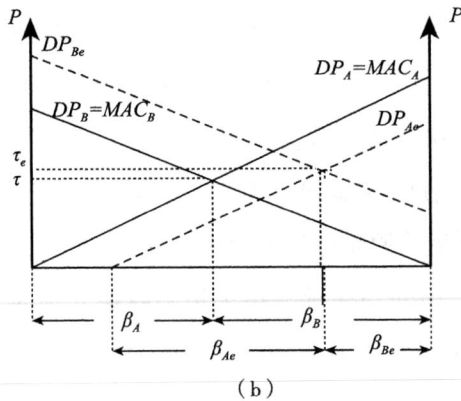

（b）

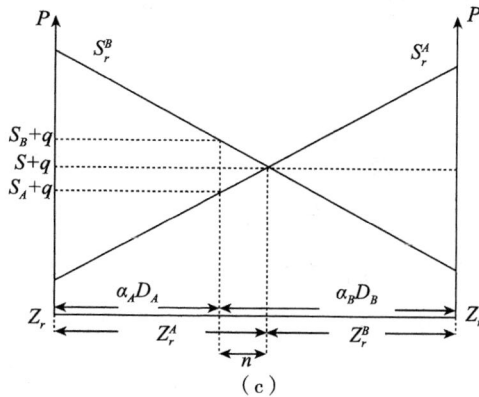

(c)

图 9-1　两区域模型中电力市场（a）、ETS 市场（b）和 TGC（c）市场互动关系示意

根据以上分析，本节分别通过以上三节中电力市场模型一阶条件以及相关模型中政策约束，计算电力市场、TGC 市场以及 ETS 市场中关键价格信号指标。

结论一：统一碳市场下电力市场模型中 ETS 市场碳价格 τ^{EM} 如式（9.34）所示：

$$\tau^{EM} = \frac{(1-\alpha_A)\,D_A\theta_A + (1-\alpha_B)\,D_B\theta_B + \dfrac{c_{2A}^a}{c_{1A}^a} + \dfrac{c_{2B}^a}{c_{1B}^a} - \overline{E}}{\dfrac{1}{c_{1A}^a} + \dfrac{1}{c_{1B}^a}}, \tag{9.34}$$

A、B 区域 TGC 市场中绿色证书价格 s_A^{EM}，s_B^{EM} 如式（9.35）和式（9.36）所示：

$$s_A^{EM} = c_{1A}^r\alpha_A D_A - c_{1A}^f\,(1-\alpha_A)\,D_A + c_{2A}^r - c_{2A}^f - \theta_A\tau^{EM}, \tag{9.35}$$

$$s_B^{EM} = c_{1B}^r\alpha_B D_B - c_{1B}^f\,(1-\alpha_B)\,D_B + c_{2B}^r - c_{2B}^f - \theta_B\tau^{EM}. \tag{9.36}$$

而 A、B 区域电力市场电价 q_A^{EM}，q_B^{EM} 如式（9.37）和式（9.38）所示：

$$q_A^{EM} = c_{1A}^f\,(1-\alpha_A)\,D_A + c_{2A}^f + \theta_A\tau^{EM}, \tag{9.37}$$

$$q_B^{EM} = c_{1B}^f\,(1-\alpha_B)\,D_B + c_{2B}^f + \theta_B\tau^{EM}. \tag{9.38}$$

通过分析碳价格 τ^{EM}、A，B 区域电力价格 q_A^{EM}、q_B^{EM} 以及绿色证书价格 s_A^{EM}、s_B^{EM} 与碳排放限额目标约束 $\overline{E}$ 之间的关系，我们发现碳价格与 A、B 区

域电力价格随碳排放限额的缩减而上升，而 TGC 市场中绿色证书价格随碳排放限额的缩减而降低，即

$$\frac{\partial \tau^{EM}}{\partial \overline{E}}<0,\ \frac{\partial q_A^{EM}}{\partial \overline{E}}<0,\ \frac{\partial q_B^{EM}}{\partial \overline{E}}<0,\ \frac{\partial s_A^{EM}}{\partial \overline{E}}>0,\ \frac{\partial s_B^{EM}}{\partial \overline{E}}>0.$$

由上述关系可知，碳排放限额缩减将使 A、B 区域化石燃料发电企业碳排放配额需求增加，从而使碳价格升高。化石燃料发电企业碳排放成本由于碳价格的升高而增加，导致 A、B 区域电力市场电价升高。而由于电力价格升高，可再生能源发电企业随之增加可再生能源电力生产量，电网企业或电力用户在 TGC 市场中对于绿色证书需求下降，因此，A、B 区域 TGC 市场中绿色证书价格 s_A^{EM}、s_B^{EM} 随之下降。

另外，通过分析碳价格 τ^{EM}，A、B 区域电力价格 q_A^{EM}、q_B^{EM} 以及绿色证书价格 s_A^{EM}、s_B^{EM} 与可再生能源电力消费比例约束 α_A、α_B 之间的关系，我们发现碳价格与 A、B 区域电力价格随可再生能源电力消费比例的提高而下降，而 TGC 市场中绿色证书价格随可再生能源消费比例的提高而增加，即

$$\frac{\partial \tau^{EM}}{\partial \alpha_A}<0,\ \frac{\partial s_A^{EM}}{\partial \alpha_A}>0,\ \frac{\partial s_B^{EM}}{\partial \alpha_A}>0,\ \frac{\partial q_A^{EM}}{\partial \alpha_A}<0,\ \frac{\partial q_B^{EM}}{\partial \alpha_A}<0,$$

$$\frac{\partial \tau^{EM}}{\partial \alpha_B}<0,\ \frac{\partial s_A^{EM}}{\partial \alpha_B}>0,\ \frac{\partial s_B^{EM}}{\partial \alpha_B}>0,\ \frac{\partial q_A^{EM}}{\partial \alpha_B}<0,\ \frac{\partial q_B^{EM}}{\partial \alpha_B}<0.$$

由上述关系可知，一方面，提高可再生能源消费比例目标将增加 TGC 市场中绿色证书需求量，导致绿色证书价格提高；另一方面，提高可再生能源发电目标将促进可再生能源电力替代传统化石燃料电力，客观上降低了碳市场中碳配额需求，进而使碳价格下降。而由于化石燃料发电企业碳排放成本随碳价格下降而下降，电力价格也随之下降。

综上所述，在统一碳市场下电力市场中存在政策冲突，即碳市场政策效果将由于可再生能源消费比例目标的提高而减弱，相反，绿色证书交易市场政策效果也将由于碳排放限额目标的缩减而减弱。而由于上述政策协同效应的存在，可再生能源优惠电价政策可能导致碳价格崩溃（Clo 等，2013；Koch

等，2014），进而碳定价政策对于低碳技术投资的促进作用将被削弱，甚至可能会增加碳锁定的风险（Clo 等，2013）。为了避免上述情况的发生，当可再生能源消费比例目标不变时，碳排放限额目标应相应下降以稳定碳价格（Gawel，2014；Freitas，2015；Fais，2015）。

图 9-2 表示两区域碳排放限额与可再生能源消费电力比例目标之间的协同关系。如图 9-2 所示，横坐标表示 A 区域可再生能源电力消费比例目标，纵坐标表示 A、B 区域统一碳排放限额目标。为了更加直观地解释上述协同关系，本节先假设 B 区域可再生能源消费比例目标不变。A 点表示 A 区域目标组合，其中可再生能源电力消费比例目标为 α_{A1}，而碳排放限额目标为 $\overline{E}_1$。在此条件下，ETS 市场中碳价格为 P_1。当 A 区域可再生能源电力消费比例目标提高至 α_{A2} 时，碳价格将下降为 P_2。因此，为了使碳价格保持在原有水平 P_1，ETS 市场中碳排放配额应协同调整至 $\overline{E}_2$。

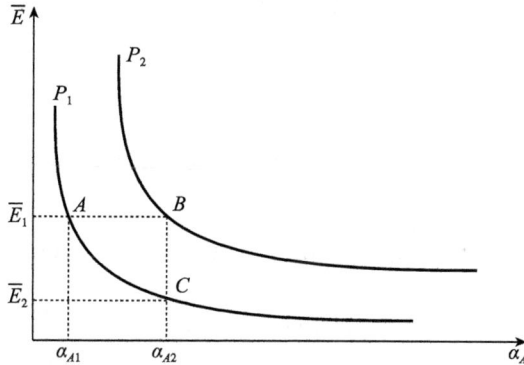

图 9-2　两区域碳排放限额与可再生能源电力消费比例目标协同调整

结论二：在统一碳市场下电力市场模型中，为维持碳价格处于特定水平，比如 P，碳排放限额目标协同调整路径为：

$$\overline{E}^{EM} = (1-\alpha_A) D_A\theta_A + (1-\alpha_B) D_B\theta_B + \frac{c_{2A}^a}{c_{1A}^a} + \frac{c_{2B}^a}{c_{1B}^a} - \left(\frac{1}{c_{1A}^a} + \frac{1}{c_{1B}^a}\right)P \quad (9.39)$$

证明：根据式（9.34）可得。

结论二描述了在统一碳市场条件下碳排放限额目标 $\overline{E}$ 与区域 A，B 的可再生能源消费比例目标 α_A，α_B 之间的协同调整关系以维持碳价格处于某一特定水平。

本节分别通过统一 ETS 市场下电力自由交易市场模型一阶条件和相关模型中政策约束，计算电力市场、TGC 市场以及 ETS 市场中关键价格信号指标。

结论三：在统一碳市场下电力自由交易市场模型中 ETS 市场碳价格 τ^{EEM} 如式（9.38）所示：

$$\tau^{EEM} = \frac{(c_{1A}^f \theta_B + c_{1B}^f \theta_A)\left[(1-\alpha_A)D_A + (1-\alpha_B)D_B\right] - (\theta_A - \theta_B)(c_{2A}^f - c_{2B}^f) + (c_{1A}^f + c_{1B}^f)\left(\dfrac{c_{2A}^a}{c_{1A}^a} + \dfrac{c_{2B}^a}{c_{1B}^a}\right) - (c_{1A}^f + c_{1B}^f)\overline{E}}{(\theta_A - \theta_B)^2 + (c_{1A}^f + c_{1B}^f)\left(\dfrac{1}{c_{1A}^a} + \dfrac{1}{c_{1B}^a}\right)};$$

(9.40)

A、B 区域 TGC 市场中绿色证书价格 s_A^{EEM} 和 s_B^{EEM} 分别为：

$$s_A^{EEM} = c_{1A}^r \alpha_A D_A - c_{1A}^f (1-\alpha_A) D_A + c_{2A}^r - c_{2A}^f + c_{1A}^f m_A - \theta_A \tau^{EEM},$$ (9.41)

$$s_B^{EEM} = c_{1B}^r \alpha_B D_B - c_{1B}^f (1-\alpha_B) D_B + c_{2B}^r - c_{2B}^f - c_{1B}^f m_A - \theta_B \tau^{EEM},$$ (9.42)

而统一电力市场中电力价格 q^{EEM} 为：

$$q^{EEM} = c_{1A}^f (1-\alpha_A) D_A - c_{1A}^f m + c_{2A}^f + \theta_A \tau^{EEM},$$ (9.43)

其中，电力交易量 m 可表示为：

$$m^{EEM} = \frac{c_{1A}^f (1-\alpha_A) D_A - c_{1B}^f (1-\alpha_B) D_B + c_{2A}^f - c_{2B}^f + (\theta_A - \theta_B)\tau^{EEM}}{c_{1A}^f + c_{1B}^f}.$$

通过分析碳价格 τ^{EEM}、电力价格 q^{EEM} 以及 A、B 区域绿色证书价格 s_A^{EEM}、s_B^{EEM} 与碳排放限额目标约束 $\overline{E}$ 之间的关系，我们发现碳价格与电力价格随碳排放限额的缩减而上升，而 A、B 区域 TGC 市场中绿色证书价格随碳排放限额的缩减而降低，即

$$\frac{\partial \tau^{EEM}}{\partial \overline{E}} < 0, \quad \frac{\partial q^{EEM}}{\partial \overline{E}} < 0, \quad \frac{\partial s_A^{EEM}}{\partial \overline{E}} > 0, \quad \frac{\partial s_B^{EEM}}{\partial \overline{E}} > 0.$$

与结论一相似的是，碳排放限额缩减将使 A、B 区域化石燃料发电企业碳排放配额需求增加，从而使碳价格升高。化石燃料发电企业碳排放成本由于碳价格的升高而增加，导致电力市场电价升高。而由于电力价格升高，可再生能源发电企业随之增加可再生能源电力生产量，电网企业或电力用户在

TGC 市场中对于绿色证书需求下降，因此 A、B 区域 TGC 市场中绿色证书价格 s_A^{EM}、s_B^{EM} 随之下降。

另外，通过分析碳价格 τ^{EM}、电力价格 q^{EEM} 和 A、B 区域绿色证书价格 s_A^{EM}、s_B^{EM} 与可再生能源电力消费比例约束 α_A、α_B 之间的关系，我们发现碳价格与 A、B 区域电力价格随可再生能源电力消费比例的提高而下降，而 TGC 市场中绿色证书价格随可再生能源消费比例的提高而增加，即

$$\frac{\partial \tau^{EEM}}{\partial \alpha_A}<0, \quad \frac{\partial s_A^{EEM}}{\partial \alpha_A}>0, \quad \frac{\partial s_B^{EEM}}{\partial \alpha_A}>0, \quad \frac{\partial q^{EEM}}{\partial \alpha_A}<0,$$

$$\frac{\partial \tau^{EEM}}{\partial \alpha_B}<0, \quad \frac{\partial s_A^{EEM}}{\partial \alpha_B}>0, \quad \frac{\partial s_B^{EEM}}{\partial \alpha_B}>0, \quad \frac{\partial q^{EEM}}{\partial \alpha_B}<0.$$

由上述关系可知，一方面，提高可再生能源消费比例目标将增加 TGC 市场中绿色证书需求量，导致绿色证书价格提高；另一方面，提高可再生能源发电目标将促进可再生能源电力替代传统化石燃料电力，客观上降低了碳市场中碳配额需求，进而使碳价格下降。而由于化石燃料发电企业碳排放成本随碳价格下降而下降，电力价格也随之下降。

结论四：在统一碳市场下电力自由交易市场中仍然存在政策冲突，即当可再生能源消费比例目标增加时，其统一碳市场中碳价格下降。而为了避免可能存在的碳价格崩溃发生，同时保持碳价格处于特定水平，比如 P，其碳排放限额目标下降，即

$$\bar{E}^{EEM}=\bar{E}^{EM}-\frac{(\theta_A-\theta_B)}{(c_{1A}^f+c_{1B}^f)} \cdot \left[c_{1A}^f (1-\alpha_A) D_A-c_{1B}^f (1-\alpha_B) D_B+c_{2A}^f-c_{2B}^f+(\theta_A-\theta_B) P\right]$$

$$(9.44)$$

结论四描述了在统一碳市场以及电力自由交易条件下碳排放限额目标 $\bar{E}$ 与区域 A，B 的可再生能源消费比例目标 α_A，α_B 之间的协同调整关系以维持碳价格处于某一特定水平。

下面，本节分别通过统一 ETS 市场与 TGC 市场下电力自由交易市场模型一阶条件和相关模型中政策约束，计算电力市场、TGC 市场以及 ETS 市场中

关键价格信号指标。

结论五：在统一碳市场与 TGC 市场下电力自由交易市场模型中 ETS 市场碳价格 τ^{EEGM} 如式（9.40）所示：

$$\tau^{EEGM} = \frac{(c_{1A}^f\theta_B + c_{1B}^f\theta_A)[(1-\alpha_A)D_A + (1-\alpha_B)D_B] - (\theta_A - \theta_B)(c_{2A}^f - c_{2B}^f) + (c_{1A}^f + c_{1B}^f)\left(\frac{c_{2A}^a}{c_{1A}^a} + \frac{c_{2B}^a}{c_{1B}^a}\right) - (c_{1A}^f + c_{1B}^f)\overline{E}}{(\theta_A - \theta_B)^2 + (c_{1A}^f + c_{1B}^f)\left(\frac{1}{c_{1A}^a} + \frac{1}{c_{1B}^a}\right)},$$

$$(9.45)$$

统一 TGC 市场中绿色证书价格 s^{EEGM} 为

$$s^{EEGM} = c_{1A}^r\alpha_A D_A - c_{1A}^f(1-\alpha_A)D_A + c_{2A}^r - c_{2A}^f + c_{1A}^f m^{EEGM} - (c_{1A}^f + c_{1A}^r)n - \theta_A\tau^{EEGM},$$

$$(9.46)$$

而统一电力市场中电力价格 q^{EEGM} 为：

$$q^{EEGM} = c_{1A}^f(1-\alpha_A)D_A + c_{2A}^f + \theta_A\tau^{EEGM} - c_{1A}^f m^{EEGM} + c_{1A}^f n. \qquad (9.47)$$

其中，电力交易量 m^{EEGM} 和绿色证书交易量 n 可表示为：

$$n = \frac{c_{1A}^r\alpha_A D_A - c_{1B}^r\alpha_B D_B + c_{2A}^r - c_{2B}^r}{c_{1A}^r + c_{1B}^r},$$

$$m^{EEGM} = m^{EEM} + n.$$

通过分析碳价格 τ^{EEGM}、电力价格 q^{EEGM} 和绿色证书价格 s^{EEGM} 与碳排放限额目标约束 $\overline{E}$ 之间的关系，我们发现碳价格与电力价格随碳排放限额的缩减而上升，而 A、B 区域 TGC 市场中绿色证书价格随碳排放限额的缩减而降低，即

$$\frac{\partial\tau^{EEGM}}{\partial\overline{E}} < 0, \quad \frac{\partial q^{EEGM}}{\partial\overline{E}} < 0, \quad \frac{\partial s^{EEGM}}{\partial\overline{E}} > 0.$$

与结论一相似的是，一方面，碳排放限额缩减将使 A、B 区域化石燃料发电企业碳排放配额需求增加，从而使碳价格升高。化石燃料发电企业碳排放成本由于碳价格的升高而增加，导致电力市场电价升高。而由于电力价格升高，可再生能源发电企业随之增加可再生能源电力生产量，电网企业或电力用户在 TGC 市场中对绿色证书需求下降，因此，TGC 市场中绿色证书价格

s^{EEGM} 随之下降。

另一方面，通过分析碳价格 τ^{EM}、电力价格 q^{EEM} 和绿色证书价格 s^{EEGM} 与可再生能源电力消费比例约束 α_A、α_B 之间的关系，我们发现碳价格与 A、B 区域电力价格随可再生能源电力消费比例的提高而下降，而 TGC 市场中绿色证书价格随可再生能源消费比例的提高而增加，即

$$\frac{\partial \tau^{EEGM}}{\partial \alpha_A}<0, \quad \frac{\partial s^{EEGM}}{\partial \alpha_A}>0, \quad \frac{\partial q^{EEGM}}{\partial \alpha_A}<0,$$

$$\frac{\partial \tau^{EEGM}}{\partial \alpha_B}<0, \quad \frac{\partial s^{EEGM}}{\partial \alpha_B}>0, \quad \frac{\partial q^{EEGM}}{\partial \alpha_B}<0.$$

由上述关系可知，一方面，提高可再生能源消费比例目标将增加 TGC 市场中绿色证书需求量，导致绿色证书价格提高；另一方面，提高可再生能源发电目标将促进可再生能源电力替代传统化石燃料电力，客观上降低了碳市场中碳配额需求，进而使碳价格下降。而由于化石燃料发电企业碳排放成本随碳价格下降而下降，电力价格也随之下降。

与图 9-2 不同的是，图 9-3 探讨了两区域统一 ETS 市场与 TGC 市场政策有效条件下，即 ETS 市场中碳价格大于零，而 TGC 市场中绿色证书价格大于零，碳排放限额与可再生能源电力消费比例目标协同调整。如图 9-3 所示，为了更加直观地解释上述协同关系，本节先假设 B 区域可再生能源消费比例目标 α_B 不变，横坐标表示 A 区域可再生能源电力消费比例目标，纵坐标表示 A、B 区域统一碳排放限额目标，S 曲线表示 TGC 市场中绿色证书价格为零。

特别地，我们需要解释 S 曲线内在机理。一方面，当碳排放限额目标下降时，化石燃料发电企业由于碳价格的升高而碳排放成本增加，从而导致电力市场中电价升高，相应地可再生能源发电企业也由于电价升高而增加产量。因此，TGC 市场中绿色证书需求减少，导致绿色证书价格下降。另一方面，由于可再生能源电力消费比例目标提高，TGC 市场中对于绿色证书需求随之增加，因此绿色证书价格上升。在此两方面因素影响下，S 曲线表示绿

色证书价格水平。

图中 A 点表示 A 区域碳减排与可再生能源发展目标组合，其中可再生能源电力消费比例目标为 α_{A1}，而碳排放限额目标为 $\overline{E}_1$。在此条件下，ETS 市场中碳价格为 P_1。当 A 区域可再生能源电力消费比例目标提高至 α_{A2} 时，碳价格将下降为 P_2。因此，为了使碳价格保持在原有水平 P_1，ETS 市场中碳排放限额应协同调整至 $\overline{E}_2$，此时 A 区域碳减排与可再生能源发展目标组合变为 C 点。若 A 区域可再生能源电力消费比例目标继续提高至 α_{A3}，为保持碳价格在原有水平 P_1，ETS 市场中碳排放限额应协同调整至 $\overline{E}_3$，但当碳排放限额为 $\overline{E}_3$ 时，从图中 S 曲线可知，TGC 市场中绿色证书价格将小于零，TGC 市场将失去其促进可再生能源电力发展的政策效果。因此，在保持碳价格的同时，政策设计者需要兼顾绿色证书价格大于零。

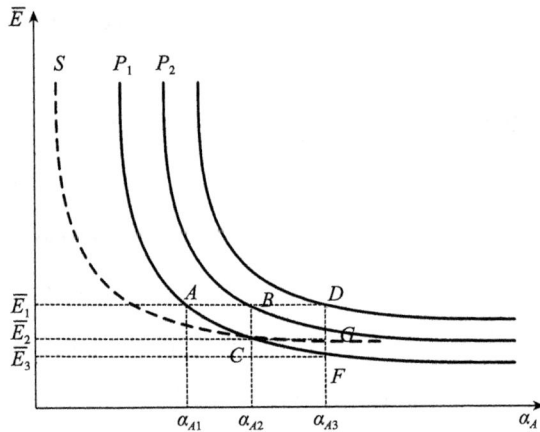

**图 9-3　两区域 ETS 与 TGC 政策有效条件下碳排放限额与
可再生能源电力消费比例目标协同调整**

结合图 9-3 中所述，结论六描述了在统一 ETS 市场与 TGC 市场以及电力自由交易条件下碳排放限额目标 $\overline{E}$ 与区域 A、B 的可再生能源消费比例目标 α_A，α_B 之间的协同调整关系以维持碳价格和绿色证书价格处于某一特定水平。

结论六：在统一 ETS 市场与 TGC 市场下电力自由交易市场中仍然存在政策冲突，即当可再生能源消费比例目标增加时，其统一碳市场中碳价格下降。

而为了避免可能存在的碳价格以及绿色证书崩溃的发生，同时保持碳价格处于特定水平，如 P，其碳排放限额目标下降，即

$$\overline{E}^{EEGM}=\overline{E}^{EM}-\frac{(\theta_A-\theta_B)}{(c_{1A}^f+c_{1B}^f)}\cdot\left[(c_{1A}^f(1-\alpha_A)D_A-c_{1B}^f(1-\alpha_B)D_B+c_{2A}^f-c_{2B}^f+(\theta_A-\theta_B)P\right]$$

(9.48)

其中，特定的碳价格必须满足式（9.49）条件，以保持绿色证书价格大于零：

$$P\leqslant\frac{c_{1A}^r\alpha_A D_A-c_{1A}^f(1-\alpha_A)D_A+c_{2A}^r-c_{2A}^f+c_{1A}^f m^{EEGM}-(c_{1A}^f+c_{1A}^r)n}{\theta_A}$$

(9.49)

三、实证分析

为了实证分析两区域下 ETS 市场、TGC 市场和电力市场互动协同关系，本章以中国华北地区中北京、天津、河北、内蒙古、山东、山西六个省市作为研究对象。根据国家统计局相关数据，北京、天津、河北、山东、山西 2016 年电力消费总量为 14 885.68 亿千瓦·时，而电力生产总量为 14 605 亿千瓦·时。因此，该六省市可以看作电力封闭市场。而通过比较六个省市电力消费量和电力生产量，本章将电力消费量大于电力生产量的北京、天津、河北、山东看作 A 区域，而将电力消费量小于电力生产量的山西、内蒙古看作 B 区域。

（一）模型数据

表 9-2 列出了本章模型中主要外生数据。根据《国家统计年鉴》，A、B 两区域电力消费量（电力需求量）分别为 10 483.5 亿千瓦·时和 4 402.2 亿千瓦·时。而根据《中国电力统计年鉴》，A、B 区域供电煤耗分别为 315 克标煤/千瓦·时和 310 克标煤/千瓦·时。而根据其各区域 2016 年电力生产量和供电煤耗，A、B 两区域碳排放限额为 4.089 亿吨 CO_2。另外，根据《关于

建立可再生能源开发利用目标引导制度的指导意见》，A、B 两区域可再生能源电力消费比例目标分别为 10% 和 13%。

表 9-2　模型主要外生数据

模型参数	A 区域	B 区域
电力需求量（亿千瓦·时）	10 483.5	4 402.2
供电煤耗（克标煤/千瓦·时）	315	310
可再生能源电力消费比例（%）	10%	13%
碳排放限额（亿吨 CO_2）	4.089	

本章在研究 A、B 区域政策协同效应时，相应的边际减排成本曲线是非常关键的数据基础。由于缺乏精确的数据，采用自下向上建模的方法获得相关的减排成本曲线是非常困难的。同时目前有关我国各地区边际减排成本的估计目前还没有更为精确的方法。因此本书基于静态的可计算一般均衡模型得到我国国家层面的行业减排成本曲线。在此需要说明的是，本章所采用的边际减排成本曲线可能不会直接反映低碳技术或者碳中和技术的相关信息，而有关地区、行业或企业层面的减排目标的设定，在一定程度上是可以反映低碳发展路径的。本章假设全国减排成本曲线如图 9-4 所示，横坐标为减排比例 R（李陶等，2010）。全国层面各部门的边际减排成本函数采用 Nordhaus（2007）提出的对数函数形式且假设其常数项为零，即

$$MC = \beta \ln(1-R) \qquad (9.50)$$

其中，MC 为边际减排成本，β 为系数，R 为减排比例。

对应电力行业，碳强度为 $\bar{e} = E/GDP$，相应地区 i 的碳强度为 $e_i = E_i/GDP_i$。对于碳强度低于（或高于）全国平均水平的地区 i，设减排起点 R_i^0 的横坐标为 r_i（$r_i > 0$ 或 $r_i < 0$），满足 $\bar{e}(1-r_i) = e_i$。无论边际减排成本函数的起点位于哪个象限，省份 i 减排比例为 R_i 的边际减排成本 MC_i 满足：

$$MC_i(R_i) = MC(R_i + r_i) - MC(r_i) = \beta \ln\left(1 - \frac{R_i}{1-r_i}\right) \qquad (9.51)$$

因为 $R_i = \dfrac{A_i}{E_i}$，可得在地区 i 的相应边际减排成本 MC_i 分别表示为其各自

减排量的形式为：

$$MC_i\left(A_i\right)=\beta\ln\left(1-\frac{A_i}{E_i\left(1-r_i\right)}\right) \qquad (9.52)$$

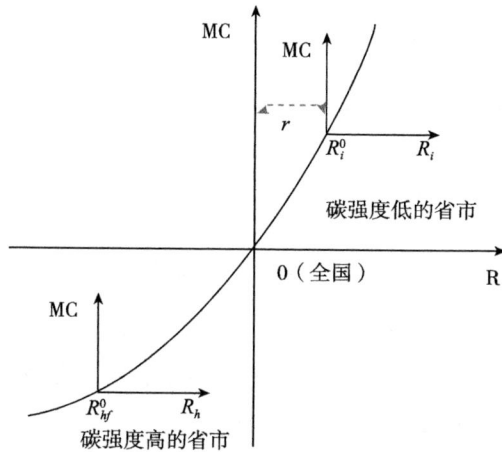

图 9-4　地区边际减排成本函数与全国边际减排成本函数关系

根据式（9.50）、式（9.10）以及相应的各地区电力行业碳排放数据，表 9-3 表示 A、B 区域电力行业减排成本曲线拟合结果。

表 9-3　A、B 区域电力行业边际减排成本曲线拟合结果

模型参数	A 区域	B 区域
边际减排成本曲线斜率	1E-05	1.23E-06
边际减排成本曲线截距	0	0
拟合优度	71.63%	73.45%

由于北京、天津、山东、河北、山西、内蒙古等地区可再生能源电力主要由风力发电组成（资料来源于《中国电力统计年鉴》），因此，本章根据第二章中各省市 2009—2015 年陆上风电项目数据库，利用 A、B 两区域所有陆上风电项目 LCOE 值以及相应的实际上网电量，估算其两区域的可再生能源边际发电成本函数，拟合结果如表 9-4 所示。而对于 A、B 区域化石燃料边际发电成本函数，本章利用第五章中表 5-2 估算的全国化石燃料边际发电

成本函数代替 A、B 区域化石燃料电力企业边际发电成本函数。

表9-4 A、B区域可再生能源边际发电成本函数拟合结果

模型参数	A 区域	B 区域
边际发电成本曲线斜率	5E-12	4E-12
边际发电成本曲线截距	0.4867	0.4656
拟合优度	87.63%	88.22%

（二）实证分析结果

根据结论一、结论三和结论五中 ETS 市场碳价格、电力市场中电力价格和 TGC 市场中绿色证书价格表达式，利用上一节中相关数据，本节可分别得出在三种不同电力市场模型中碳价格、电力价格和绿色证书价格等关键价格信号。

如表9-5所示，在统一 ETS 电力市场模型（EM）中，碳价格为 7.7527 元/t CO_2。A 区域电力价格以及绿证价格分别为 0.6927 元/千瓦·时和 0.3172 元/千瓦·时，而 B 区域电力价格以及绿证价格分别为 0.4370 元/千瓦·时、0.2575 元/千瓦·时。这是由于 A 区域电力需求较 B 区域更大，而相应的化石燃料和可再生能源发电量较 B 区域也更大（A 区域化石燃料和可再生能源发电量分别为 9 435.12 亿千瓦·时和 1 048.35 亿千瓦·时；B 区域化石燃料和可再生能源发电量分别为 3 829.92 亿千瓦·时和 572.29 亿千瓦·时）。

在统一 ETS 电力自由交易市场模型（EEM）中，由于 A 区域电力需求较高而 B 区域可再生能源发电成本较低，故 B 区域向 A 区域出口电力（根据模型结果，电力出口量为 2 802 亿千瓦·时）。A、B 区域统一 ETS 市场中碳价格为 6.2083 元/t CO_2，较 EM 模型中碳价格低，这说明开放电力市场会影响 ETS 市场中碳价格形成机制，其内在机理是电力交易改变了各区域中原有的碳排放结构，导致各区域减排量变化。电力自由交易市场中统一电力价格为 0.5644 元/千瓦·时，处于无电力交易情景（EM 模型）中 A、B 区域电价之间，这也表明了电力自由交易既增加了电力出口方（B 区域）总收益，也降

低了电力进口方（A 区域）总支出。另外，在 EEM 模型中 A、B 区域绿证价格分别为 0.4455 元/千瓦·时和 0.1301 元/千瓦·时。电力出口方可再生能源发电企业获得的电价升高后，可再生能源发电量增加，而电力用户对绿色证书的需求则下降，因此，绿色证书价格较 EM 模型低。而对于电力进口方可再生能源发电企业获得的电价下降后，可再生能源发电量减少，电力用户上升的绿色证书需求推高了其绿色证书的价格。值得注意的是，在 EM 与 EEM 模型中，A、B 区域的可再生能源发电企业获得的绿色电力价格（区域电价与绿证价格之和）相等，即 A 区域与 B 区域可再生能源发电企业获得绿色电力价格分别为 1.01 元/千瓦·时和 0.69 元/千瓦·时（相关解释见图 9-1）。因此，在 TGC 封闭市场条件下，电力市场自由交易不会增加区域内可再生能源发电企业总收益，此时 TGC 政策与 FIT 政策效果一致，即给予不同区域可再生能源差额上网电价。

在统一 ETS 与 TGC 电力自由交易市场模型（EEGM）中，与 EEM 相同的是，B 区域向 A 区域出口电力与绿色证书，相应电力交易量和绿色证书交易量分别为 3 153.3 亿千瓦·时和 350.30 亿千瓦·时。A、B 区域统一 ETS 市场中碳价格和统一电力价格较 EEM 模型同分别为 6.2083 元/t CO$_2$ 和 0.5644 元/千瓦·时。这是由于两区域电价相等，而该模型中两区域化石燃料发电量与 EEM 模型中相等，因此碳减排量也较 EEM 模型相同，EEM 与 EEGM 模型中碳价格不变。这也表明，一方面，开放 TGC 市场不会影响 ETS 市场中碳价格形成机制，两大市场中无明显的互动关系；另一方面，开放 TGC 市场也不会对电力交易市场价格形成机制产生影响。另外，EEGM 模型中 A、B 区域统一绿证价格为 0.2703 元/千瓦·时，A、B 区域的可再生能源发电企业获得的绿色电力价格为 0.8347 元/千瓦·时。

表 9-5　A、B 区域可再生能源边际发电成本函数拟合结果

	碳价格 （元/吨）	A 区域电价 （元/千瓦·时）	B 区域电价 （元/千瓦·时）	A 区域绿证价格 （元/千瓦·时）	B 区域绿证价格 （元/千瓦·时）
EM	7.7527	0.6927	0.4370	0.3172	0.2575
	碳价格 （元/吨）	统一电价 （元/千瓦·时）		A 区域绿证价格 （元/千瓦·时）	B 区域绿证价格 （元/千瓦·时）
EEM	6.2083	0.5644		0.4455	0.1301
	碳价格 （元/吨）	统一电价 （元/千瓦·时）		统一绿证价格 （元/千瓦·时）	
EEGM	6.2083	0.5644		0.2703	

由表 9-5 可知，EM、EEM 和 EEGM 模型中碳价格较低。图 9-5 表示在 EM 模型中碳价格维持在 35 元/t CO_2（2017 年我国七大碳排放试点平均碳价格）时，碳减排比例与 A、B 区域可再生能源消费比例目标的协同关系。如图 9-5 所示，当 B 区域可再生能源电力消费比例目标为 13% 时，随着 A 区域可再生能源电力消费比例从 10% 增长为 16%，减排比例相应从 7.46% 提高为 13.12%。而当 B 区域可再生能源电力消费比例目标为 20% 时，随着 A 区域可再生能源电力消费比例从 10% 增长为 16%，减排比例相应从 9.47% 提高为 15.12%。由此结果可以看出，为了保持碳价格在特定水平，碳减排比例应随可再生能源电力消费比例提高而增加。

图 9-6 表示在 EEM 与 EEGM 模型中碳价格维持在 35 元/t CO_2 时，碳减排比例与 A、B 区域可再生能源消费比例目标的协同关系。如图 9-6 所示，当 B 区域可再生能源电力消费比例目标为 13% 时，随着 A 区域可再生能源电力消费比例从 10% 增长为 16%，减排比例相应从 7.81% 提高为 13.48%。而当 B 区域可再生能源电力消费比例目标为 20% 时，随着 A 区域可再生能源电力消费比例从 10% 增长为 16%，减排比例相应从 9.78% 提高为 15.44%。由此结果可以看出，为了保持碳价格在特定水平，碳减排比例应随可再生能源电力消费比例提高而增加。

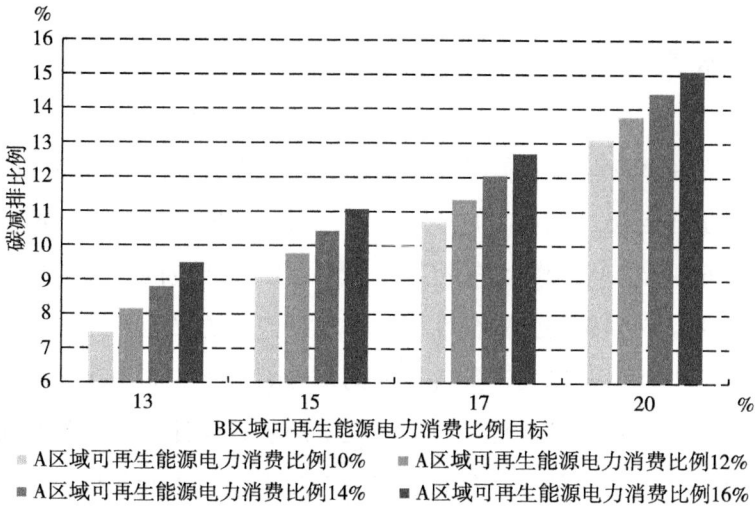

图 9-5 EM 模型下碳减排比例与 A、B 区域
可再生能源消费比例协同（碳价格 35 元/t CO₂）

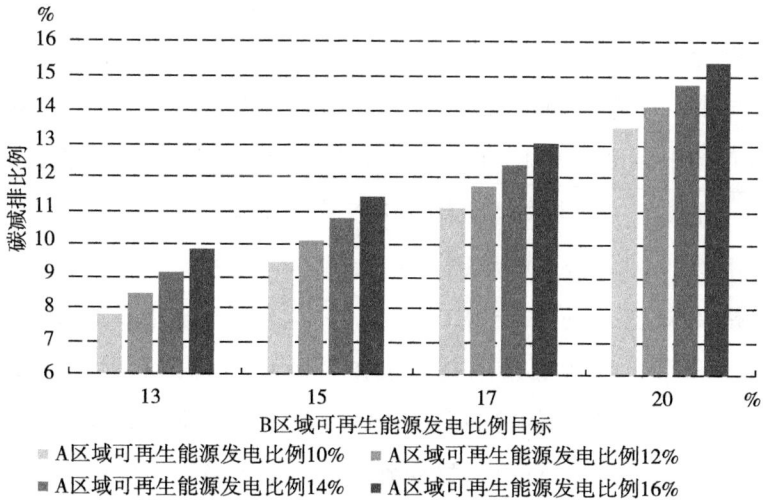

图 9-6 EEM 与 EEGM 模型下碳减排比例与 A、B 区域
可再生能源消费比例协同（碳价格 35 元/t CO₂）

四、本章小结

在当前的能源环境政策体系中，除了为实现碳减排目标而建立的碳定价外，还包括其他目标与政策工具，比如节能目标和能效政策、可再生能源目标和可再生能源支持政策、大气污染防治目标以及相应的政策措施等。由于能源—环境—经济系统的强耦合性，一种政策工具的实施或调整往往会对其他政策的效果与目标的实现产生直接或间接影响，比如能源政策在实现节能目标的同时会减少温室其他排放。针对现实的政策设计需求，我们通过分别建立两区域统一 ETS 电力市场模型、统一 ETS 电力自由交易模型和统一 ETS 与 TGC 电力自由交易模型分析了 ETS 市场、电力市场和 TGC 市场三者之间的潜在影响，以及如何协调多种政策目标并优化相应政策工具组合。

通过求解不同模型一阶条件和相应的约束条件，本章分别得到了在不同模型下关键价格信号，即碳价格、电力价格和绿色证书价格，并得出以下结论：ETS 与 TGC 政策之间存在政策冲突，即可再生能源消费比例目标的提高会使 ETS 市场中碳价格下降，而碳限额目标的缩减会使 TGC 市场中绿色证书价格减少；开放 TGC 市场既不会影响 ETS 市场中碳价格形成机制，也不会对电力交易市场价格形成机制产生影响。

碳价格和绿色证书价格作为主要的 ETS 市场与 TGC 市场价格信号具有促进减排技术和可再生能源发电技术发展等重要作用，而根据本章研究发现，可再生能源消费比例的提高是碳价格下降的一个重要原因，而碳排放限额的变化也同样会使绿色证书价格受到影响。基于稳定碳价格的目的，本章构建了不同模式下碳排放限额调整路径，从而提出了在可再生能源与碳排放限额目标下两种政策协同互补的重要方式，验证了混合政策协同设计的必要性。

第十章 总结与展望

一、全文总结

能源环境政策体系中除了为实现碳减排目标而实施的碳金融政策外，还包括其他政策目标与政策工具，比如节能目标与能效政策、可再生能源目标与可再生能源支持政策、大气污染防治目标以及相应的政策措施等，这些政策覆盖面和政策效果具有一定的交叉性和重复性。一种政策工具的实施或调整往往会对其他政策的效果与目标的实现产生直接或间接影响，因此政策之间的互动协同问题备受各国政策制定者所关注。我国统一碳排放权交易市场已进入运行阶段，同时我国存在诸如绿色电力证书、可再生能源电力补贴等其他节能减排政策。因此在此背景下研究我国碳金融政策与可再生能源支持政策之间的互动关系具有较为重要的理论价值与现实意义。本书从我国电力行业现有的两大应对气候变化政策——碳金融与可再生能源发电促进政策出发，分析二者之间的相互影响和协同效用，为我国统一碳排放权交易机制设计和可再生能源发展提出政策建议。本书的主要研究结论如下：

（1）我国风电行业在过去十年经历了快速发展，一方面，有许多障碍和挑战在制约着其进一步发展，比如高额的发电成本、可再生能源补贴缺口以及风电优惠电价退坡、风电上网限制以及高弃风率等问题；另一方面，许多新机会和积极因素促进风电发展，比如国家正在推进的中国统一碳排放交易市场。因此，学术界对于中国陆上风电及海上风电能否持续增加以及如何优化风电政策系统以促进风电产业进一步发展等问题存在争议。本书在项目层面上评价了现有的陆上风电及海上风电项目盈利能力情况，特别是探讨了基于现有风电产业障碍和挑战的条件下碳金融政策对于风电项目盈利能力的影响。虽然我国陆上风电平价成本从 2006 年的 0.615 元/千瓦·时下降至 2015 年 0.533 元/千瓦·时，下降幅度达 14%。而海上风电项目平均 LCOE 则从 2014 年的 0.8589 元/千瓦·时下降到 2019 年的 0.7156 元/千瓦·时，下降幅度达 16.17%。但在现有风电优惠上网电价政策下，将近 60% 的陆上风电项目和 84% 的海上风电项目 LCOE 值高于相应的风电优惠电价而无法盈利，特别是在我国即将到来退坡机制下，风电项目盈利能力将进一步被削弱。风电行业引入碳排放权交易等碳金融政策后，风电项目投资者可以通过出售相应的核证减排量而获得一定的减排收益，其在一定程度上可以弥补风电高额的发电成本。尤其是在高折现率和弃风率条件下，碳金融政策对风电优惠上网电价退坡机制的补偿作用更加显著。

（2）近年来，我国太阳能光伏发电行业经历了快速发展，然而在其发展过程中仍然面临很多障碍和挑战，包括太阳能光伏发电高成本、可再生能源发电补贴缺口、优惠上网电价快速退坡以及高弃光率等。因此，对于我国光伏发电行业能否持续稳定的增长和如何优化政策工具存在很多争议。本书根据 2010—2015 年 439 个太阳能光伏发电项目相关数据，评估了现有政策下太阳能光伏发电项目盈利能力以及碳金融政策对于项目盈利能力的影响。结果表明，虽然太阳能光伏发电成本近些年下降明显，但在我国太阳能光伏发电优惠上网电价快速退坡以及高弃风率条件下，其盈利水平仍然较低。即使在全国统一碳市场视角下光伏发电投资者可以出售相应核证减排量而获得额外碳减排收益，弃光问题却严重制约着碳定价政策对于太阳能光伏发电优惠上网电价退坡机制的补偿作用。

（3）可再生能源电力有利于我国实现能源可持续供应以及促进环境保护。而可再生能源电力补贴，如可再生能源优惠上网电价政策，对于我国可再生能源发展具有重要作用（Lesser 和 Su，2008）。但是截至 2015 年底，我国可再生能源补贴资金累计缺口已经超过了410亿元，而到2020年补贴资金累计缺口将超过3 000亿元。为了解决可再生能源电力补贴缺口问题以及进一步促进可再生能源发电学习效应，国务院发布的《可再生能源"十三五"规划（2016—2020）》提出了我国将在2020年陆上风力发电实现发电侧平价上网而太阳能光伏发电实现用户侧平价上网，并积极推进海上风电平价上网。本书首先根据现金流折现方法以及学习曲线方法构建了我国陆上风电、海上风电以及太阳能光伏发电LCOE估算方法。基于第三、第四、第五章中我国2 059个陆上风电项目、97个海上风电项目以及449个太阳能光伏项目数据库，本书计算了我国陆上风电、海上风电以及太阳能光伏学习率，并以此为依据估算了我国陆上风电、海上风电以及太阳能光伏发电成本演化路径。结果表明，我国陆上风电、海上风电及光伏发电学习率分别为7.37%、4.03%和17.38%。在此学习率推动下，我国陆上风电以及太阳能光伏发电LCOE分别从2016年的0.41元/千瓦·时和0.85元/千瓦·时下降至2025年的0.36元/千瓦·时和0.55元/千瓦·时，而海上风电则从2020年的0.7638元/千瓦·时下降至2050年的0.3265元/千瓦·时，下降幅度为57.14%。但该陆上风电、海上风电与太阳能光伏发电成本下降趋势仍然不足以支撑其实现2020年平价上网目标。碳金融政策的引入有利于补偿2020年我国可再生能源发电优惠上网电价政策完全退坡水平，加速实现2020年平价上网。

（4）在多区域模型中，碳金融政策和可再生能源促进政策之间的互动关系将非常复杂。针对现实的政策设计需求，本书通过分别建立两区域统一ETS电力市场模型、统一ETS电力自由交易模型和统一ETS与TGC电力自由交易模型分析了ETS市场、电力市场以及TGC市场三者之间的潜在影响，以及如何协调多种政策目标并优化相应政策工具组合。结果表明，在两区域电力市场模型下，ETS与TGC政策之间存在政策冲突，即可再生能源消费比例目标的提高会使ETS市场中碳价格下降，而碳限额目标的缩减会使TGC市场中绿色证书价格减少；开放TGC市场既不会影响ETS市场中碳价格形成机制，也不会对电力交易市场价格形成机制产生影响。而碳价格和绿色证书价格作为主要的 ETS 市场与 TGC 市场价格信号具有促进减排技术和可再生能源发电技术发展等重要作用。而根据本书研究发现，可再生能源消费比例的提高是碳价格下降的一个重要原因，而碳排放限额的变化也同样会使绿色证书价格受到影响。基于稳定碳价格的目的，本书构建了不同模式下碳排放限额调整路径，从而提出了在可再生能源与碳排放限额目标下两种政策协同互补的重要方式，验证了混合政策协同设计的必要性。

二、政策建议

国家发展改革委在 2015 年 12 月 22 日发布了《关于完善陆上风电光伏发电上网标杆电价政策的通知》（以下简称《通知》），实行陆上风电、光伏发电上网标杆电价随发展规模逐步降低的价格政策。根据此《通知》，2018 年以后四类风力资源区风电上网电价将分别下降为每千瓦·时 0.44 元、0.47 元、0.51 元和 0.58 元。同时，三类太阳能资源区光伏发电上网电价也将在 2016 年分别下降至每千瓦·时 0.8 元、0.88 元和 0.98 元。而在国家能源局发布的《电力发展"十三五"规划》中更是规定到 2020 年风力发电实现发电侧平价上网，太阳能光伏发电实现售电侧平价上网。这一系列新的政策也标志着我国可再生能源上网补贴退坡机制势在必行。

与此同时，2017 年 12 月 18 日，国家发展改革委正式发布了《全国碳排放权交易市场建设方案（发电行业）》（以下简称《方案》），这也进一步标志着我国统一碳排放权交易市场进入实施阶段。《方案》中计划用一年左右的时间完成全国统一的数据报送系统、注册登记系统和交易系统建设。在此基础上，再用一年左右的时间开展发电行业配额模拟交易，全面检验市场各要素环节的有效性和可靠性，强化市场风险预警与防控机制，完善碳市场管理制度和支撑体系，最终计划在 3~4 年内开展发电行业配额模拟交易，全面检验市场各要素环节的有效性和可靠性，强化市场风险预警与防控机制，完善碳市场管理制度和支撑体系。

本书即在此背景下，基于企业层面、行业层面和电力系统层面研究我国碳金融政策与可再生能源促进政策之间的互动协同效应。本书结合以上研究的主要结论，对我国碳金融以及可再生能源促进政策提出以下建议。

（1）虽然以碳排放权交易以代表的碳金融政策可以有效补充我国可再生能源优惠电价退坡机制，但在实际操作中，我国可再生能源发电项目核证减排量交易仍然存在诸多问题。为了使碳市场政策更加有效地促进可再生能源发电项目盈利能力，我国可再生能源发电项目核证减排量交易需要解决的问题是如何确定中国核证减排量参与全国碳市场的准入条件。全国碳市场是通过碳排放配额总量控制和交易（cap-and-trade）实现碳减排目标，作为碳排放权市场的主要补充，中国核证减排量交易体系的准入条件成为全国碳市场政策设计的一个关键问题。过量的核证减排量进入碳排放权交易市场中会对碳市场造成冲击，削弱碳市场的减排政策效果，影响可再生能源项目投资回报。而核证减排量供应较少，则会减弱可再生能源项目碳资产活力。截至2017 年 3 月，共有 2 032 个可再生能源发电项目通过了国家发展改革委审核。但是其中允许在全国七大碳排放权交易市场交易的可再生能源电力项目仅为283 个，累计装机容量仅为 1 000 万千瓦，占全国可再生能源总装机容量的6%左右。因此，为了进一步促进可再生能源电力核证减排量加入全国统一碳市场之中，相关政策制定者应该尽快确定 CCER 参与全国统一碳市场的准入门槛，提高可再生能源发电项目参与碳市场比例，进一步提高可再生能源发电项目盈利能力。

（2）我国可再生能源发电项目核证减排量交易需要解决的问题是如何合理地确定我国可再生能源发电项目核证减排量定价机制。由于目前我国核证减排量和碳排放配额没有基于市场规律的价格发现机制，核证减排量定价主要靠协商议价，即使碳排放权配额和核证减排量在同一个碳市场内，二者价格差异仍较大。因此，国家应该合理地确定我国碳市场中 CCER 定价机制，促进碳排放配额和核证减排量同质等价，保证可再生能源发电项目碳收益。

（3）2016 年国家能源局发布的《关于建立可再生能源开发利用目标引导制度的指导意见》为我国 2020 年制定了详细的国家层面可再生能源电力消费比例目标。根据本书的分析，在我国现有的 2020 年碳减排目标与可再生能源促进目标之间存在潜在的政策冲突，这会使我国统一碳市场中碳价格失去其原有的低碳投资价格信号的作用。因此，为了使全国统一碳排放权交易机制更加有效地促进我国低碳发展，相关政策制定者在设计全国碳排放限额时应该兼顾可再生能源发电比例目标约束，使之与相关可再生能源促进政策相互配额，更好地促进我国低碳能源转型。

（4）我国可再生能源发电电价补贴政策有效地促进了可再生能源装机投资，同时也需看到已有政策对于促进可再生能源发展的成本有效性有待提高。另外，中国可再生能源补贴资金来源于火电电价附加，但由于近年来中国可再生能源装机量不断增加，所需补贴资金不断增加，进而使可再生能源发电补贴缺口逐步扩大。截至 2018 年，中国可再生能源发电补贴缺口已经超过 600 亿元，2020 年将进一步扩大至 2 000 亿元。根据已有研究，绿色电力证书交易政策一方面能以较低成本实现不同地区可再生能源开发利用目标；另一方面有利于缓解可再生能源补贴的财政补贴压力，其成本有效性优于可再生能源电价补贴政策。为了充分发挥绿色电力证书交易制度对中国可再生能源发展的促进作用，本文提出如下建议。一是政府应完善绿证电力证书交易市场准入机制。一方面积极引导各发电企业参与绿色电力证书交易体系，以助其实现 2020 年可再生能源发电比例要求；另一方面加强可再生能源发电项目监管力度，增加可再生能源绿证核发量，提高绿证市场流动性。二是进一步优化绿证定价机制。首先，政策要稳定和明确，例如可再生能源电力配额要求、认购机制等；其次，要鼓励具有一定规模的交易，这样才能形成合理绿证价格；最后，要适当引入多元化的市场参与主体，防止过度投机行为加剧绿证市场波动。三是制定灵活的绿证价格调控机制，建立绿证储备池和绿证市场平准基金，合理设定不同可再生能源绿证价格调控区间。

（5）我国弃风弃光问题较之前有了较大幅度的缓解，2017 年中国弃风、弃光率分别为 12% 和 6%，但中国可再生能源电力消纳能力较欧美发达国家仍然存在较大的差距。储能是解决弃水、弃风、弃光问题的关键技术选项。很多研究认为，如果没有储能技术，完全依赖于电网调度，可再生能源电力发展将受到限制，而只有解决了可再生能源电力消纳问题，才能实现可再生能源发电行业可持续发展。近年来，中国出现多种储能技术形式，比如抽水蓄能、压缩空气储能、铅蓄电池、锂离子电池等。但这些储能技术尚未完全成熟，成本较高。由于中国电力市场开放程度不高，储能的价值收益无法体现，储能未纳入调峰、调频等电网辅助服务中，严重阻碍了储能产业的发展。为了充分发挥储能技术对中国可再生能源电力消纳的促进作用，我们建议如下：一是推动储能系统与可再生能源协调运行。促进储能与可再生能源发电站作为联合体参与电网运行优化，接受电网运行调度，提升消纳能力、为电网提供辅助服务等功能。二是建立健全储能参与辅助服务市场机制，将储能技术纳入电网调峰、调频等辅助服务中，并设定储能补偿机制，促进储能技术规模化应用。

（6）虽然近年来中国风能、太阳能光伏等可再生能源发电项目投资成本下降明显，但较欧美等发达国家仍存在一定差距，特别是在 2020 年实现平价上网目标约束下，中国可再生能源政策动态效率仍然不足。已有相关研究认为，以中国自愿碳减排交易（CCERE）为代表的碳金融体系可以为可再生能源发展提供融资来源，促进可再生能源发电成本下降，并对促进中国风电以及太阳能光伏发电实现平价上网的效果显著。为了充分发挥碳金融体系对中国可再生能源发展的促进作用，本书建议如下：一是确定 CCER 参与全国碳市场的准入条件。全国碳市场是通过配额总量控制和交易实现温室气体减排目标，CCER 交易是配额交易的补充，如果过量的 CCER 进入全国碳市场将对配额交易及其价格造成冲击，削弱碳市场的减排成效，同时也将降低 CCER 的价格，影响到项目开发方的投资回报。如果 CCER 供应量过少，可能会增加控排企业的履约成本。因此，需要合理设置 CCER 参与全国碳市场的准入条件，包括 CCER 数量、来源地域、项目领域、时间和类型等。二是形成有效的 CCER 定价机制。目前 CCER 定价主要靠交易双方协商议价，没有形成 CCER 充分交易的有效市场，基于市场规律的价格发现机制并不完善。因此，未来需要建立一个交易充分、价格有效的市场定价机制以有效促进可再生能源发展。

三、创新点

本书围绕我国现有的碳减排政策与可再生能源促进政策发展现状，着重研究二者之间的互动协同关系对我国可再生能源电力行业未来发展和政策目标未来制定等相关科学问题，并立足于我国未来全国统一碳排放权交易机制的建设开展了相关的实证分析。本书的创新点主要体现在以下两个方面：

（1）分析碳金融政策对我国可再生能源电力项目盈利水平和其相应的优惠上网电价退坡机制的补偿作用的影响。多位学者强调了以可再生能源核证减排量交易为代表的碳补偿机制是影响可再生能源发电项目盈利能力影响的关键因素。但从目前的研究看来，其他学者对我国可再生能源发电项目的分析主要集中在探讨我国可再生能源在不同政策补贴水平下成本和盈利能力的变化，鲜有学者分析在我国可再生能源电力优惠上网电价处于退坡阶段时，碳定价政策对我国可再生能源发电项目盈利水平的提高的促进作用。而本书在第二、第三章基于我国陆上风电与太阳能光伏发电项目数据库探讨了现有优惠上网电价退坡机制对陆上风电和太阳能光伏发电项目盈利能力的影响，并分析了在不同退坡水平下，碳定价政策对我国陆上风电和太阳能光伏发电项目盈利水平的提高的促进作用。

（2）基于我国现有的碳减排与可再生能源电力消费目标，分析碳金融政策与可再生能源促进政策之间的互动协同关系。根据目前的文献综述，我们发现现有关于政策互动的研究主要停留在探讨不同减排政策之间的互动关系，即分析在原有碳减排政策中加入新的可再生能源促进政策对于原有碳减排政策效果的影响，鲜有学者分析不同政策之间内在的协同机理。而本书在

第五、第六章分别从单区域和两区域电力市场模型，首先探讨了我国电力行业可再生能源促进政策与碳减排政策之间的互动关系和碳减排目标与可再生能源电力消费目标对碳减排和可再生能源促进政策的影响，并在此基础上，深入分析了多种政策之间内在的协同的关系和政策目标调整路径。

四、未来研究方向

政策协同是目前碳金融与可再生能源促进政策设计领域的一大研究热点。本书围绕我国现有的碳金融政策与可再生能源促进政策发展现状，着重研究二者之间的互动协同关系，为我国未来统一碳排放权交易机制和可再生能源促进政策设计提供一定的政策建议。尽管本书从项目、行业和电力系统三个层面对此开展了一定的研究，但也存在一定的缺陷与不足。为更深入地研究分析政策协同领域的关键问题，还需要从多个方面进行更深入的探索，主要体现在以下三个方面：

（1）目前我国电网设计和调峰能力等问题还不足以支撑消纳所有可再生能源电力上网。本书在第三、第四和第五章估算我国陆上风电、海上风电和太阳能光伏实际上网电量时未考虑此部分的影响。这一点需要在以后的研究中加以特别研究。

（2）本书在探讨碳金融与可再生能源促进政策协同关系分别基于区域间电力市场。但在多区域电力市场条件下，碳减排与可再生能源促进政策协同关系更为复杂。在多区域电力市场条件下，政策协同问题值得在未来进行更深入的研究。

（3）影响碳排放权交易机制有效性的因素较多，还需从其他多个角度加以分析与研究其对于可再生能源促进政策的影响。Betz（2006）等指出，碳市场中交易成本对其政策效率影响很大。同时，在分析碳排放权交易机制设计问题时，行业间的碳泄漏问题同样值得深入研究。

参考文献

［1］北京环境交易所．2018 年北京碳市场年度报告［R］．Access at：http：//www.cbeex.com/.

［2］毕清华，范英，蔡圣华，等．基于 CDECGE 模型的中国能源需求情景分析［J］．中国人口·资源与环境，2013，23（1）：41-48.

［3］曾鸣，朱晓丽，薛松，等．碳减排政策和可再生能源促进政策的交互影响分析［J］．华东电力，2012（7）：1130-1133.

［4］崔连标，范英，朱磊，毕清华，张毅．碳排放交易对实现我国"十二五"减排目标的成本节约效应研究［J］．中国管理科学，2013，1：37-46.

［5］段宏波，朱磊，范英．中国风能技术扩散的规律及政策影响分析［J］．管理科学，2013，26（4）：113-120.

［6］李陶，陈林菊，范英．基于非线性规划的我国省区碳强度减排配额研究［J］．管理评论，2010，22（6）：54-60.

［7］刘明磊，范英，朱磊，等．减排政策作用下的新能源内生技术变化建模［J］．系统工程学报，2014，29（6）：763-770.

［8］吕鑫，祁雨霏，董馨阳，赵紫怡，董维佳．2020 年光伏及风电产业前景预测与展望［J］．北京理工大学学报（社会科学版），2020，22（2）：20-25.

［9］莫建雷，朱磊，范英．碳市场价格稳定机制探索及对中国碳市场建设的建议［J］．气候变化研究进展，2013（5）：368-375.

［10］上海环境能源交易所．2018 年上海碳市场年度报告［R］．Access

at：http：//www.cneeex.com/.

［11］涂强，莫建雷，范英．中国可再生能源政策演化、效果评估与未来展望［J］．中国人口·资源与环境，2020，30（3）：29-36.

［12］许莉，李锋，彭洪兵．中国海上风电发展与环境问题研究［J］．中国人口·资源与环境，2015，25（S1）：135-138.

［13］衣博文，许金华，范英．我国可再生能源配额制中长期目标的最优实现路径及对电力行业的影响分析［J］．系统工程学报，2017，32（3）：313-324.

［14］张晓辉，闫鹏达，钟嘉庆．可再生能源激励制度下的低碳经济电源规划［J］．电网技术，2015，39（3）：655-662.

［15］中国电力年鉴委员会．中国电力年鉴［M］．北京：中国电力出版社，2020.

［16］中国国家统计局．中国能源统计年鉴［M］．北京：中国统计出版社，2018.

［17］Abrell J, Weigt H. The Interaction of Emissions Trading and Renewable Energy Promotion［J］．Social Science Electronic Publishing, 2008, 167（3）：624-630.

［18］Amundsen E S, Mortensen J B. The Danish Green Certificate System：some simple analytical results［J］．Energy Economics, 2001, 23（5）：489-509.

［19］Amundsen E S, Nese G. Integration of tradable green certificate markets：What can be expected?［J］．Journal of Policy Modeling, 2009, 31（6）：903-922.

［20］Arrow K J. The Economic Implications of Learning by Doing［J］．1971, 29（3）：155-173.

［21］Arthur W B. Competing Technologies, Increasing Returns, and Lock-In by Historical Events［J］．Economic Journal, 1989, 99（394）：

116-131.

［22］Betz R，Sato M. Emissions trading：lessons learnt from the 1st phase of the EU ETS and prospects for the 2nd phase ［J］. Climate Policy，2006，6（4）：351-359.

［23］Bläsi A，Requate T. Subsidies for Wind Power：Surfing down the Learning Curve? ［J］. Economics Working Papers，2007.

［24］Boemare C，Quirion P，Sorrell S. The evolution of emissions trading in the EU：tensions between national trading schemes and the proposed EU directive ［J］. Climate Policy，2003，3（sup2）：S105-S124.

［25］Böhringer C，Löschel A，Moslener U，et al. EU climate policy up to 2020：An economic impact assessment ［J］. Energy Economics，2009，31：S295-S305.

［26］Böhringer C，Rosendahl K E. Green promotes the dirtiest：on the interaction between black and green quotas in energy markets ［J］. Journal of Regulatory Economics，2010，37（3）：316-325.

［27］Böhringer C，Rosendahl K E. Greening Electricity More Than Necessary：On the Excess Cost of Overlapping Regulation in EU Climate Policy ［J］. Schmollers Jahrbuch，2010，131（3）：469-492.

［28］Boots M. Green certificates and carbon trading in the Netherlands ［J］. Energy Policy，2003，31（1）：43-50.

［29］Bosch J，Staffell I，Hawkes A D. Global levelised cost of electricity from offshore wind ［J］. Energy，2019，189：116357.

［30］Bosetti V，Carraro C，Duval R，et al. What Should we Expect from Innovation? A Model-Based Assessment of the Environmental and Mitigation Cost Implications off ［J］. Energy Economics，2010，33（6）：1313-1320.

［31］BP. Statistical Review of World Energy ［R］. London，2020. Access at：https：//www. bp. com/en/global/corporate/energy-economics/statistical-review-of-world-energy. html.

[32] Butler L, Neuhoff K. Comparison of feed-in tariff, quota and auction mechanisms to support wind power development [J]. Renewable Energy, 2008, 33 (8): 1854-1867.

[33] Cames, M, Harthan R O, Füssler J. How additional is the Clean Development Mechanism? Analysis of the Application of Current Tools and Proposed Alternatives. 2016.

[34] Clò S, Battles S, Zoppoli P. Policy options to improve the effectiveness of the EU emissions trading system: A multi-criteria analysis [J]. Energy Policy, 2013, 57 (6): 477-490.

[35] Coase R H. The Problem of Social Cost [J]. Journal of Law and Economics, 1960, 3 (1): 1-44.

[36] Couture T, Gagnon Y. An analysis of feed-in tariff remuneration models: Implications for renewable energy investment [J]. Energy Policy, 2010, 38 (2): 955-965.

[37] CREA, 2017. Synergies of wind and photovoltaic power generation in China. China Renewable Energy Association, Beijing.

[38] Davidson M R, Zhang D, Xiong W, et al. Modelling the potential for wind energy integration on China's coal-heavy electricity grid [J]. Nature, 2016, 1: 16086.

[39] Duan, H., Mo, J., Fan, Y., Wang, S., 2018. Achieving China's energy and climate policy targets in 2030 under multiple uncertainties. Energy Economics 70, 45-60.

[40] Dusonchet L, Telaretti E. Comparative economic analysis of support policies for solar PV in the most representative EU countries [J]. Renewable & Sustainable Energy Reviews, 2015, 42: 986-998.

[41] Ek K, Söderholm P. Technology learning in the presence of public

R&D: The case of European wind power [J]. Ecological Economics, 2010, 69 (12): 2356-2362.

[42] Esteban M, Leary D. Current developments and future prospects of off-shore wind and ocean energy [J]. Applied Energy, 2012, 90 (1): 128-136.

[43] Fais B, Blesl M, Voß U F A. Analyzing the interaction between emission trading and renewable electricity support in TIMES [J]. Climate Policy, 2015, 15, 1-19.

[44] Fischer C N, Preonas L. Combining Policies for Renewable Energy [J]. General Information, 2010, 4.

[45] Fischer C, Newell R G. Environmental and technology policies for climate mitigation [J]. Journal of Environmental Economics & Management, 2008, 55 (2): 142-162.

[46] Freitas C J P, Silva P P D. European Union emissions trading scheme impact on the Spanish electricity price during phase II and phase III implementation [J]. Utilities Policy, 2015, 33: 54-62.

[47] Frondel M, Ritter N, Schmidt C M, et al. Economic impacts from the promotion of renewable energy technologies: The German experience [J]. Energy Policy, 2010, 38 (8): 4048-4056.

[48] Frondel M, Ritter N, Schmidt C M. Germany's solar cell promotion: Dark clouds on the horizon [J]. Energy Policy, 2008, 36 (11): 4198-4204.

[49] Gawel E, Strunz S, Lehmann P. A public choice view on the climate and energy policy mix in the EU—How do the emissions trading scheme and support for renewable energies interact? [J]. Energy Policy, 2014, 64 (6): 175-182.

[50] Geroski P A. Innovation, Technological Opportunity, and Market Structure [J]. Oxford Economic Papers, 1990, 42 (3): 586-602.

[51] Global Wind Energy Agency (GWEA). Global Offshore Wind Power Report. Paris, France. 2020.

［52］ González P D R. The interaction between emissions trading and renewable electricity support schemes. An overview of the literature ［J］. Mitigation & Adaptation Strategies for Global Change, 2007, 12 (8): 1363-1390.

［53］ Grubb M. Technologies, energy systems and the timing of CO_2, emissions abatement: An overview of economic issues ［J］. Energy Policy, 1997, 25 (2): 159-172.

［54］ Grunewald P. Renewable deployment: Model for a fairer distribution ［J］. Nature Energy, 2017, 2 (9): 2017130.

［55］ He, L., Liu, R., Zhong, Z., Wang, D., Xia, Y. Can green finance development promote renewable energy investment efficiency? A consideration of bank credit. Renewable Energy, 2019: 974-984.

［56］ Hernández-Moro J, Martínez-Duart J M. Analytical model for solar PV and CSP electricity costs: Present LCOE values and their future evolution ［J］. Renewable & Sustainable Energy Reviews, 2013, 20 (4): 119-132.

［57］ Hindsberger M, Nybroe M H, Ravn H F, et al. Co-existence of electricity, TEP, and TGC markets in the Baltic Sea Region ［J］. Energy Policy, 2003, 31 (1): 85-96.

［58］ Hoel M, Karp L. Taxes and quotas for a stock pollutant with multiplicative uncertainty ［J］. Journal of Public Economics, 2001, 82 (1): 91-114.

［59］ Hoel M, Karp L. Taxes versus quotas for a stock pollutant ［J］. Resource and Energy Economics, 2002, 24 (4): 367-384.

［60］ Huber C. Interactions between promotion schemes for electricity generation from renewable energy sources and CO-reduction and their single markets: How to achieve an efficient CO-strategy in the electricity sector ［J］. Journal of the American College of Cardiology, 2003, 31 (2): 272.

［61］ Huo M L, Zhang D W. Lessons from photovoltaic policies in China for future development ［J］. Energy Policy, 2012, 51 (4): 38-45.

［62］ IEA. China Wind Energy Development Roadmap 2050. International Energy Agency, London, UK, 2014.

［63］ IEA. China Wind Energy Development Roadmap 2050. Paris, France. 2011.

［64］ IEA. Global Offshore Wind Outlook. Paris, France. 2019.

［65］ IEA. Offshore Wind Outlook 2019. International Energy Agency; 2020.

［66］ IEA. Projected Costs of Generating Electricity. Paris, France. 2018.

［67］ International Energy Agency（IEA）. Deploying renewables: Principles for effective policies ［J］. Sourceoecd Energy, 2005, volume 2008（6）: i-639（640）.

［68］ International Renewable Energy Agency（IRENA）. Renewable energy power generation costs in 2019. International Renewable Energy Agency, Abu Dhabi, United Arab Emirates, 2020.

［69］ Irawan C A, Ouelhadj D, Jones D, et al. Optimisation of maintenance routing and scheduling for offshore wind farms ［J］. European Journal of Operational Research, 2017, 256（1）: 76-89.

［70］ Jacques D A, Guan D, Geng Y, et al. Inter-provincial clean development mechanism in China: A case study of the solar PV sector ［J］. Energy Policy, 2013, 57（7）: 454-461.

［71］ Jensen S G, Skytte K. Interactions between the power and green certificate markets ［J］. Energy Policy, 2002, 30（5）: 425-435.

［72］ Jensen S G, Skytte K. Simultaneous attainment of energy goals by means of green certificates and emission permits ［J］. Energy Policy, 2003, 31（1）: 63-71.

［73］ Jonghe C D, Delarue E, Belmans R, et al. Interactions between measures for the support of electricity from renewable energy sources and CO_2, mitigation ［J］. Energy Policy, 2009, 37（11）: 4743-4752.

[74] Junginger M, Louwen A, Tuya N G, et al. Offshore wind energy [M] //Technological Learning in the Transition to a Low - Carbon Energy System. Academic Press, 2020: 103-117.

[75] Kalkuhl M, Edenhofer O, Kai L. Learning or lock-in: Optimal technology policies to support mitigation [J]. Resource & Energy Economics, 2014, 34 (1): 1-23.

[76] Kettner C, Köppl A, Schleicher S. The EU Emissions Trading Scheme - Insights from the First Trading Years with a Focus on Price Volatility [M] // Critical Issues in Environmental Taxation. Volume VI: International and Comparative Perspectives. 2010: 205-225.

[77] Khatib H. Review of OECD study into "Projected costs of generating electricity—2010 Edition" [J]. Energy Policy, 2010, 38 (10): 5403-5408.

[78] Koch N, Fuss S, Grosjean G, et al. Causes of the EU ETS price drop: Recession, CDM, renewable policies or a bit of everything? —New evidence [J]. Energy Policy, 2014, 73 (13): 676-685.

[79] Koo B. Examining the impacts of Feed-in-Tariff and the Clean Development Mechanism on Korea's renewable energy projects through comparative investment analysis [J]. Energy Policy, 2017, 104: 144-154.

[80] Kuzemko, C., Bradshaw, M., Bridge, G., Goldthau, A., Jewell, J., Overland, I., Scholten, D., Van de Graaf, T., Westphal, K. Covid-19 and the politics of sustainable energy transitions. Energy Research & Social Science, 2020, 68: 101685.

[81] Lecca P, McGregor P G, Swales K J, Tamba M. The Importance of Learning for Achieving the UK's Targets for Offshore Wind [J]. Ecological Economics, 2017, 135: 259-268.

[82] Lecuyer O, Quirion P. Can uncertainty justify overlapping policy instruments to mitigate emissions? [J]. Ecological Economics, 2013, 93 (3):

177-191.

[83] Lehmann P, Gawel E. Why should support schemes for renewable electricity complement the EU emissions trading scheme? [J]. Energy Policy, 2013, 52 (1): 597-607.

[84] Lesser J A, Su X. Design of an economically efficient feed-in tariff structure for renewable energy development [J]. Energy Policy, 2008, 36 (3): 981-990.

[85] Lewis J I. The evolving role of carbon finance in promoting renewable energy development in China [J]. Energy Policy, 2010, 38 (6): 2875-2886.

[86] Li C, Shi H, Cao Y, et al. Comprehensive review of renewable energy curtailment and avoidance: A specific example in China [J]. Renewable & Sustainable Energy Reviews, 2015, 41: 1067-1079.

[87] Lilliestam J, Labordena M, Patt A, et al. Empirically observed learning rates for concentrating solar power and their responses to regime change [J]. Nature Energy, 2017, 2 (7): 17094.

[88] Lin W, Gu A, Liu B, et al. Emission Trading Scheme and Feed-in Tariff Policy in China: Alternative or Integrated? [J]. Energy Procedia, 2014, 61: 1323-1326.

[89] Liu Z, Zhang W, Zhao C, et al. The Economics of Wind Power in China and Policy Implications [J]. Energies, 2015, 8 (2): 1529-1546.

[90] Lo A Y, Ren C. After CDM: Domestic carbon offsetting in China [J]. Journal of Cleaner Production, 2017, 141: 1391-1399.

[91] Lu X, McElroy M B, Peng W, et al. Challenges faced by China compared with the US in developing wind power [J]. Nature Energy, 2016, 1 (6): 1-6.

[92] Lundquist, L K, DuVivier K K, Kaffine D, Tomaszewski J M. Costs and consequences of wind turbine wake effects arising from uncoordinated wind en-

ergy development [J]. Nature Energy, 2019, 4, 26-34.

[93] Lutzeyer S, Phaneuf D J, Taylor L O. The amenity costs of offshore wind farms: Evidence from a choice experiment. Energy Economics, 2018, 72: 621-639.

[94] Mattar C, Guzmán-Ibarra M C. A techno-economic assessment of offshore wind energy in Chile [J]. Energy, 2017, 133: 191-205.

[95] Matthes F C. Greenhouse Gas Emissions Trading and Complementary Policies. Developing a Smart Mix for Ambitious Climate Policies. Öko - Institut e. V, Berlin, 2010.

[96] Mavrakis D, Konidari P. Interaction in EU Climate policy. Member State Policy Brief Greece. EU-funded INTERACT project. National and Kapodistrian University of Athens. March 2003. Athens

[97] Mcdonald, A. , Schrattenholzer, L. , 2001. Learning rates for energy technologies. Energy Policy 29 (4), 255-261.

[98] McKibbin W J, Wilcoxen P J. A better way to slow global climate change [M]. Washington, DC: Brookings Institution, 1997.

[99] McKinsey & Company. China's green revolution: Prioritizing technologies to achieve energy and environmental sustainability. 2009.

[100] Mo J L, Agnolucci P, Jiang M R, et al. The impact of Chinese carbon emission trading scheme (ETS) on low carbon energy (LCE) investment [J]. Energy Policy, 2016, 89: 271-283.

[101] Mo J L, Zhu L. Using Floor Price Mechanisms to Promote Carbon Capture and Storage (CCS) Investment and CO_2 Abatement [J]. Energy & Environment, 2014, 25 (3-4): 687-708.

[102] Morris J F, Reilly J M. Combining a Renewable Portfolio Standard with a Cap-and-Trade Policy: A General Equilibrium Analysis [J]. Massachusetts Institute of Technology, 2010.

［103］Morthorst P E. A green certificate market combined with a liberalised power market ［J］. Energy Policy, 2003, 31 （13）: 1393-1402.

［104］Morthorst P E. Interactions of a tradable green certificate market with a tradable permits market ［J］. Energy Policy, 2007, 29 （5）: 345-353.

［105］Morthorst P E. National environmental targets and international emission reduction instruments ［J］. Energy Policy, 2003, 31 （1）: 73-83.

［106］Morthorst P E. Scenarios for the use of GHG - reduction instruments - how can policy-instruments as carbon emission trading and tradable green certificates be used simultaneously to reach a common GHG-reduction target? ［J］. Energy & Environment, 2000, 11 （4）: 423-438.

［107］Morthorst P E. The development of a green certificate market ［J］. Energy Policy, 2000, 28 （15）: 1085-1094.

［108］Mulder A. Do economic instruments matter? Wind turbine investments in the EU （15） ［J］. Energy Economics, 2008, 30 （6）: 2980-2991.

［109］Murata A, Liang J, Eto R, et al. Environmental co-benefits of the promotion of renewable power generation in China and India through clean development mechanisms ［J］. Renewable Energy, 2016, 87 （3）: 120-129.

［110］Neuhoff K. Large-Scale Deployment of Renewables for Electricity Generation ［J］. Oxford Review of Economic Policy, 2005, 21 （1）: 88-110.

［111］Newell R G, Pizer W A. Regulating stock externalities under uncertainty ［J］. Journal of Environmental Economics and Management, 2003, 45 （2）: 416-432.

［112］Nielsen L, Jeppesen T. Green Electricity Certificates-A Supplement to the Flexible Mechanisms of the Kyoto Protocol ［M］// Efficiency and Equity of Climate Change Policy. Springer Netherlands, 2000: 221-244.

［113］Nordhaus W D. The challenge of global warming: economic models and environmental policy ［M］. New Haven: Yale University, 2007.

［114］ NREC, 2014. The Roadmap of renewable energy development in China. National Renewable Energy Center, Beijing.

［115］ NREL. Wind and solar energy curtailment: experience and practices in the United States. 2014National Renewable Energy Laboratory; Mar. 2014. Available at: 〈http: /www. nrel. gov/docs/fy14osti/60983. pdf〉

［116］ Ouyang X, Lin B. Levelized cost of electricity (LCOE) of renewable energies and required subsidies in China ［J］. Energy Policy, 2014, 70 (7): 64-73.

［117］ Palmer K, Burtraw D. Cost-effectiveness of renewable electricity policies ［J］. Energy Economics, 2005, 27 (6): 873-894.

［118］ Parry I W H. Optimal pollution taxes and endogenous technological progress ［J］. Resource & Energy Economics, 1995, 17 (1): 69-85.

［119］ Pelchen A. A Framework for the Evaluation of Political and Economical Instruments for Global Warming Mitigation ［M］ // Goals and Economic Instruments for the Achievement of Global Warming Mitigation in Europe. Springer Netherlands, 1999: 145-157.

［120］ Pethig R, Wittlich C. Interaction of Carbon Reduction and Green Energy Promotion in a Small Fossil-Fuel Importing Economy ［J］. Cesifo Working Paper, 2009, 3 (8): 1476 - 1481.

［121］ Pezzey J C V. Emission taxes and tradable permits a comparison of views on long - run efficiency ［J］. Environmental and Resource Economics, 2003, 26 (2): 329-342.

［122］ Pigou A C. The economics of welfare ［M］. Transaction Publishers, 1924.

［123］ Pizer W A. Combining price and quantity controls to mitigate global climate change ［J］. Journal of public economics, 2002, 85 (3): 409-434.

［124］ Pizer W A. Price vs. quantities revisited: The case of climate change

[M]. Washington, DC: Resources for the Future, 1997.

[125] Popp D, Newell R G, Jaffe A B. Chapter 21 - Energy, the Environ-ment, and Technological Change [M] // Handbook of the Economics of Innova-tion. 2010: 873-937.

[126] Qiu Y, Anadon L D. The price of wind power in China during its ex-pansion: Technology adoption, learning - by - doing, economies of scale, and manufacturing localization [J]. Energy Economics, 2012, 34 (3): 772-785.

[127] Rahman S M, Kirkman G A. Costs of certified emission reductions un-der the Clean Development Mechanism of the Kyoto Protocol [J]. Energy Econom-ics, 2015, 47: 129-141.

[128] Rathmann M. Do support systems for RES-E reduce EU-ETS-driven electricity prices? [J]. Energy Policy, 2007, 35 (1): 342-349.

[129] Rinne E, Holttinen H, Kiviluoma J, et al. Effects of turbine technol-ogy and land use on wind power resource potential [J]. Nature Energy, 2018, 3 (6): 494-500.

[130] Río P D, Gual M. The promotion of green electricity in Europe: pres-ent and future [J]. Environmental Policy & Governance, 2004, 14 (4): 219-234.

[131] Río P D. Interactions between climate and energy policies: the case of Spain [J]. Climate Policy, 2009, 9 (2): 119-138.

[132] Roth I F, Ambs L L. Incorporating externalities into a full cost ap-proach to electric power generation life - cycle costing [J]. Energy, 2004, 29 (12): 2125-2144.

[133] Schmidt R C, Marschinski R. A model of technological breakthrough in the renewable energy sector [J]. Ecological Economics, 2009, 69 (2): 435-444.

[134] Schmidt, T., Steffen, B., Egli, F. Adverse effects of rising interest

rates on sustainable energy transitions. Nature Sustainability, 2019, 2 (9): 879-885.

[135] Schumpeter J. Capitalism, Socialism and Democracy. 1942. Harper, New York.

[136] Schusser S, Jarait J. Explaining the Interplay of Three Markets: Green Certificates, Carbon Emissions and Electricity [J]. Energy Economics, 2016.

[137] Sgouridis S, Carbajales-Dale M, Csala D, et al. Comparative net energy analysis of renewable electricity and carbon capture and storage [J]. Nature Energy, 2019, 4: 456-465.

[138] Shafiee, M., Finkelstein, M., Berenguer, C. An opportunistic condition-based maintenance policy for offshore wind turbine blades subjected to degradation and environmental shocks. Reliability Engineering & System Safety, 2015, 142: 463-471.

[139] Shahnazari M, Mchugh A, Maybee B, et al. Overlapping carbon pricing and renewable support schemes under political uncertainty: Global lessons from an Australian case study [J]. Applied Energy, 2017, 200.

[140] Sherman, P., Chen, X., Mcelroy, M. Offshore wind: An opportunity for cost-competitive decarbonization of China's energy economy. Science Advances, 2020, 6 (8).

[141] Sijm J P M. Interaction of the EU Emissions Trading Directive with climate policy instruments in the Netherlands [J]. 2003.

[142] Singh P P, Singh S. Realistic generation cost of solar photovoltaic electricity [J]. Renewable Energy, 2010, 35 (3): 563-569.

[143] Skytte K. Interplay between Environmental Regulation and Power Markets [J]. EUI-RSCAS Working Papers, 2006, 32 (6): e239-e247.

[144] Soleille S. Greenhouse gas emission trading schemes: a new tool for the environmental regulator's kit [J]. Energy Policy, 2006, 34 (13): 1473-1477.

［145］Sorrell S, Sijm J. Carbon trading in the policy mix ［J］. Oxford Review of Economic Policy, 2003, 19 （3）: 420-437.

［146］Sorrell S. Who owns the carbon? Interactions between the EU Emissions Trading Scheme and the UK Renewables Obligation and Energy Efficiency Commitment ［J］. Energy & Environment, 2003, 14 （5）: 677-703.

［147］Spalding-Fecher R, Achanta A N, Erickson P, Haites E, Lazarus M, Pahuja N, Pandey N, Seres S, Tewari R. Assessing the impact of the Clean Development Mechanism ［R］. Report commissioned by the High Level Panel on the CDM Policy Dialogue. Bonn. 2012.

［148］Tang T, Popp D. The Learning Process and Technological Change in Wind Power: Evidence from China's CDM Wind Projects ［J］. Journal of Policy Analysis & Management, 2016, 35 （1）: 195-222.

［149］Thiam D R. An energy pricing scheme for the diffusion of decentralized renewable technology investment in developing countries ［J］. Energy Policy, 2011, 39 （7）: 4284-4297.

［150］Tinbergen J. On the Theory of Economic Policy. Amsterdam, Netherlands: North Holland, 1952.

［151］Tsao C C, Campbell J E, Chen Y. When renewable portfolio standards meet cap-and-trade regulations in the electricity sector: Market interactions, profits implications, and policy redundancy ［J］. Energy Policy, 2011, 39 （7）: 3966-3974.

［152］Tu Q, Betz R, Mo J, et al. Achieving grid parity of wind power in China-Present levelized cost of electricity and future evolution ［J］. Applied Energy, 2019, 250: 1053-1064.

［153］Tu Q, Mo J, Betz R, et al. Achieving grid parity of solar PV power in China - The role of Tradable Green Certificate ［J］. Energy Policy, 2020, 144: 111681.

[154] Twomey P. Rationales for additional climate policy instruments under a carbon price [J]. Economic & Labour Relations Review, 2012, 23 (23): 7-30.

[155] Unger T, Ahlgren E O. Impacts of a common green certificate market on electricity and CO-emission markets in the Nordic countries [J]. Energy Policy, 2005, 33 (16): 2152-2163.

[156] Unruh G C. Understanding carbon lock - in [J]. Energy Policy, 2000, 28 (12): 817-830.

[157] Van der Zwaan B, Rivera-Tinoco R, Lensink S, et al. Cost reductions for offshore wind power: Exploring the balance between scaling, learning and R&D [J]. Renewable Energy, 2012, 41: 389-393.

[158] Walz R, Betz R. Interaction of the EU ETS with German climate policy instruments. Policy Brief INTERACT project. Fraunhofer-ISI. Karlsruhe. May 2003.

[159] Wang H, Zheng S, Zhang Y, et al. Analysis of the policy effects of downstream Feed-In Tariff on China's solar photovoltaic industry [J]. Energy Policy, 2016, 95: 479-488.

[160] Wang Q, Chen Y. Barriers and opportunities of using the clean development mechanism to advance renewable energy development in China [J]. Renewable & Sustainable Energy Reviews, 2010, 14 (7): 1989-1998.

[161] Widerberg A. Essays on Energy and Climate Policy - Green Certificates, Emissions Trading and Electricity Prices [J]. Economic Studies, 2011.

[162] Wiser R, Barbose G L, Peterman C. Tracking the Sun II: The Installed Cost of Photovoltaics in the U. S. from 1998-2008 [J]. Office of Scientific & Technical Information Technical Reports, 2009.

[163] Wu J, Fan Y, Xia Y. How Can China Achieve Its Nationally Determined Contribution Targets Combining Emissions Trading Scheme and Renewable

Energy Policies? [J]. Energies, 2017, 10 (8): 1166.

[164] Wu J, Wang Z X, Wang G Q. The key technologies and development of offshore wind farm in China [J]. Renewable and Sustainable Energy Reviews, 2014, 34: 453-462.

[165] Wu Y, Xu R. Current status, future potentials and challenges of renewable energy development in Gansu province (Northwest China) [J]. Renewable & Sustainable Energy Reviews, 2013, 18 (2): 73-86.

[166] Xu, M., Xie, P., Xie, B., 2020. Study of China's optimal solar photovoltaic power development path to 2050. Resources Policy 65, 101541.

[167] Yan, J., Yang, Y., Campana, P., He, J., 2019. City-level analysis of subsidy-free solar photovoltaic electricity price, profits and grid parity in China. Nature Energy 4 (8), 709-717.

[168] Yang M, Nguyen F, T'Serclaes P D, et al. Wind farm investment risks under uncertain CDM benefit in China [J]. Energy Policy, 2010, 38 (3): 1436-1447.

[169] Yang, M., Patiño-Echeverri, D., Yang, F., 2012. Wind power generation in China: Understanding the mismatch between capacity and generation. Renewable Energy 41, 145-151.

[170] Yang, M., Yang, F., Sun, C., 2018. Factor market distortion correction, resource reallocation and potential productivity gains: An empirical study on China's heavy industry sector. Energy Economics 69 (1), 270-279.

[171] Yang, X., He, L., Zhong, Z. How does China's green institutional environment affect renewable energy investments? The nonlinear perspective. Science of The Total Environment, 2020, 727, 138689.

[172] Yao X, Liu Y, Qu S. When will wind energy achieve grid parity in China? - Connecting technological learning and climate finance [J]. Applied Energy, 2015, 160: 697-704.

［173］Yu C F, W. G. J. H. M. van Sark, Alsema E A. Unraveling the photo-voltaic technology learning curve by incorporation of input price changes and scale effects ［J］. Renewable & Sustainable Energy Reviews, 2011, 15 (1): 324-337.

［174］Yu J, Zheng J. Offshore wind development in China and its future with the existing renewable policy ［J］. Energy Policy, 2011, 39 (12): 7917-7921.

［175］Yu Y, Li H, Che Y, et al. The price evolution of wind turbines in China: A study based on the modified multi-factor learning curve ［J］. Renewable Energy, 2017, 103: 522-536.

［176］Yuan J, Na C, Xu Y, et al. Feed-In Tariff for Onshore Wind Power in China ［J］. Emerging Markets Finance & Trade, 2016, 52 (6): 1427-1437.

［177］Zhang D, Chai Q, Zhang X, et al. Economical assessment of large-scale photovoltaic power development in China ［J］. Energy, 2012, 40 (1): 370-375.

［178］Zhang X L, Chang S Y, Huo M L. China's wind industry: policy lessons for domestic government interventions and international support ［J］. Climate Policy, 2009, 9 (5): 553-564.

［179］Zhang, X., Liu, W., Zhang, H., Yuan, J., 2019. Can China Realize the Grid Parity Target of Centralized Photovoltaic Power by 2020? Emerging Markets Finance and Trade 1-17.

［180］Zhao, X., Wang, Z., 2019. Technology, cost, economic performance of distributed photovoltaic industry in China. Renewable & Sustainable Energy Reviews 110, 53-64.

［181］Zheng, Z., Liu, D., 2005. Learning curve model and policy recommendations for PV module price changes in China (in Chinese). Journal of Solar

Energy 26, 93-98.

[182] Zou, H., Du, H., Brown, M., Mao, G., 2017b. Large - scale PV power generation in China: A grid parity and techno-economic analysis. Energy 134, 256-268.

[183] Zou, H., Du, H., Ren, J., Sovacool, B., Zhang, Y., Mao, G., 2017a. Market dynamics, innovation, and transition in china's solar photovoltaic (pv) industry: a critical review. Renewable & Sustainable Energy Reviews 69, 197-206.

[184] Zwaan, B., Rabl, A., 2004. The learning potential of photovoltaics: implications for energy policy. Energy Policy 32 (13), 1545-1554.